Dr. med. Torsten Milsch

Mutti ist die Bestie

Dr. med. Torsten Milsch

Mutti ist die Bestie

Die heimliche Diktatur vieler Mütter

Piper München Zürich

Mehr über unsere Autoren und Bücher:
www.piper.de

Um die Persönlichkeitsrechte der Patienten und anderer Personen zu schützen, wurden ihre Namen und ihre persönlichen Merkmale geändert.

MIX
Papier aus verantwortungsvollen Quellen
FSC® C014889
FSC
www.fsc.org

ISBN 978-3-492-05528-4
2. Auflage 2013

Gesetzt aus der Minion Pro 10,75/13 pt
Satz: Greiner & Reichel, Köln
Druck und Bindung: Pustet, Regensburg
Printed in Germany

Inhalt

Vorwort

Dieses Buch ist notwendig geworden, weil ich in meiner über 30 Jahre währenden ärztlichen und psychoanalytischen Arbeit mit ansehen musste, wie bei allen Veränderungen in unserer Gesellschaft eines immer gleich blieb.

Viele Patienten, die zu mir kamen, zeigten weiterhin dasselbe Grundproblem der fehlenden Empathie- und Dialogfähigkeit: Sie konnten sich weder in sich selbst oder andere offen einfühlen, noch waren sie zu einem ehrlichen Dialog mit sich selbst und anderen fähig. Daher fehlte ihnen die emotionale Grundlage für ein selbstbestimmtes und selbstverantwortliches Leben mit Gesundheit, Zufriedenheit und Erfolg in Familie, Beruf und Gesellschaft. Und mittlerweile habe ich es einfach satt.

Der Grund für so viele psychische Erkrankungen, Verhaltensauffälligkeiten, Gefühlsstörungen, gescheiterte Beziehungen, zerbrochene Familien, gestörte und blockierte Lebensläufe, der Grund für so viel Leid, Enttäuschung, Misserfolg und Krankheit in unserer Gesellschaft liegt zu Hause. Bei Mutti. Bei einer Mutter, die so wenig Selbstwertgefühl hat und so egozentrisch ist, dass sie keine liebevolle, sorgende Mama sein kann, sondern eine machtgierige, manipulierende Mutti sein muss.

Ich weiß, dass man das nicht sagen darf. Die Stellung der Mutter ist tabu. Ich sage es trotzdem. Ich habe den scharfen

Kontrast zwischen Mama und Mutti am eigenen Leib erlebt, die Folgen aufgearbeitet und mir bewusst gemacht und bin darum sensibilisiert für diese Thematik, vor der die meisten lieber die Augen verschließen.

Ja, ich nehme in diesem Buch die Muttis aufs Korn. Um das gleich hier und in aller Deutlichkeit zu sagen: Ich greife nicht die Mütter an. Das wäre ja auch absurd. Und übrigens greife ich auch nicht die Frauen pauschal an. Ich liebe meine eigene Mama, und »Muttis« müssen keine Frauen sein. Ich greife mit diesem Buch etwas ganz anderes an.

Die »Mutti«, so wie ich sie bezeichne, ist ein Charakter, eine Bezeichnung für eine ganz bestimmte Sorte Mensch, die eine ganz bestimmte Form der Egozentrik auslebt – auf Kosten der Menschen in ihrer unmittelbaren Umgebung. Muttis hinterlassen durch ihre als Fürsorglichkeit getarnte, hinterrücks brutale Umarmung einen grausamen, im Allgemeinen völlig unterschätzten Flurschaden um sie herum. Eine Mutti in diesem Sinne können auch Männer sein, insbesondere, wenn ihr Wirken den Rahmen der Familie verlässt, wenn sie in Unternehmen und Organisationen oder in der Gesellschaft allgemein skrupellos ihre Macht ausspielen und vielen Menschen eine gesunde persönliche Entwicklung unmöglich machen.

In den Familien sind es meist Frauen, die als Muttis ihr zerstörerisches Werk vor allem an ihren Kindern, aber auch an ihren Männern vollbringen. Die Kinder werden klein und unselbstständig gehalten, die Männer werden zu Pantoffelhelden degradiert. Wenn Muttis – ob Männer oder Frauen – in Spitzenämter vorstoßen, dann benutzen sie das Unternehmen, die Organisation oder das ganze Land für ihr diktatorisches Mutti-System, das vor allem eine Aufgabe hat: ihre Macht zu erhalten.

Ich weiß aber, dass es auch viele sensible, liebevolle und verantwortungsvolle Mütter gibt. Ich nenne sie Mamas. Meine

Mutter war eine solche. Meine Eltern waren beide Unternehmer und führten ein modernes, tätiges Leben. Wir hatten eine Haushälterin, die auch unsere Kinderfrau war und bei uns wohnte. Meine Oma war für mich und meine sieben Jahre ältere Schwester da, und der Geschäftsführer unserer Firma war für mich eine wichtige männliche Bezugsperson, wenn meine Eltern auf Geschäftsreise waren. Sie gaben mich in eine Freie Waldorfschule, wo ich vom verpflichtenden Religionsunterricht verschont blieb. Alles war gut organisiert, meine Eltern hatten sich viele Gedanken gemacht, wie sie es einrichten mussten, um guten Gewissens viel unterwegs sein zu können – es war wunderbar. Ich bin meinen Eltern noch heute dankbar für die ersten acht Jahre meines Lebens. Sie haben mich geprägt. Ohne diese Zeit wäre ich heute nicht ein so streitbarer und unbequemer Freigeist, mein Selbstbewusstsein als erwachsener Mensch ist in dieser Zeit angelegt worden. Und ohne diese ersten acht freien Jahre wäre dieses Buch nie entstanden.

Leider ging es mir wie Schneewittchen. Meine Mutter starb, als ich erst sechseinhalb Jahre alt war. Sie war noch sehr jung, erst 34, aber sie erlag dem Krebs. Was dann folgte, war schlimm: Als ich acht war, zog meine Stiefmutter ins Haus: sehr jung, sehr attraktiv, sehr unerfahren, streng katholisch, den Kochlöffel schwingend. Sie führte ihr absolutistisches Regime ein, feuerte unsere Kinderfrau und ließ uns taufen. Sie war das krasse Gegenmodell zu meiner leiblichen Mutter. Zunächst verwöhnte sie mich, und ich konnte so ungezogen sein, wie ich wollte – ich war ja ihr Liebling. Sie dominierte meinen Vater und machte ihn zum Pantoffelhelden. Nur weil er alles zuließ, konnte sie nach Belieben schalten und walten. Die Firma ging durch sie rasch den Bach runter. Als ich elf Jahre alt war, wurde das Verhalten meiner Stiefmutter zu mir schlagartig anders – sie bekam ihren eigenen Sohn. Unter meinem Protest wurde ich ins katholische Internat abgeschoben. Sie war eben eine Mutti.

Aber sie konnte mich nicht brechen, die acht freien Jahre hatten mich gefestigt. Ich erlebte ernste Schwierigkeiten im Leben, aber ich blieb mehr oder weniger heil. Es hatte auch sein Gutes: Durch ihre destruktive Terrorherrschaft weiß ich heute, wie sich viele Kinder fühlen. Ich kenne beide Seiten, ich kenne die liebende, zugewandte Mama, und ich kenne die oberflächlich lächelnde, innerlich aber kalte und gefühllose Mutti – und beides sehr genau. Leider kennen die meisten unterdrückten Kinder nur die eine, die schlimme Seite und können deshalb nicht ermessen, wie schön es ist, eine echte Mama zu haben.

Mit diesem Buch will ich Ihnen die Augen öffnen: Unsere Gesellschaft ist infiziert mit Mutti-Systemen. Mittlerweile hat die Zunahme von psychischen Erkrankungen dramatische Formen angenommen. Immer mehr Fälle von Depressionen, Ängsten und Burn-out sind der Grund für dramatisch gewachsene Krankenhauseinweisungen, Millionen von Fehltagen, Verdopplung der Arbeitsunfähigkeitstage und Erwerbsminderungsrentner in zehn Jahren. Um etwas zu tun und nicht immer nur zu schimpfen, habe ich versucht, in Medien und Parteien konstruktiv mitzuarbeiten, um gesellschaftliche Veränderungen dort anzustoßen, wo sie am notwendigsten wären – aber ich bin krachend vor die Mutti-Wand gelaufen. Von offener, an der Sache orientierter Diskursfähigkeit sind wir in Deutschland Lichtjahre entfernt. Die politische und mediale Meinungsbildung ist ein Machtprozess, kein ergebnisorientierter Umgang mit Themen oder Inhalten. Unser Regierklub und die Medienmacher ließen verlauten: kein akuter Handlungsbedarf.

Ich habe mich mit führenden Persönlichkeiten unserer Gesellschaft getroffen und über die Probleme gesprochen, die in der Keimzelle unserer Gesellschaft bestehen, nämlich in der Familie. Dafür bin ich ausgewiesener Fachmann und habe etwas zu sagen. Immerhin werden meine langjährigen Diagnostik- und Therapieerfahrungen durch repräsentative Ergebnisse der Empathie- und Psychopathieforschung bestätigt. Zum Beispiel: Frauen und Männer können von ihrer Anlage her ähnlich empathisch und psychopathisch, ehrlich und verlogen, liebevoll und gewalttätig sein. In modernen Gesellschaften haben Frauen und Männer daher bei ähnlicher Sozialisation und kultureller Entwicklung auch ähnliche Möglichkeiten und Grenzen in Familie, Beruf und Gesellschaft.

Auf diesen fundierten Erkenntnissen basierend, habe ich konkrete Lösungsansätze und Vorschläge jenseits aller Parteigefüge und des medialen Mainstreams ausgearbeitet. Immer ging es mir um Verbesserungen der Persönlichkeitsentwicklung von Jungen und Mädchen sowie der Beziehungsbildung für passende Partnerschaften von Frauen und Männern, Müttern und Vätern in Familie, Beruf und Gesellschaft. Darauf basiert doch alles, was unsere Gesellschaft ausmacht – besonders die qualifizierte frühkindliche Erziehung und Bildung unserer Kinder. Aber ich habe in Medien und in Parteien außer Ablehnung, Gleichgültigkeit, Schulterzucken oder ohnmächtigem »Sie haben ja recht« hinter vorgehaltener Hand nichts erreicht.

Warum sind wir so machtlos und so veränderungsresistent?, habe ich mich gefragt. Meinen Patienten und Klienten konnte ich doch helfen. Aus der Weiterentwicklung von Persönlichkeiten und Paarbeziehungen konnte ich viel lernen, Muster und Erfolgsfaktoren, Hemmnisse und Lösungsansätze analysieren und aufdecken. Es geht doch! Ich weiß, wenn wir die zwischenmenschlichen Probleme in den Familien offen beim Namen nennen und an der Wurzel packen, lösen wir den Knoten.

Der Grund der meisten unserer Probleme liegt im Umgang bestimmter Mütter und ihrer Stellvertreterinnen mit unseren Kindern. Hier gibt es zu wenige Mamas und zu viele Muttis. Mamas lieben ihre Kinder und freuen sich an deren körperlichem, geistigem und seelischem Wachstum, das sie mit allen ihren Mitteln fördern. Muttis lieben sich selbst und benutzen ihre Kinder, die Berufswelt oder die Gesellschaft, um sozial mächtig zu bleiben.

Besonders die frühkindliche Zeit aber ist die Zeit, in der wir die Kinder schutzlos den Muttis ausliefern. Hier, in den ersten sechs Lebensjahren, werden ganze Persönlichkeiten schon im Ansatz zerstört. Massenweise. Ja, hier wird unsere freiheitlich-demokratische Gesellschaft kaputt gemacht.

Mit diesem Buch will ich einen Beitrag dazu leisten, dass wir Kinder in kompetenteren Familien, Kindergärten und Schulen mit mehr Mamas und Papas besser zu selbstbestimmten und selbstverantwortlichen, erfolgreichen und zufriedenen Bürgern sich entwickeln lassen.

Denn zu viele Familien, Bildungs- und Gesellschaftssysteme in Deutschland – Muttis und Mutti-Systeme – fordern und fördern zu viel Abhängigkeit und Kontrolle, Unterordnung und Gehorsam.

Torsten Milsch, Dezember 2012

Mutti-Familien

1

Mutti hat immer recht

Marie empfängt mich herzlich lachend und bietet mir sofort eine Tasse Kaffee und einen Stuhl an. Sie selbst stellt sich an den Herd ihrer Landhausküche und beginnt mit den Vorbereitungen fürs Abendessen. Durch die hohen Fenster fällt die Nachmittagssonne auf den massiven Holztisch. Die beiden Kinder sitzen dort still übereck und machen Hausaufgaben. Bücher, Stifte und Hefte liegen neben einer Schale voller Äpfel und Birnen. Rosen stehen auf dem Tisch und verströmen ihren schweren Duft. Marie klappert mit dem Geschirr, stellt die Teller und das Besteck bereit. Sie schneidet Gemüse und Brot. Ihre Kinder scharren mit den Stühlen und beugen sich über ihre Hefte.

Eine selten gewordene Idylle erlebe ich in diesem behaglichen, überlegt dekorierten Haus. Nur wenige Mütter sind heute noch an der Seite ihrer Kinder, wenn diese ihre Schularbeiten erledigen. Und doch steckt etwas in diesem häuslichen Frieden, das mich irritiert: Der zwölfjährige Jan kaut abwesend an seinem Stift. Seine zwei Jahre ältere Schwester Anne kramt endlos in ihrer Schulmappe herum, während ihre Mutter und ich uns unterhalten.

Ich erinnere mich an meine eigene Schulzeit und daran, dass ich meine Hausaufgaben in meinem Zimmer ganz in Ruhe machte. »Stört euch das nicht, wenn wir hier reden?«, frage ich die Kinder.

»Nein, das sind die beiden gewohnt, sie machen ihre Schularbeiten immer bei mir in der Küche«, antwortet Marie.

Neugierig frage ich die Kinder, weshalb sie das nicht in ihren Zimmern erledigen.

Und wieder kommen die Kinder gar nicht dazu, mir zu antworten. Marie macht das schon für sie: »Natürlich haben die beiden ein eigenes Zimmer und auch einen Schreibtisch, das gehört sich ja so.«

Betont wende ich mich noch einmal an die Kinder: »Na, dann wundert mich das noch mehr – ihr seid doch alt genug, um allein Hausaufgaben zu machen, oder?«

Beide schauen mich erstaunt an.

Marie greift ein: »Aber ich bitte Sie – eine Familie gehört zusammen, es ist doch viel schöner, wenn man beieinander ist und alles gemeinsam macht.« Inzwischen hat sie mein Unbehagen gewittert und lächelt nervös. »Hier in der Küche ist es doch viel gemütlicher, und es ist für uns alle praktischer. Da kann ich auch mal eingreifen, wenn etwas ist. Wer weiß, was die beiden machen, wenn sie allein sind!«

In der Viertelstunde, in der ich am Tisch sitze, habe ich erlebt, dass Anne unkonzentriert ist und Jan mit seinen Lateinaufgaben ziemlich zu kämpfen hat. Die Mutter aber hat nicht einmal hingeschaut.

»Helfen Sie Jan oft bei den Aufgaben?«, frage ich.

Marie schaut auf ihren Sohn. »Ach, wissen Sie, bei Latein kann ich ihm sowieso nichts sagen, das habe ich in der Schule nie gehabt.«

Die Zügel fest in der Hand

Muttis wirken auf den ersten Blick liebevoll bemüht, denn es geht ihnen ja offenbar um das Wohl der Kinder, um die bestmögliche Unterstützung und um ein harmonisches Familienleben. Was könnte man ihnen also vorwerfen? Ist es nicht richtig, dass sie sich sorgen? Dass sie sich ins Zeug legen und sich für die Familie einsetzen?

Natürlich ist es das. Vordergründig. Aber das ist nur die eine Seite der Medaille. Auf der anderen Seite erkennt man, dass sie alles unter ihre Kontrolle stellen. Nicht nur den Platz, an dem die Hausaufgaben gemacht werden, sie bestimmen auch, was die Kinder dabei zu empfinden haben.

Dabei spielt es keine Rolle, ob es sich um Vollzeithausfrauen, Halbtagsberufstätige oder Karrierefrauen handelt. Ob sie überhaupt Kinder haben und, wenn ja, wie viele, ob sie mit oder ohne Mann an ihrer Seite leben. Muttis halten die Zügel in der Hand und tun alles dafür, dass das auch so bleibt.

Für sie gibt es nur richtig oder falsch, und darüber, was richtig und was falsch ist, bestimmt Mutti allein. Wer nicht für sie ist, ist gegen sie. Gerade für Kinder ist es sehr schwer, neben einer solchen Mutti zu bestehen, denn sie weiß nicht nur alles, sie beobachtet und bewertet auch alles. Sie erklärt und deutet die Geschehnisse im Familienkosmos. Kleine Kinder übernehmen Muttis Weltsicht, weil sie keine andere kennen. So bekommt Mutti die Deutungshoheit über alles, bedingungslos und umfassend.

Durch die uneingeschränkte mütterliche Dominanz entsteht ein Schwarz-Weiß-Denken, das in der Folge die Sichtweise der Kinder einengt. Es legt die Art und Weise fest, in der sie die Menschen um sich herum und deren Verhalten beurteilen und interpretieren. Diesem umfassenden Einfluss können sich Kinder nur selten entziehen: Wir machen die Hausaufgaben in der Küche! Bei uns sind alle gern zusammen!

Wenn die Kinder sich mit Freunden treffen wollen, bringt Mutti sie hin. Und sollten sie ausnahmsweise allein gehen, ruft sie kurz an, ob die beiden auch gut angekommen sind. Fahrdienste übernimmt Mutti permanent und ohne zu klagen. Denn mit dem fürsorglichen Holen und Bringen kontrolliert sie auch den Umgang. Man möchte ja schließlich wissen, wo und mit wem die Kinder die Freizeit verbringen. Und gerade in der Pubertät kann Mutti nicht wachsam genug sein.

Bereits 1998 ergab eine Untersuchung der Universität Dortmund, dass ein Drittel der 690 befragten Kinder seinen Schulweg nicht kannte: Diese Kinder wurden mit dem Auto gebracht. Jeden Tag. Es werden heute noch mehr sein. Denn warum gründen sich Initiativen wie zum Beispiel die des Schweizer Kantons Bern, die dafür wirbt, dass Kinder wieder zu Fuß zur Schule gehen sollten? »Taxifahrten zur Schule verbauen Kindern ein Stück Freiheit« heißt es im Flyer. Und für die Kinder: »Ich gehe zu Fuß zur Schule – weil ich andere Kinder treffe und viel erlebe.« Das *Hamburger Abendblatt* berichtete von einem Aktionstag am 22. September 2006, an dem das »Eltern-Taxi« zu Hause bleiben sollte. Ein Tag ohne – und 200 Tage mit?

Und wer fährt diese Taxis? Zum größten Teil sind es die Muttis, wie meine Beobachtungen bei morgendlichen Spaziergängen zur Schule in der Nachbarschaft ergeben. Ist das pure Sorge? Der zunehmende Straßenverkehr? Ein vorgeschobenes Argument bei breiten Fußwegen und Tempo-30-Zonen im Wohngebiet. Das ist Kontrolle. Rein ins Auto, raus aus dem Auto und lückenlos übergeben von der Aufsicht der Mutti unter die Aufsicht der Klassenlehrerin, im schlimmsten Fall der Mutti-Stellvertreterin im Schulgebäude.

Nach und nach zimmern Muttis auf diese Weise ein abgeschottetes System, das nach ganz eigenen Regeln funktioniert. Ob Sauberkeit, Benehmen, Leistung oder die Meinung über andere – in der Familie fängt alles an. Hier machen wir unsere prägenden Erfahrungen, und hier lernen wir, was Liebe und was Macht ist.

Tische ohne Decken

Als eine meiner Nachbarinnen, nennen wir sie Cornelia, für drei Wochen zur Kur fährt, bricht in ihrer Familie das Chaos aus. Es gibt keine Tischdecken mehr, das Lieblings-T-Shirt liegt tagelang schmutzig auf dem Boden, und abends steht noch das Frühstücksgeschirr auf dem Tisch. Niemand kümmert sich darum, dass die Hausaufgaben gemacht werden und die Sportsachen für den morgigen Tag bereitliegen. Jedes Familienmitglied muss sich selbst organisieren und sehen, wie es im Alltag klarkommt. Täglich müssen Aufgaben neu verhandelt und abgestimmt werden, das Familienleben führt Vater Sven durch *management by chaos*.

»Endlich werde ich mal gefragt, was ich will«, sagt der neunjährige Marcel zufrieden und entscheidet sich für ein Leberwurstbrot mit Gurke als Pausensnack, das er sich sogar selbst schmiert und dekoriert.

Er muss mehr überlegen, sich einbringen, für sich selbst sorgen – doch das bereitet ihm ungeahnte Freude. Auch Luisa entdeckt ein neues Leben mit mehr Entscheidungsspielraum: Als der Vater mit den Kindern zum Einkaufen fährt, packt Luisa Heidelbeer- und Ananasjoghurt in den Wagen.

»Das will ich mal probieren, Mama nimmt immer nur Erdbeerjoghurt«, sagt sie.

Auf dem Heimweg verspricht der Vater, am Abend Pfannkuchen zu machen.

»Du kannst kochen?«, fragen die Kinder verwundert.

»Na klar, als ich Student war, habe ich immer gekocht. Jetzt macht das aber Mama. Ihr wisst ja, sie hat es nicht so gern, wenn ich mich in ihre Küche stelle, sie macht das am liebsten selbst.«

Nach dem Pfannkuchenabend kuscheln sich die Kinder mit dem Vater aufs Sofa. Marcel fragt, ob er mit dem Fahrrad in die Schule fahren darf, und sein Vater erlaubt es ihm. »Wirklich? Mama sagt immer, das ist viel zu gefährlich.«

Die Familie hat während der muttifreien Zeit nicht nur entdeckt, dass es ein Leben jenseits der gewohnten Linsensuppe gibt, die Mama so gut vorkochen kann und die es deshalb so oft zu essen gibt. Die Dunstglocke mütterlichen Sorgens und Wohlwollens hat sich verzogen: Frischer Wind fegt durch die Familienburg. Aber es ist auch ungewohnt und anstrengend, nicht mehr rundum eingebettet zu sein.

Sobald Cornelia aus der Kur zurück ist, zieht das alte Regiment wieder ein. Sie schimpft über den Saustall, der in ihrer Abwesenheit entstanden ist, und wirft sich auf die Bügelwäsche. Mit den Tischdecken werden die alten Sitten wieder aufgelegt, und Sven und die Kinder murren nur kurz. Erleichtert lassen sie sich wieder in die Mutti-Hängematte fallen. Der Abenteuerurlaub ist vorbei. Zwar kommt ab und an noch ein Ananasjoghurt auf den Tisch, aber alles in allem sind die alten Regeln schnell wieder in Kraft.

Das Familienleben mit Mutti ist geordnet, durchorganisiert und perfektioniert. Wie die Familie nach außen auftritt, wie sie sich präsentiert, wie sich ihre Mitglieder gegenüber Außenstehenden verhalten und welche Gewohnheiten sie ausprägen – das alles wird von ihr bestimmt. Selbst Essverhalten, Vorlieben, Geschmack und Genussfähigkeit werden von frühester Kindheit an von Mutti gesteuert. »Liebe geht durch den Magen«, pflegt sie zu sagen, und damit wird jeder Widerspruch im Keim erstickt: Was Mutti kocht, hat dem Kind zu schmecken. Was sie auftischt, ist ein Zeichen ihrer mütterlichen Liebe.

Wagen Sie als Freund der Familie, dem Kind eine ungewohnte Speise anzubieten, kann es Ihnen passieren, dass die Mutti feststellt: »Das schmeckt ihm nicht!«, noch bevor sich das Kind überlegen konnte, ob es das Essen vielleicht einmal kosten möchte. »Das schmeckt ihm nicht«, dann schmeckt es nicht! Zu Hause wird altersgerecht gekocht, extra für das Kind frisch zubereitet, mit Liebe natürlich. Weist es den Löffel zurück, weist es die Liebe zurück. Dieses existenzielle Risiko kann ein kleines Kind nicht eingehen – also isst es den Teller leer, auch wenn es ihm nicht schmeckt. Es lernt früh, dass Widerspruch zwecklos ist und mit Liebesentzug nicht unter einer Stunde bestraft wird.

Diese Form von Kontrolle funktioniert sehr gut – weil sie so subtil ist und weil Mutti stets damit argumentiert, dass sie ja nur das Beste für alle will. Dabei tut sie so, als ob sie keine Wahl hätte, sich anders zu verhalten, einmal gefasste Entschlüsse oder Meinungen zu überdenken, alte Gewohnheiten zu revidieren. Die übrigen Familienmitglieder haben kaum eine Chance, das Spiel zu durchschauen, weil sie permanent darin verwickelt sind. Deshalb sind Experimente auch nur von kurzer Dauer.

So entsteht ein abgeschottetes System, das jedem in der Familie als festes Gerüst dient. Doch die Bequemlichkeit hat ihren Preis: Bezahlt wird später im Leben, und zwar teuer.

Harmonie in der Wagenburg

Junkfood kaufen wir nicht! Milch ist gesund! Die Meiers von gegenüber sind total asozial! Fußball ist was für Rüpelkinder! Angelina Jolie ist widerlich!

Kinder übernehmen nicht nur den Geschmack und die geltenden Regeln von ihren Muttis, sondern auch deren Meinung. Das kann nicht nur Bequemlichkeit sein, dahinter steckt System. Ein fatales System, wie ich als analytischer Psychotherapeut in meiner Praxis immer wieder erlebe. Denn es wird von einer Generation zur nächsten weitergegeben.

Eine unabhängige, selbstbewusste Mutter kann ihren Kindern vermitteln: Du bist etwas wert. Sie liebt ihr Kind, ob es ihrer Meinung ist oder nicht. Sie kann es zulassen, dass das Kind sich auf den Weg macht, selbstständiger und selbstbewusster wird. Diese Mütter schaffen positive Beispiele für die Erziehung von Kindern zu autarken und aufrechten Menschen.

Doch die anderen, die Muttis, sind selbst in Abhängigkeit erzogen worden, ihr Selbstwertgefühl wird von der Bestätigung anderer diktiert. Wenn sie brav sind, Leistung bringen und tun, was von ihnen erwartet wird, dann fühlen sie sich gut. Dieses Muster leben sie selbst, indem sie versuchen, die besten Muttis der Welt zu sein. Und dieses Muster geben sie an ihre Kinder weiter.

Jedes Kind hat immer wieder mal ungeheure Wut auf die Mutter, und jede Mutter ungeheure Wut auf das Kind. Aber das dürfen sie nicht zulassen, das darf nicht sein. Die Gefühle werden unterdrückt und weggepackt, »verdrängt«, sagen wir Psychotherapeuten. Wie soll ein solchermaßen erzogenes Kind lernen, zu sich und seinen Gefühlen zu stehen? Es lernt: Mama hat mich nur lieb, wenn ich lieb bin. Den Kindern ist Wut und Hass verboten, genau wie die Mütter keine echten Gefühle zulassen. Was zählt, sind die Fassade und der Gedanke an die Nachbarn, an die eigenen Mütter und die Schwiegermütter. Was sollen sie alle denn bloß denken, wenn in unserer Familie gestritten wird? Nein, wir halten zusammen.

Doch die Harmonie ist teuer erkauft. Wie in einem totalitären System wird der Blick über den Gartenzaun und die Grenzen verbaut. Denn die Unterwerfung unter Muttis Herrschaft funktioniert am besten, wenn keiner aus der Familie etwas anderes kennt. Die Kinder wollen bei Freunden übernachten? Der Mann mit Kumpels ein paar Tage in die Berge? Bloß nicht! Wer etwas Neues erlebt und für gut befindet, ist eine Gefahr für den Status quo, den Mutti für alle festgelegt hat. In einem abgeschotteten System sind Muttis keiner Konkurrenz ausgesetzt. Sie wehren sich auch ganz vehement dagegen, sich mit anderen Verhaltensmustern auseinandersetzen zu müssen oder diese gar zu übernehmen. Denn das hieße, dass ihr Status als alleinige Instanz in allen Lebensfragen massiv an Bedeutung verlieren würde und dass die Macht im eigenen Reich verloren ginge. Wenn Fremde kommen und Fragen stellen, wird die Zugbrücke hochgezogen.

Nicht nur durch Dominanz und Kontrollsucht machen Muttis ihren Kindern eine selbstbestimmte Entwicklung schwer. Im Sinne dieser Wagenburgmentalität entwickeln Muttis auch das tief verwurzelte Bestreben, Abweichler im Inneren kaltzustellen. Das äußert sich in ihrer Harmoniesucht, die vordergründig allen Familienmitgliedern ein möglichst friedliches Leben bietet und alle miteinander gegen eine feindliche Außenwelt schützt.

Harmonie muss herrschen in Muttis Welt: »Diese Muffins hab ich speziell für dich gebacken! Die magst du doch so gern!« Aber wehe, das Kind weigert sich. Da wird Mutti böse sein oder traurig, was für Kinder oft noch schlimmer ist. Also ist es einfacher zu essen. Und wenn das Kind scheinbar entscheiden darf zwischen einem Ausflug mit der Familie seines Freundes in den Vergnügungspark und dem Besuch mit Mutti bei ihrer Patentante – »Tante Marga wird aber ganz schön enttäuscht sein, wenn du nicht mitkommst!« –, wird es ihm immer lieber sein, den Freund zu enttäuschen als die Mutti.

In den meisten Familien wird unter dem Deckmantel der Harmonie tunlichst geschwiegen. Den Muttis geht es darum, ihr Ideal eines friedlichen Familienlebens zu verwirklichen. Es ist ihnen in keiner Weise bewusst, was sie damit anrichten und welche Folgen das vor allem für ihre Kinder hat.

Bezahlt wird später

»Wenn ich ein neues Fahrrad wollte, eine Autorennbahn oder einen Computer, war das kein Problem – meine Mama hat mir alles gekauft«, erzählt mir Uwe in meiner Praxis.

Noch heute, in seiner 23. Therapiestunde, versucht er seine Mutter in Schutz zu nehmen. Doch auch über den Preis für diese Gaben hat er schon viele Stunden lang gesprochen. Sein Vater wurde von der Mutter mit Hasstiraden überzogen, solange er denken kann, und der Junge sollte Seite an Seite mit der rachsüchtigen Ehefrau gegen ihn angehen. Letztlich hat die Mutter den Vater rausgeworfen, und dennoch war er auch weiterhin in ihren Augen an allem schuld.

»Als Papa endlich aus dem Haus war, wurde es mit ihren Attacken auf ihn nur noch schlimmer. Sie konnte gar nicht mehr aufhören. Ich saß am Tisch und habe gegessen, und sie zog pausenlos über Papa her. Selbst wenn ich raus auf den Sportplatz wollte, musste ich warten, bis sie fertig war mit Schimpfen.«

Schnell hatte Uwe gelernt, der Mutter zuzustimmen, egal, worum es ging. Bald hatte er eine Methode entwickelt, an den richtigen Stellen zu nicken oder zustimmende Geräusche zu machen, ohne genau zuhören zu müssen. Die Hasstiraden über den Vater, das nie endende Bewerten seines Verhaltens haben die Kindheit des späteren Finanzbeamten begleitet und geprägt.

»Das ging bis ins intimste Detail, das wollte ich alles gar nicht wissen.«

Auf den ersten Blick erscheint der 37-Jährige wie ein großes unbeholfenes Kind. Er ist ein weicher, untersetzter Mann, der mir zur Begrüßung eine kraftlose Hand reicht. Abgespannt lässt er sich in den Sessel fallen. Leise seufzt er auf: »Ich liebe meinen Beruf. Da habe ich alles im Griff, da sind die Dinge klar geregelt. Es gibt für alles genaue Vorgaben und Gesetzestexte, an die ich mich zu halten habe. Da bleibt kein Spielraum, das ist Gesetz. Und ich will das richtig machen, ich brauche Ordnung.«

Im Privatleben dagegen liegen die Dinge für ihn nicht so klar. Dort zeigt sich der hohe Preis, den Uwe noch heute dafür bezahlt, Muttis Söhnchen zu sein. Der einseitigen Rechthaberei und der ständigen Konfrontation mit der Wut der Mutter war Uwe als Junge hilflos ausgeliefert. Wütend sei auch er gewesen, und es habe ihn abgestoßen, erzählt er. Doch es war nicht möglich, diese Aggressionen gegenüber seiner Mutter auszuleben. Sobald er die Stimme erhob oder es doch einmal wagte, zu widersprechen, fuhr sie ihm sofort über den Mund. Wenn er aufbegehrte und zu einem Freund ging, obwohl sie dagegen war, machte sie ihm stundenlang Vorwürfe: »Du wirst genau wie dein Vater!«

So hatte er gelernt, zu schweigen und zu schlucken. Uwe hatte schnell begriffen, dass er mitmachen musste, um den Hass, den die Mutter auf den Vater hatte, nicht auf sich zu ziehen. Er hatte gelernt, alles zu unterdrücken, was die Mutter an den Vater erinnern könnte. Und damit hatte er auch gelernt, alles Männliche zu unterdrücken.

Vielleicht ist das auch der Grund dafür, weshalb sich Uwe eine Schutzschicht angegessen hat – einen Ring aus Speck, an dem er sein Umfeld zumindest äußerlich abprallen lässt.

Auch seine Berufswahl wurde von diesen Erfahrungen und der damals verspürten Hilflosigkeit beeinflusst: Uwe trat eine Stelle als Finanzbeamter an, die ihm Macht und Kontrolle über andere Menschen verlieh. Zum ersten Mal in seinem Leben konnte er hier selber anderen etwas vorschreiben – von seinem sicheren Schreibtisch aus.

Die Ereignisse in seiner Kindheit bereiteten den Boden für die schwierige Beziehung zu Uwes Ehefrau Nora. Im Laufe der Ehe entglitt sie ihm immer mehr, schließlich schickte sie ihn aufgrund seiner wiederkehrenden Albträume in Therapie – nur um ihn wenig später mit den beiden gemeinsamen Kindern zu verlassen.

Uwe sinkt noch mehr in sich zusammen. »Wir hatten einen Riesenkrach. Sie hat mir vorgeworfen, ich sei eine dicke, abstoßende Couch-Potato und es sei unerträglich, mit mir zusammenzuleben«, erzählt er, »und ich hätte nie eine eigene Meinung, sondern redete jedem nach dem Mund. Es stimmt, meiner Mutter und meinem Chef gegenüber habe ich nie Position bezogen.«

Uwe schaut mich verzweifelt an.

»Sie hatte einfach die Nase voll von mir.«

Uwe war als Junge überfordert mit einer emotionalen Last, die er nicht verdauen konnte und unter der er noch als Erwachsener leidet. Niemals tritt er stark und bestimmend auf, nie handelt er mit offenem Visier. Das durfte er als Kind nicht, seine Gefühle musste er verleugnen und verdrängen genau wie seine Liebe zum Vater. Den konnte er nur heimlich sehen, und wenn seine Mutter von einem der seltenen Treffen erfuhr, überzog sie ihn für Wochen mit Schimpf und Schmach.

Wie er es gelernt hat, agiert Uwe in seiner Beziehung und im Beruf höchstens hintenherum. Formulare auf Vollständigkeit zu prüfen und mit einer Mail unter Androhung von Bußgeldern weitere Unterlagen einzufordern ist mehr nach seinem Geschmack.

Falle, selbst gebaut

Silvia ist eine übergewichtige Frau in den Vierzigern mit dominantem, ja lautem Auftreten. Egal, was sie tut, alles wirkt angestrengt und mühsam. Jeder Schritt scheint ihr eine Last zu sein, aber sie ist vorbereitet: Als ich sie an der Haustür empfange, drückt sie mir als Erstes 28 getippte DIN-A4-Seiten in die Hand.

»Ich habe Ihnen das alles aufgeschrieben, damit Sie unsere Situation verstehen; das ist schließlich nicht so einfach«, sagt sie etwas schrill.

Ihr Mann Hartmut erscheint hinter ihr und sieht mich entschuldigend an. Er ist Vorstandsmitglied in einem international tätigen Unternehmen.

»Ich mache mir Sorgen um meinen Mann.« Silvia beginnt, aufgeregt ihre Hände zu kneten. »Ich bin selbst beruflich engagiert, wenn auch nur in Teilzeit, ich habe die Kinder, ein schönes Haus und einen wunderbaren Garten, besser könnte es gar nicht sein. Für mich läuft es gut. Aber mein Mann! Er ist viel zu sehr von mir abhängig. Er braucht Hilfe.«

Hartmut verzieht keine Miene und sieht zu Boden.

Mir ist sofort klar, dass ich die beiden unbedingt in Einzelgesprächen näher kennenlernen muss. Hartmut wird niemals zu Wort kommen, wenn seine Frau dabei ist, und Silvia scheint mir selbst ein Problem zu haben. Denn auf Dauer ist es ausgesprochen anstrengend, wie ein Hütehund die Schäfchen beisammenzuhalten und aufzupassen, dass kein Familienmitglied aus der Reihe tanzt. Manche Mutti leidet selbst unter dem System, das sie aufgebaut hat und in dem doch auch sie gefangen ist. Nun ist es eine Sache, insgeheim zu spüren, dass die Dinge im Argen liegen. Eine andere ist es, auszubrechen und Veränderungen in Angriff zu nehmen. Aber zunächst zu Hartmut, der von seiner Frau quasi eingeliefert wurde.

Die Arbeit mit ihm allein gestaltet sich vielversprechend. Der direkten Kontrolle seiner Frau entzogen, zeigt er sich als zielstrebiger, kluger Zeitgenosse. Doch zu Hause ist er der typische Pantoffelheld. Wir besprechen seine Situation in mehreren Sitzungen. Es wird klar, dass Hartmut von einer dominanten Mutter erzogen wurde und eine Partnerin gesucht und gefunden hat, mit der er das ihm bekannte Beziehungsmuster wiederholen kann. Dass sich seine Ehefrau wie ehedem Mutti Sorgen um ihn macht, gefällt ihm. Er ist es eben gewohnt, dass sich jemand um ihn kümmert, doch mittlerweile ahnt er, dass er in einer Sackgasse gelandet ist. Hartmut hat sich die Gängelung lange genug gefallen lassen. Er will versuchen, in Zukunft mehr Eigenständigkeit zu wagen.

Den nächsten Termin nimmt Silvia wahr, obwohl sie mir mehrmals am Telefon erklärt, dass sie gar nicht verstehe, warum das denn überhaupt nötig sei. Nun sitzt sie vor mir und erzählt mir, wie gut sie ihre Familie im Griff habe, wie erfolgreich die Kinder in der Schule seien und welch große Freude ihr die Ehe mache. Doch dann bricht es plötzlich aus ihr heraus: »Ich habe große Angst davor, dass mein Mann davonläuft. Wissen Sie, wie das ist, wenn man Angst hat?«

Ich nicke.

»Ich habe bereits mehrere Ärzte konsultiert, um die Angst loszuwerden – vergeblich. Das geht schon ein paar Jahre so, mal ist es besser, mal schlimmer.«

Silvia ist überfordert. Einerseits meint sie, Hartmut ganz eng führen zu müssen, damit er nicht abtrünnig wird. Andererseits versucht sie loszulassen, um ihnen beiden mehr Freiheit zu ermöglichen und das zu tun, was er sich seit Neuestem zu wünschen scheint. In dieser Zwickmühle kriecht Angst in ihr hoch. Der Schritt in eine echte Partnerschaft, die nicht auf Macht und Manipulation, sondern auf Vertrauen und differenzierter Diskussion basiert, will ihr einfach nicht gelingen. Viel zu tief ist sie in ihr Verhaltensmuster verstrickt.

Je selbstständiger und stärker ihr Mann durch seinen therapeutischen Prozess wird, desto unwirscher und abweisender reagiert Silvia. Sie zeigt sich stur und blockiert, sowohl ihm als auch mir gegenüber. Schon bald stellt sich die entscheidende Machtfrage.

Als eine mehrtägige Dienstreise nach München ansteht, verzichtet Hartmut zum ersten Mal darauf, vorab die Erlaubnis seiner Frau einzuholen. Er beschließt einfach zu fahren und teilt ihr das mit. Auch ruft er nicht wie üblich mehrmals täglich bei ihr an, sondern nur noch abends. Silvia ist in heller Panik, jetzt wird ganz klar, dass der Kontrollverlust droht. Ihre erste Reaktion: Sie sagt alle weiteren Termine bei mir ab. Auch bestimmt sie, dass ihr Mann ebenfalls die Therapie abbrechen muss. Auf meine Frage, weshalb er die doch so erfolgreiche Arbeit beenden solle, antwortet sie nur: »Weil ich es so will!« Es ist kaum zu glauben, aber dieser beruflich so erfolgreiche Mann reagiert folgsam wie früher im Kinderzimmer bei Mutti. Er gibt nach. Am Telefon lässt sich Hartmut verleugnen, und ich habe ihn nie wiedergesehen.

Wenn eine Mutti Anstalten macht, aufzubrechen, um außerhalb der Familienburg neue Erfahrungen zu sammeln, merkt sie rasch, dass da draußen ein anderer Wind weht. Plötzlich soll sie zulassen, dass sie und ihr Verhalten infrage gestellt werden. Doch wenn die äußere Hülle fällt, kommt darunter meist wenig zum Vorschein. Muttis haben oftmals gar keine oder nur sehr begrenzte Wünsche, was die eigene Zukunft und die persönliche Entwicklung betrifft. Die eigenen Empfindungen sind verschüttet unter der dicken Decke von antrainierten Positionen und Allgemeinplätzen. Es würde eine längere Phase der Veränderung und gezielten Aufmerksamkeit erfordern, bis eine Mutti in der Lage wäre, wahrzunehmen, was sie selbst fühlt und was ihr wichtig ist. Die meisten Muttis brechen eine Expedition ins unbekannte Neuland dann auch schnell wieder ab, weil ihnen jede Veränderung Angst macht.

Mutti ist überall

Was die Mutti nicht kann, kann sie ihren Kindern nicht vermitteln. Wer selbst nicht gelernt hat, zu seinen Gefühlen zu stehen und Widerspruch auszuhalten, kann Kinder nicht zu einer eigenen Meinung ermuntern. Ein selbstbestimmtes Leben wird so schwierig, wenn nicht unmöglich gemacht.

Wer als Kind nie für sich selbst einstehen durfte und nie eine eigene, differenzierte Sicht der Dinge entwickeln und nach außen vertreten konnte, wird auch als Erwachsener nicht aufbegehren. Von Mutti erlernen Kinder schon in den ersten Lebensjahren genau die Verhaltensmuster, mit denen sie Macht aushalten – oder selbst einmal Macht ausüben können.

Und in der Schule wird das nicht besser. Widerspruch wird oft nicht gefördert, Individualität und eigenwilliges Verhalten werden nicht belohnt. In den ersten Schuljahren sind Lehrer selten. Die Grundschule ist fest in weiblicher Hand. Viele von den Grundschullehrerinnen hatten selbst Muttis als Mutter, und nun wiederholen sie das Muster. Und die meisten Kinder verinnerlichen sehr schnell: Wer brav ist und sich in die Regeln einpasst, wird gelobt. Wer nicht mitzieht, bekommt Schwierigkeiten. Wiederholen, umschulen, abschulen. Hinzu kommt: In den ersten Klassen marschieren die Muttis der Kinder meist noch Hand in Hand mit den Lehrerinnen.

Aber ich will den Frauen nicht die Schwarze Petra zuschieben. Auseinandersetzungen können an den Schulen auch wegen Widerstand vonseiten des männlichen Personals viel zu oft nicht in direktem Kontakt ausgetragen werden. »An unserer Schule gibt es keine Konflikte«, erklärte der Schulleiter meiner früheren Frau, einer Gymnasiallehrerin. Mit diesen Worten brach er eine erfolgreich laufende Mediation zwischen Schülern und Lehrern ab. Und der damals für Weiterbildung zuständige Dezernent im Düsseldorfer Regierungspräsidium bestätigte diese Linie in einem amtlichen Ablehnungsschreiben auf meine Anregung zu einer schülerzentrierten Selbsterfahrungsgruppe (Balintgruppe) für Lehrer: »Ich verbiete jedes Weiterbildungsprogramm, in dem es um Gefühle geht. Denn Gefühle haben im Schulalltag nichts zu suchen.« Wo denn dann?, frage ich mich als Psychoanalytiker. Nicht in der Schule, nicht zu Hause?

Die vielen Muttis unter den Müttern der Schüler regieren bis in die Klassen hinein und bestimmen, wie ihre Augensterne unterrichtet werden sollen. Eine Lehrerin erzählte mir, dass sich die Mutter eines Schülers direkt beim Schulamt in Köln über sie beschwert habe, ohne mit ihr oder ihrem Schulleiter auch nur den Versuch zu unternehmen, über den Vorfall zu reden oder ihn gar gemeinsam zu klären. Von ihrem Schulleiter sei sie auf ihre Beschwerde hin zurechtgewiesen worden. Sie habe sich sogar sagen lassen müssen, dass es eine Anweisung des Schulamtes Köln gebe, nach der jeder Schulrat eine Beschwerde führende Mutter direkt zu empfangen habe. Und das, ohne vorher Rücksprache mit dem betroffenen Klassenlehrer oder dem Schulleiter halten zu müssen. Ein solches Vorgehen raube ihr und ihren Kollegen, klagte mir die sehr engagierte und bei ihren Schülern und Eltern auch beliebte Lehrerin, zuerst die Autorität und dann die letzte Motivation.

Und wie viele Lehrer sind selbst authentische Persönlichkeiten? Aufrecht und in Einklang mit ihren Gefühlen, konfliktfähig und konfliktbereit? Allzu viele sehe ich in meiner Praxis mit sich hadern.

Cornelia, eine 56-jährige Lehrerin, engagiert sich seit Jahrzehnten in ihrer Schule für Toleranz und Aufgeschlossenheit. Sie trägt schicke Kleider, auffälligen Schmuck und einen praktischen Kurzhaarschnitt. Von hinten würde ich sie gut und gerne 20 Jahre jünger schätzen, auch wegen ihres flotten Gangs. Sie ist an allem lebhaft interessiert und wirkt sehr aufgeschlossen: »Ich bin mit der 68er-Bewegung groß geworden, die 70er-Jahre waren meine Zeit, da habe ich viel experimentiert. Ich hatte aufregende Partnerschaften und war immer offen für Neues. Ich habe ja noch diesen ganzen Muff und die Prüderie meiner Eltern und Verwandten erlebt – also das ist heute viel freier und ungezwungener, darüber bin ich wirklich froh. Man kann inzwischen über alles reden. Und ich finde es toll, dass meine Tochter so offen lesbisch lebt und ihre Freundin auch auf der Straße küsst.«

Alles bestens also? Ist Cornelia eine der Persönlichkeiten, die ihren Kindern ein selbstbestimmtes Leben ermöglichen, frei von Vorurteilen? Doch genauer hingeschaut, ist das nur ein Teil der Wahrheit. Denn unter der progressiven Oberfläche liegt eine tiefe Trauer, die sie selbst im Kreis ihrer engsten Freunde nicht zu formulieren wagt. Erst in der Therapie erlaubt sie sich, ihre wahren Empfindungen über die Liebe ihrer Tochter zuzulassen und aussprechen: »Mir wird erst jetzt klar, dass die Entscheidung meiner einzigen Tochter gravierende Folgen für mich hat. Ich werde niemals Enkelkinder haben und niemals Oma sein. Das tut sehr weh.«

Wie echt kann eine Haltung sein und wie frei eine Gesellschaft, wenn eine gebildete Frau wie Cornelia es nicht wagt, ihre ureigensten Gefühle wahrzunehmen, geschweige denn darüber zu sprechen?

Es war ein langer Weg, bis es für homosexuelle Menschen in unserer Gesellschaft möglich war, offen zu ihrer sexuellen Orientierung zu stehen. Heute kann sich sogar ein Politiker öffentlich dazu bekennen – und das ist gut so. In vielen Gegenden der Welt ist dieser Weg noch nicht zu Ende. Nun ist es aber bei uns offenbar mittlerweile so, dass neue Tabus entstanden sind: Wenn ein Mensch nämlich zu sagen wagt: »Ich habe ein Problem damit, dass meine Tochter lesbisch ist!«, wird er im Handumdrehen als homophob abgestempelt – dabei will er nur ausdrücken, was er ehrlich fühlt. Und ohne die Möglichkeit, seine Gefühle zu artikulieren, ist ein reinigendes, klärendes Gespräch doch gar nicht erst möglich. Viel hat sich verändert, aber wir sind noch immer weit davon entfernt, dass man öffentlich zu seinen Gefühlen stehen darf, ohne abgestempelt zu werden. So oder so.

Es ist schwer, gegen Gruppendruck und die Macht des Mainstreams anzudiskutieren oder gar sich dagegenzustemmen. So wie Mutti in der Familie für Harmonie sorgt – und sei es mit der Keule –, so grenzt die Öffentlichkeit Abweichler und deren Positionen gnadenlos aus. So wie Muttis es im Familienkreis mit ihren spitzen Bemerkungen meisterhaft verstehen, alle anderen mundtot zu machen, so desavouiert der Mainstream die unbequemen Abweichler, indem er sie als »Spießer«, »Reaktionäre«, »Ewiggestrige« verunglimpft.

Und die Moralkeule gibt es in verschiedenen Größen. Der Autor Thilo Sarrazin hat sie in augenöffnender Weise nach dem Erscheinen seines Buches »Deutschland schafft sich ab« zu spüren bekommen. Er wurde quer durch die Parteien und Redaktionen als »Rassist«, »Eugeniker«, »Rechtspopulist«, »Stammeskrieger«, »Antisemit« und vieles mehr bezeichnet. Dabei kann man über seine Thesen und Meinungen herrlich streiten und sich mit Erkenntnisgewinn darüber auseinandersetzen. Nur müsste man dafür auch die eigenen Positionen auf den Prüfstand stellen. Und dagegen wissen sich Muttis und Mutti-Systeme vehement zu wehren.

Weder ist Cornelia homophob, noch trifft auf Sarrazin irgendeiner der genannten Begriffe zu, jedenfalls ist in seinem Buch oder in seinen Interviews nichts davon zu finden. Gegen Gruppendruck und Mainstream anzukämpfen ist schwer, ob öffentlich oder im Freundes- oder Familienkreis. Nicht jeder bleibt dabei stehen. Man muss sehr viel Stärke aufbringen, um den Gegenwind auszuhalten, und dank Mutti fehlt es vielen genau daran. Unter dem Mantel der totalen Freiheit, in der wir uns heute wähnen, versteckt sich die perfide Bevormundung durch die Diktatur des Mainstreams. Die wahren Bedürfnisse der Menschen finden keine Berücksichtigung, die persönlichen Meinungen werden unterdrückt, die wahren Gefühle erhalten keine Beachtung.

Unter dem Dach der Kirche

Ideologie und Abhängigkeit herrschen seit zwei Jahrtausenden in der katholischen Kirche – im Männersystem par excellence. Das ist das Paradoxe: Die Gottesdiener wähnen sich frei von jeglicher Mutti-Macht, und doch bleiben die Mechanismen dieselben. Denn das Problem der Abhängigkeit reist ebenso mit in die Klausur wie die frühkindliche Prägung: Auch spätere Kirchendiener werden oftmals von Muttis erzogen, und ich vermute, dass viele von ihnen im Mutti-Syndrom stecken geblieben sind.

Dazu hat Eugen Drewermann, selber lange Jahre Priester in der katholischen Kirche, in seiner großen Studie »Kleriker« Wichtiges gesagt. Aber auch für den Laien sind die Parallelen frappierend. Die Kirche selber nennt sich »Mutter Kirche«, steckt ihre Diener in Frauenkleider, verbietet ihnen die Ehe und verlangt als wichtigste Tugend Gehorsam.

Vielleicht fühlen sich Mutti-Kinder vom Mutterschoß der Kirche und ihren hierarchischen Strukturen eher angezogen und können sich besser einpassen als andere? Die Suche nach dem Vertrauten gibt Sicherheit in einer verwirrenden Welt. Die ausgeprägten Abhängigkeitsstrukturen innerhalb von Kirche und Kurie fördern wiederum die Indoktrination. Für den Klerus hat nur ein Tausch der Ideologie stattgefunden. In der Familie hieß es: »Was Mutti sagt, ist richtig.« In der

Kirche heißt es: »Was der liebe Gott sagt, ist richtig.« Und die Auslegung dessen, was Gott sagt, liegt bei den Kirchenoberen.

Alle paar Jahre wird in der katholischen Kirche die Diskussion über den Zölibat neu angestoßen, und genauso regelmäßig verschwinden die Protagonisten wieder in der Versenkung. Ein Beispiel dafür ist der offene Brief an die Bischöfe und den Papst, den immerhin 144 Theologen im Februar 2011 verfassten und in dem radikale Veränderungen gefordert werden. Die Theologieprofessoren sind den Bischöfen unterstellt, und so war es ein riskanter Akt, die Petition zu unterschreiben. Laut einem Bericht der *Süddeutschen Zeitung* vom Februar 2011 hätten sich noch mehr Unterstützer gefunden, aber »mancher Wissenschaftler steckt gerade in einem Berufungsverfahren oder weiß um den strengen Ortsbischof – und unterschreibt besser nicht«. So stellt der Vorstoß der 144 Theologen einen beachtlichen Versuch der Rebellion dar. Ihre Wünsche für die Zukunft: das Ende des Pflichtzölibats, mehr Mitbestimmung bei der Auswahl der Bischöfe, die Ordination auch von Frauen und das Akzeptieren homosexueller Ehen durch die Kirche.

Das sind durchaus Themen, die an der fest zementierten Ideologie der Kirche rütteln. Doch wieder entsteht kein offener Dialog, auch dieser Aufruf zum Gespräch prallt an glatten Mauern ab, in denen sich kein noch so kleiner Spalt auftut. Bisher wurde die Diskussion immer abgeschnürt und jede Reform verhindert. Diese Vorgänge, seit Jahrhunderten wiederholt, sprechen der Entwicklung einer freiheitlich-demokratischen Gesellschaft Hohn. Einer Gesellschaft, die sich Aufklärung, Einfühlung und Dialog auf die Fahnen geschrieben hat.

Die Beständigkeit der Kirchen wird getragen von manipulierten, folgsamen und autoritätsgläubigen Menschen; das funktioniert im Christentum ebenso wie im Islam. Würden nicht die Muttis dafür sorgen, dass immer neue Diener des Herrn heranwachsen, wäre längst Schwung in die verkrusteten Strukturen gekommen. Doch letztlich akzeptieren noch immer viel zu viele ein Machtwort der Oberen. Seien es nun die Bischöfe, die die Diskussion beenden, oder Politiker, die ebenfalls die »Basta-Diktatur« beherrschen. Frei nach dem Motto: Jetzt, Kinder, ist genug geredet. Jetzt sage ich, wo es langgeht.

An allen wichtigen Knotenpunkten der Gesellschaft haben sich Institutionen etabliert, die wie Mutti bestimmen, was richtig und was falsch ist. Dort, wo eine angeblich bessere Wissenschaft oder Weisheit herrscht, wird das Hinterfragen von alternativen Entscheidungen diskreditiert und sogar bestraft – ganz gleich, ob es sich um Konzepte zur Kindererziehung, Rauchergesetze oder um das rigorose Denken von Randgruppen handelt, die es durch viel Lobbyarbeit geschafft haben, ihr Thema zu dogmatisieren.

Mutti ist überall!

2

Mutti will doch nur das Beste

Luzia lebt mit ihrer Familie in einem liebevoll eingerichteten Neubauhaus. Im Wohnzimmer steht eine elegante Ledersitzecke; die Sofakissen sind sorgfältig auf die übrige Einrichtung abgestimmt, auf dem Couchtisch mit der Glastischplatte steht in passender Vase ein schön arrangierter Blumenstrauß.

Ich bin zum Brunch eingeladen und finde mich mit ihrer Familie an einem üppig geschmückten und mit allen erdenklichen Leckereien gedeckten Tisch wieder. Eigentlich wollten wir ja nach dem ausgiebigen Frühstück einen gemeinsamen Spaziergang machen, doch das Wetter ist schlecht. Luzias Tochter Maja verschwindet in ihrem Zimmer, ihr Mann Holger setzt sich mit mir ins Wohnzimmer.

»Ich bin gleich bei euch«, verspricht Luzia, »ich mach noch schnell ein bisschen Ordnung.«

Ich finde das Zimmer eigentlich aufgeräumt genug, aber bitte. Wir setzen uns aufs Sofa, doch ein Gespräch mit dem laufenden Staubsauger im Hintergrund ist nicht möglich. Also schlagen wir erst einmal unsere Sonntagszeitungen auf. Ich versuche zu lesen, kann mich aber nicht so richtig in den Artikel vertiefen. Ständig wuselt Luzia um mich herum, stellt hier ein Buch ins Regal zurück, wischt dort die letzten Frühstückskrümel vom Esstisch, läuft in die Küche, bringt mir ein Glas Saft, zupft ein paar vertrocknete Blätter von der Grünlilie. Holger scheint das nichts auszumachen.

Dann ruft Maja nach mir: »Torsten, kommst du bitte mal? Schau mal, hier ist ein altes Bild von uns beiden bei meiner Taufe!«

Ich lasse die Zeitung aufgeschlagen auf dem Glastisch liegen und gehe nach oben. Als ich mit Maja genug über das alte Bild gekichert habe, gehe ich wieder nach unten. Ich bin keine fünf Minuten weg gewesen, aber in der Zwischenzeit hat Luzia meine Zeitung ordentlich zusammengefaltet und in den Zeitungsständer gesteckt.

Ich frage sie: »Warum hast du das denn gemacht? Ich war doch gerade am Lesen.«

»Unordnung kann ich nicht leiden!«, erwidert sie ärgerlich.

»Aber es ist doch gemütlich, wenn es hier ein bisschen bewohnt aussieht«, sage ich.

»Was du unter gemütlich verstehst!«

Holger sitzt die ganze Zeit daneben und mischt sich nicht ein. Zu Hause lässt er es eher gemütlich angehen. Ich kann mir nicht vorstellen, dass er ebenso viel Wert auf perfekte Ordnung legt wie seine Frau. Deshalb frage ich ihn, was er dazu meint. Aber bevor er antworten kann, fährt Luzia dazwischen: »Lass den in Ruhe. Hier habe ich das Sagen.«

… Kontrolle ist besser

Es fängt ganz harmlos an. Die Gestaltung des Wohnraums ist in Mutti-Familien reine Frauensache. Mutti bestimmt den Stil und die Farben, die Wohnung atmet ihre Atmosphäre. Sie allein wählt die Möbel aus und bestimmt, wie sie gestellt werden. Sie arrangiert Dekorationen, hält Ordnung, putzt, kümmert sich. Sie bestimmt, ob die Schuhe an der Wohnungstür ausgezogen werden müssen, wo die Jacken hingehängt werden. Jedes Detail ist von ihr geprägt.

Wenn der Mann Glück hat, kann er in den Bastelkeller oder die Garage flüchten. Hier bestimmt er, hier kann er seine Sachen liegen lassen oder nach seiner ganz eigenen Ordnung sortieren. Hierhin zieht er sich zurück, wenn ihm die Mutti-Ordnung zu viel wird. Weil sie außerhalb ihres Territoriums liegen, weigert sich Mutti, einen Fuß hineinzusetzen. Doch alle gemeinschaftlich genutzten Räume sind Muttis Hoheitsgebiet und werden von ihr geprägt.

Dazu gehört auch der Garten. Sie bestimmt die Gestaltung, pflanzt Blumen, jätet Unkraut. Alles, was ihr nicht passt, muss weg. Das heißt aber nicht, dass sie die Arbeit allein erledigt. Der Mann darf durchaus im Garten arbeiten – aber nur genau nach ihren Anweisungen. Den Garten umgraben, Laub fegen und Steine schichten gehören zu seinen Aufgaben, die körperliche Schwerarbeit, die ihr zu viel wird. Und bei der keine Gefahr besteht, dass er kreativ wird.

Dieselbe Aufgabenverteilung lässt sich auch beim Einkaufen beobachten. Wenn muttidominierte Paare zusammen einkaufen, schiebt er den Einkaufswagen, und sie sucht aus, was hineinkommt. In den seltenen Fällen, wo so ein Mann allein einkauft, hält er meist einen Zettel in der Hand. Und wenn man genau hinschaut, erkennt man: Die Handschrift auf dem Einkaufszettel stammt von einer Frau. Die Mutti schickt also einen Stellvertreter mit genauen Handlungsanweisungen. Sie hat ihm detailliert aufgeschrieben, was er besorgen soll. Und wenn er es wagt, etwas anderes mitzubringen? Dann muss er noch mal losziehen, um das Richtige zu besorgen. Mutti allein weiß, was gut und gesund ist, was die Familie braucht. Sie allein hat den Überblick über den Kühlschrankinhalt und den Speiseplan.

Mutti muss immer überprüfen und kontrollieren. Sie kann die Fäden nicht aus der Hand geben, auch nicht bei der kleinsten Tätigkeit im Haushalt. Sie mag vielleicht Aufgaben verteilen: Die Kinder decken den Tisch, der Mann wäscht ab. Aber die letzte Kontrolle behält sie selbst. Sie prüft, ob auf dem Tisch auch nichts vergessen wurde, ob das Geschirr richtig sauber ist. Wenn der Mann das Baby wickelt, kommt sie wie zufällig ins Badezimmer, wuselt herum, steckt im Vorbeigehen blitzschnell einen Finger zwischen Oberschenkel und Windel und weiß sofort: »Die Windel sitzt zu locker!« Damit stellt sie klar, dass er auch hier nur in Stellvertretung arbeitet und dass das letzte Wort bei ihr liegt.

Viele Männer haben es nicht gelernt, sich ein eigenes Zuhause einzurichten und es sich gemütlich zu machen. Die typische Junggesellenwohnung ist entweder ein heilloses Chaos oder eine minimalistisch eingerichtete Zweckwohnung. Steve Jobs wohnte lange Zeit allein in einem riesigen Haus, in dem sich nur ein Bett, ein Stuhl und ein Schreibtisch befanden.

Um ein wirkliches Zuhause zu bekommen, brauchen diese Männer genauso wie die Kinder die Mutti. Sie gibt ihnen ein Heim, Geborgenheit und Zuwendung – eine Rundumversorgung, die sie davon befreit, selbst nachdenken, planen und gestalten zu müssen. Aber nur wenn sie sich im Gegenzug an Muttis Vorgaben halten. Wehe, wenn sie eigene Vorstellungen entwickeln! Der Wunsch, das von den Freunden zum Geburtstag geschenkte Bild mit dem Traummotorrad im Arbeitszimmer aufzuhängen, wird mit nachsichtigem Lächeln oder scharfen Worten rigoros abgeblockt. Männer, die es zu Muttis zieht, lernen schnell, dass die Sabotage von Muttis Bemühungen, es ihrer Familie schön zu machen, für sie eine unzumutbare Kränkung bedeutet. Spätestens nachdem sie ein paarmal vor die Wand gelaufen sind, nehmen sie Abstand davon, sich in die Gestaltung des privaten Lebensumfelds einzumischen.

Und die Muttis? Ist es nicht äußerst anstrengend, ständig alles im Griff zu behalten? Die von der Zugehfrau gebügelte Wäsche wird noch einmal nachgebügelt, der 16-jährige Sohn zum Musikverein gefahren, der Mann daran erinnert, die Reifen an seinem Auto wechseln zu lassen. Und das oft noch zusätzlich zu einem Teilzeitjob. Ständige Konzentration ist gefragt, die Arbeit nimmt kein Ende. Nie gibt es einen Moment der inneren Ruhe. Warum tun Muttis sich das an? Es wäre doch viel einfacher, die Aufgabenbereiche zu verteilen und darauf zu vertrauen, dass die anderen ihre Sache gut machen.

Killeraltruismus

Eines der Hauptmerkmale von Mutti-Systemen ist das radikale »Wer nicht für mich ist, ist gegen mich«: Entweder du tust alles genau so, wie ich es sage, oder du gehörst nicht mehr dazu. Genau dieser Mechanismus funktioniert nicht nur in der Familie, sondern auch auf der gesellschaftlichen und insbesondere auch der religiösen Ebene. Wer in Unternehmen, in der Politik oder überhaupt im öffentlichen Raum einfordert, dass sich alle Mitarbeiter, Schutzbefohlene, Abhängige in das Herrschaftssystem fraglos einzufügen haben, handelt wie Mutti. Wer die Mutti bedingungslos unterstützt, dem geht es gut. Aber Gnade dir Mutti, wenn nicht! Rebellion wird mit Liebesentzug bestraft; wer die Regeln infrage stellt, wird radikal weggedrückt und unschädlich gemacht.

Ich benutze hier ganz bewusst das Wort »Rebellion«. Rebellion richtet sich gegen einen totalen Machtanspruch, und genau darum handelt es sich bei dem Mutti-System. Die Art, wie Muttis die von ihnen Abhängigen kontrollieren, ist pure Machtausübung. Dabei ist Macht an sich ja nichts Schlechtes, wenn sie mit Verantwortung und Kompetenz ausgeübt wird. Wenn sie aber vor allem dazu eingesetzt wird, um sich selbst zu erhalten, auch auf Kosten aller anderen, dann ist sie ein

Zerstörungsinstrument. Muttis wollen sich durchsetzen. Um jeden Preis.

Sie vertragen niemanden, der innerhalb ihres Imperiums eine eigenständige Meinung vertritt, der unabhängig von ihnen handelt. Gerade dann nicht, wenn derjenige damit erfolgreich ist. Das ist vom rationalen Standpunkt aus scheinbar widersinnig. Eigentlich müsste sich eine Mutter freuen, wenn ihr Mann oder ihre Kinder vorwärtskommen. Warum reagiert sie auf freie Geister allergisch? Liegt es daran, dass sie egoistisch ist? Was hat es mit dem Egoismus auf sich?

Eine meiner Patientinnen, eine 30-jährige Anwältin, litt unter Panikattacken. Immer wieder überfiel sie die jähe Angst, den Anforderungen nicht gerecht zu werden, Fehler zu machen, zu versagen. Dann begann ihr Herz zu rasen, und vor ihren Augen verschwamm alles. Immer öfter musste sie Termine absagen. Die Panik lähmte sie dermaßen, dass sie sich Sorgen machte, ob sie ihren Beruf auf Dauer noch ausüben könne.

»Passieren Ihnen denn viele Fehler?«, fragte ich sie. »Beschweren sich Klienten bei Ihnen über Fehlberatungen oder schlechten Service?«

»Nein, nein, gar nicht!«, antwortete mir Resa aufgewühlt. »Ich bekomme jeden Monat mehr Klienten, und viele sagen mir, dass sie auf Empfehlung anderer Klienten zu mir kommen. Mir ist vollkommen klar: Meine Angst ist irrational!«

In den diagnostischen Vorgesprächen versuchten wir zu ergründen, woher diese Panikattacken stammten. Dabei kamen wir auf ihre Kindheit zu sprechen. Die Ehe ihrer Eltern hatte sich in einer Dauerkrise befunden, aber zur Scheidung war es nicht gekommen. Wenn es wieder mal Streit gegeben hatte, hatte sich die Mutter bei ihr ausgeheult. Selbst als Resa erwachsen war, erwartete ihre Mutter, dass sie ständig zur Verfügung stand, um sie zu beraten und zu unterstützen. Als

Resa ihre Kanzlei in einer anderen Stadt eröffnet hatte, war die Mutter nur ein halbes Jahr später in ihre Nähe gezogen.

»Ich schaffe das einfach nicht mehr, immer für sie da zu sein«, sagte Resa verzweifelt.

»Müssen Sie das denn?«, fragte ich. »Warum wollen Sie immer die Ansprüche anderer Leute erfüllen? Was wollen Sie selbst?«

»Darüber habe ich noch gar nicht nachgedacht – und es hat mich auch noch nie jemand danach gefragt«, erkannte sie erstaunt. Und sie entschloss sich, als Fokus für ihre Therapie folgenden Vorsatz zu wählen: »Von jetzt an lasse ich mich nicht mehr vereinnahmen. Ich werde egoistisch!«

In den folgenden Wochen und Monaten arbeitete sie daran, sich bei Entscheidungen zu fragen: »Was tut mir gut?« Immer öfter gelang es ihr, die Manipulationen ihrer Mutter und anderer Leute abzuwehren. Da flaute allmählich ihre Panik ab. Immer seltener kamen die Attacken, und Resa konnte wieder voll arbeiten.

Egoismus ist etwas Gesundes. Ein Egoist schaut immer zuerst auf sich: »Wie fühle ich mich? Was will ich?« Vielleicht hat eine Mutter Lust, den Sonntagnachmittag gemeinsam mit ihrem Kind zu Hause zu verbringen. Wenn sie dieses Gefühl offen und unverkrampft wahrnehmen kann, ist das schon die halbe Miete. Hört sich leicht an, ist aber für viele Menschen geradezu unmöglich. Ihre ureigenen Gefühle sind überlagert von 1000 Schichten Müll: Was ist meiner Meinung nach gut für den anderen; was meinen die Nachbarn; was hätte meine Mutter gemacht und so weiter. »Meine Tochter hat Nachholbedarf in Latein. Besser, wenn sie heute zu Hause bleibt und übt«, heißt es dann. Wäre es nicht viel besser, wenn die Mutter sagen könnte: »Schatz, ich hätte heute Lust darauf, mit dir einen gemütlichen Nachmittag zu machen. Was hältst du davon, wenn wir mal wieder gemeinsam eine DVD anschauen?«

Wer wirklich weiß, was er selber will, muss nur noch nach den Bedürfnissen des anderen fragen: »Dies möchte ich, was willst du?« Dann kann eine Lösung gefunden werden, die für beide gut ist. Gemeinsam ins Kino gehen oder zuerst gemeinsam kochen, und dann geht das Kind allein zu Freunden – alles ist möglich. Eine gesunde, egoistische Mutter fühlt sich wohl und das Kind auch.

Muttis sind dagegen gnadenlos egozentrisch. Das ist etwas ganz anderes als egoistisch. Egozentrisch heißt: um sich selbst kreisend und beschreibt eine Haltung wie von Kleinkindern, die noch kein Bewusstsein dafür haben, dass es außer ihnen noch andere Personen mit Bedürfnissen auf der Welt gibt. Bei Erwachsenen ist Egozentrik ungesund – für alle Beteiligten.

Und der viel besungene Altruismus der Mütter? Wer altruistisch handelt, will nur Gutes für den anderen, heißt es. Deshalb ist Altruismus in unserer Gesellschaft positiv besetzt. Kaum einer zweifelt daran, dass er viel besser ist als Egoismus. Doch was steckt hinter der Selbstaufopferung?

In der Psychologie ist ein Verhalten namens Münchhausen-Stellvertreter-Syndrom bekannt: Es handelt sich hierbei um das Erfinden, Übersteigern oder sogar Verursachen von Krankheiten oder deren Symptomen. Opfer dieses Verhaltens sind meist Kinder. Der Frankfurter Professor für Pädiatrie Gert Jacobi weiß, dass es in den meisten Fällen Mütter sind, die ihre eigenen Kinder aus egozentrischen Motiven krank machen. Sie ziehen sie zum Beispiel bei kaltem Wetter zu dünn an oder verabreichen ihnen sogar schädliche Medikamente, um in den Genuss der vollen Aufmerksamkeit zu kommen, wenn sie ihre Schützlinge dann zum Arzt bringen.

Das sind natürlich Extremfälle. Doch im Grunde handelt es sich bei dem demonstrativen Altruismus der Muttis um dieselbe Qualität von Ausbeutung, nur eben subtiler und quantitativ herunterskaliert. Muttis kümmern sich um andere, um das eigene Image zu verbessern – vor sich selbst und vor den Nachbarn und Kollegen und vor höheren Mächten. Fatal ist, dass diese Art der Nächstenliebe die Selbstliebe im Bewusstsein unterdrückt. Altruismus bedeutet, dass man im bewussten Denken und Fühlen den anderen an die erste Stelle setzt und seine eigenen Gefühle und Interessen verleugnet. Nur in einem ausgewogenen Kompromiss zwischen sich selbst und dem Nächsten aber bleibt der Mensch gesund.

Wer glaubt, immer im Interesse der anderen zu handeln, kann nicht zwischen deren Wünschen und den eigenen unterscheiden. Mutti hält die Dinge am Laufen und sorgt für alle. Aber das, was sie in ihrer Machtfülle bestimmt, ist nicht automatisch auch gut für die anderen. Die Mutti ist eine Egozentrikerin, die gar nicht merkt, dass sie mit ihrer Macht sich meist selbst und anderen schadet. Muttis sind sich ihrer Mutti-Rolle meist nicht bewusst. Und für die Kinder und Ehemänner gibt es, selbst wenn sie den Mechanismus durchschauen, keinen Weg heraus aus der Mutti-Falle. Denn die Muttis haben vorgesorgt.

Die Beziehungsmeister

Als sie den Brief gelesen hat, springt Laura auf und stößt beide Fäuste in Richtung Decke. »Ja! Hurra!«, ruft sie. Hier steht es schwarz auf weiß: Unter vielen Bewerbern ist sie für ein Auslandsstipendium ausgesucht worden. Sie darf für ein Jahr in den USA studieren, mit der Aussicht auf Verlängerung.

Gleich greift sie zum Telefon, um ihrer Mutter voller Stolz die Nachricht zu überbringen. »Mama, ist das nicht toll?« Langes Schweigen in der Leitung. Dann: »Ja, mein Schatz, schön. Aber … aber dann sehe ich dich ja ganz lange gar nicht! Und was ist, wenn du dort drüben jemanden kennenlernst und gleich dort bleibst? Wenn du in den USA heiratest und Kinder bekommst? Dann würde ich die ja nur ganz selten sehen! Und ich kann gar nicht auf sie aufpassen, wenn du mal nicht da bist. Da habe ich mich so darauf gefreut, eines Tages meine Enkelkinder zu hüten … Und du wärst ganz auf dich allein gestellt …« Lauras geübtes Ohr erkennt sofort, dass ihre Mutter angefangen hat zu weinen.

Lauras Hochgefühl ist schlagartig verschwunden und macht einer dumpfen Leere Platz. Sie versucht, die Mutter zu beruhigen. »Es ist ja noch nicht so weit, wir können doch auch über den Ozean weg telefonieren und uns mailen. Ich bringe dir das Skypen bei. Und dass ich dort gleich jemanden heirate, also das sehe ich jetzt noch nicht. Ich komme bestimmt wieder. Mama, beruhige dich doch!«

Schlussendlich verspricht sie ihrer Mutter, sich das mit dem Auslandsstudium noch mal zu überlegen. Verwirrt fragt sie sich, ob sie mit ihrer Freude über das Stipendium falschgelegen hat. Vielleicht ist es wirklich keine so gute Idee?

Nicht nur die Gestaltung des privaten Lebensraums und der Lebensplanung liegt in den Händen der Muttis. Sie bestimmen auch die Beziehungen der Familie. Sie denken an Geburtstage, rufen regelmäßig alle Bekannten an, machen Treffen aus. Deutlich wird diese Rollenverteilung auch bei den sozialen Netzwerken im Internet. Eine Umfrage der Meinungsforschungsinstitute Forsa und ARIS im Jahr 2011 ergab, dass in Deutschland vier Fünftel aller Frauen, die das Internet nutzen, Mitglied einer Onlinecommunity sind, aber nur drei Viertel der männlichen User. Es sind also ein paar Millionen mehr Frauen als Männer, die in sozialen Netzwerken unterwegs sind. Dieser Befund verschärft sich, wenn man weiß, dass Frauen sich zudem deutlich länger in sozialen Netzwerken aufhalten als die eher wortkargen Männer. Hier steht es 5,5 Stunden zu 3,9 Stunden monatlich. Der Social-Media-Consulter Günter Jaritz braucht keine Zahlen, um diesen Umstand zu verdeutlichen: »Es reicht dafür schon die Beobachtung der Freunde und Bekannten, die gerade auf sozialen Netzwerken online sind. Der Großteil davon ist in der Regel weiblich.«

Aber nicht nur das eigene Netzwerk wird von Frauen gestaltet, sondern auch das der ganzen Familie. Bei Paaren ist es oft so, dass die Frau mehr Kontakt zu den Verwandten ihres Partners hat als er selbst oder dass sie ihn daran erinnert: »Du solltest mal wieder deine Mutter anrufen.«

Muttis nehmen Einfluss darauf, welches Familienmitglied mit wem in Kontakt kommt – und welche Kontakte unterbunden werden. Die Freunde des Mannes, die der Frau nicht passen, werden nicht eingeladen; wenn er seine Freunde zu treffen versucht, gibt es Knatsch, weil er die Partnerin allein lässt – aber mitkommen will sie auch nicht. Und die Männer? Sie sind zurückhaltend, oft ist auch Faulheit im Spiel, schließlich ist es einfacher, die Kontaktpflege der Partnerin zu überlassen. Sie haben vom Familienalltag keine Ahnung, der private Terminkalender wird von der Frau geführt. Wer sich bei einem verheirateten Mann erkundigt, ob er an einem bestimmten Tag für ein Treffen Zeit hat, erhält oft die Antwort: »Fragen Sie meine Frau!«

Bei den Kindern ist für Mutti die Kontrolle noch einfacher, hier kann sie direkt bestimmen, mit wem ihr Kind spielen, bei wem es übernachten darf. In als unpassend abgeurteilte Kreise wird es gar nicht erst hineingelassen, sei es der falsche Klassenkamerad, der falsche Sportverein oder der unliebsame Auslandsaufenthalt. Denn die größte Gefahr für die Mutti-Herrschaft droht, wenn das Kind andere Familien, andere Lebensentwürfe oder gar Möglichkeiten zur Persönlichkeitsentwicklung kennenlernt. Mit selbstbestimmten Vätern und Kindern oder Müttern, die noch ein anderes Leben haben als die Familie, als Vorbild könnte es ja anfangen, das Matriarchat zu Hause infrage zu stellen. Indem der Kontakt zu Personen, die der Mutti gefährlich werden könnten, verhindert wird, kommt das Kind erst gar nicht auf die Idee, dass etwas nicht stimmt. Und Verbündete findet es in diesem abgeschotteten System ganz bestimmt nicht. So entfernen sich Kinder und Partner nie aus dem Orbit des Planeten Mutti und hören nie auf zu denken, es müsse so sein.

Noch einen weiteren Vorteil gewinnt Muttis Machtposition durch die Beziehungskontrolle: Sie ist ein enormes Druckmittel. Wer die Mutti verärgert, verliert ganz schnell auch seine sozialen Kontakte. Freunde dürfen nicht mehr besucht werden. Verwandte und Freunde der Familie werden entmutigt, selbst Kontakt mit dem Delinquenten aufzunehmen. Auf diese Weise kann die Mutti jeden, der aus ihrem System auszubrechen droht, isolieren. Diesen sozialen Tod will keiner riskieren.

Selbst die Partnerwahl ihrer erwachsenen Kinder beeinflussen die Muttis. Erst einmal indirekt: indem sie schon früh bei den Söhnen das Bild von der idealen Frau prägen. Aber auch direkten Einfluss auf die Partnerwahl üben Muttis ganz selbstverständlich aus: indem sie ihren Kindern von Partnern abraten, die sie für unpassend halten. Indem sie unliebsame Partner der Kinder vergraulen. Und indem sie aus ihrer Sicht passende Partner vorschlagen, zuführen und für sie werben. So wurde zum Beispiel der britische Prinz Charles nicht zuletzt von Königin Elisabeth II. zur Ehe mit Diana gedrängt, weil sie als passendere Partnerin galt als die verheiratete Camilla. Die Gefühle ihres Sohnes spielten für die mächtigste Frau des Commonwealth bei dieser Entscheidung keine Rolle.

Die absolute Kontrolle des privaten Lebensraums, der Emotionen und der Beziehungen der ganzen Familie bedeutet eine enorme Machtfülle für die Muttis. Das Perfide daran: Muttis werden immer behaupten, dass sie ihre Entscheidungen zum

Wohl der Familie und zum Besten ihrer Schützlinge treffen. Sie glauben das auch selbst. Aber ist das wirklich so?

Macht ohne Verantwortung

Er war Brittas ganzer Stolz: der Strickwarenladen »Woll-Ecke«. Ein Regenbogen von Garnen türmte sich in den Regalen, verschiedenste Stricknadeln und Gläser mit bunten Knöpfen luden zum Stöbern ein, in einer Ecke stand ein Regal mit Strickzeitschriften. Britta ist eine warmherzige, impulsive Frau. Ihre Stammkundinnen kamen gerne, um mit ihr eine halbe Stunde zu plaudern. Dann kauften sie ein oder zwei Knäuel Wolle und verabschiedeten sich herzlich.

Britta hatte den Laden vor drei Jahren übernommen, teils mit ihrem eigenen Ersparten, teils mit einer Hypothek auf das Haus, das ihr Mann geerbt hatte. Der große Erfolg blieb aber aus. Der Laden lief immer knapp am Rand der Profitabilität. Denn in den Kurzwarenabteilungen der beiden großen Kaufhäuser am Ort gab es die gleiche Wolle ohne Ambiente und ohne Beratung, aber etwas günstiger. Und immer mehr Strickerinnen bestellten ihr Material in Onlineshops. Kurz: Britta verlor viele Kundinnen an die Konkurrenz. Ihr Bankberater warnte sie mehrmals: »So können Sie nicht weitermachen, Sie geraten immer tiefer in die Schulden!« Aber das wischte Britta weg. Der Laden war nun mal ihr Lebenstraum. Dann hatte sie eine großartige Idee, mit der sie mehr Kunden binden wollte: Sie würde den Laden zum Strickcafé umbauen, wo die Kundinnen bei Kaffee und Kuchen über die neuesten Stricktrends plaudern konnten und zum Abschluss die wunderbare, teure Mohairwolle kaufen würden, von der sie geschwärmt hatten. Britta war sicher: Diese Kundenbindungsstrategie würde den Durchbruch bringen.

Mit großem Aufwand und einer beträchtlichen Investition baute Britta das Ladengeschäft um, installierte eine Küche und eine Kundentoilette im hinteren Bereich, Tische und Stühle im vorderen. Die Fläche für Ware wurde drastisch reduziert. Das neue Strickcafé sah wunderschön gemütlich aus. Und dann?

Brittas Stammkundinnen waren begeistert und saßen jetzt nicht eine halbe Stunde, sondern anderthalb Stunden da, bevor sie zwei Knäuel Wolle kauften. Die Umsätze blieben etwa gleich, aber die Zinskosten waren durch die Investition gewaltig gestiegen. Damit kippte das Unternehmen endgültig. Britta wollte die Situation lange nicht wahrhaben. Bis ein Jahr später der Zwangsvollstrecker vor der Tür stand.

Britta verlor die »Woll-Ecke«, und ihre Familie verlor das Haus. Nun wohnen sie in einer kleinen Mietwohnung und kämpfen mit dem Schuldenberg. Jeden Tag beklagt sich Britta über die geizigen Kundinnen und die faulen Mitarbeiterinnen, die den Laden ruiniert hätten. Und über den fiesen Preiswettkampf der Kaufhäuser und Onlineshops, in dem sie einfach keine Chance gehabt habe.

»Es ist verdammt noch mal deine eigene Schuld, du hast dich schlicht übernommen!«, schreit ihr Mann Wolfgang sie manchmal wütend an.

Dann brüllt Britta zurück: »Ist es nicht! Ich hatte doch gar keine andere Wahl! Und außerdem habe ich das alles doch nur für euch getan! Du lässt mich im Stich, und dabei habe ich mich für euch aufgerieben!«

Wie alle Menschen wollen auch Muttis Zufriedenheit und Anerkennung. Gleichzeitig haben sie eine Meisterschaft darin entwickelt, völlig unbeeinflusst von den Wünschen und Bedürfnissen anderer genau die Dinge zu tun, die sie tun wollen. Nur realisieren sie nicht, dass sie diese Dinge für sich selbst tun. Sie behaupten – und sind selbst davon überzeugt –, dass sie das Beste für andere wollen. Und wenn es dann mal schiefgeht, leugnen sie das oder finden 100 fadenscheinige Erklärungen dafür, warum es auf keinen Fall ihre eigene Schuld war. »Ich musste das tun, ich hatte keine Alternative«, heißt es dann. Doch wer die Macht hat, ist auch frei in seinen Entscheidungen. Wenn Mutti also einen Fehler gemacht hat und sich mit äußeren Umständen herausredet, die ihr angeblich keine andere Wahl ließen, drückt sie sich vor der Verantwortung.

Cordelia Fine beschreibt in ihrem Buch »Die Geschlechterlüge« die Ergebnisse einer Studie der Psychologen Davis und Kraus zur Relevanz von Selbsteinschätzung der untersuchten Frauen: »Die Selbsteinschätzung der Befragten hinsichtlich ihrer eigenen sozialen Sensibilität, Empathiefähigkeit, Weiblichkeit und Fürsorglichkeit hat praktisch keinerlei Aussagewert, wenn es darum geht, die tatsächliche zwischenmenschliche Aufmerksamkeit abzuschätzen.«

Selbst eine Psychologin, die die tückischen Mechanismen von interfamiliären Machtverhältnissen eigentlich durchblicken sollte, war letztendlich nicht stark genug, aus ihrer dominanten Rolle herauszutreten, sich selbst zu erkennen oder gar aus eigenem Antrieb zu verändern: Es war zuerst der geknickte Ehemann Heinrich, der meine Hilfe suchte, weil er sich von seiner Frau Henriette, einer in leitender Position tätigen Psychologin, unter Druck gesetzt fühlte. Er bezeichnete sich selbst als einen mittelmäßig erfolgreichen Unternehmer, dem aber jeglicher Spaß an seiner Arbeit schon beim morgendlichen Aufstehen fehle. Stattdessen überkomme ihn regelmäßig depressives Grübeln über den Sinn seines Lebens, und er habe kaum noch Kraft zur Bewältigung des Alltags. Nach eigener Aussage wäre er lieber Lehrer geworden und hätte mit Kindern gearbeitet, aber sowohl seine Mutter als auch seine Frau hätten ihm das vehement ausgeredet. Aufgrund der Hinweise auf eine verantwortliche Rolle seiner Ehefrau lud ich auch diese zu einem gemeinsamen therapeutischen Gespräch ein. Gleich am Anfang betonte sie aber vehement, dass sie nur hier sei, um ihrem Mann bei der Behebung seiner für sie unerklärlichen Depressionen zu helfen, denn sie seien doch eine äußerst glückliche und erfolgreiche Familie. Sie selber habe überhaupt keine Probleme, im Gegenteil könne sie auf herausragende berufliche Erfolge verweisen und würde sich auch mit ihren beiden kleinen Kindern, ihrem Hund und ihrem Pferd sehr wohlfühlen. Nach nicht einmal der Hälfte der vereinbarten Zeit brach diese scheinbar so selbstbewusste und starke Frau in Tränen aus. Sie sei in Wirklichkeit von ihrer Rolle als Karrierefrau, Ehefrau und erst recht als Mutter völlig überfordert, habe das bisher aber immer auch sich selbst gegenüber verleugnet. Gerne nahm sie am Ende daher das Angebot zu weiteren Paargesprächen an und verließ Arm in Arm mit ihrem Mann meine Praxis. Allerdings rief mich nur drei Tage später Heinrich an und teilte mit, seine Frau habe beschlossen, weitere Sitzungen bei mir abzusagen. Nach seinen bisherigen Erfahrungen mit den Entscheidungen seiner Frau sei es daher jetzt auch für ihn ratsam, die als hilfreich erlebten Gespräche bei mir zu beenden.

Pantoffelhelden gibt es leider mehr als genug. Gerade bei Paaren und Eltern erfahren meine Kollegen und ich fast immer, dass am Beginn oder auch in der Mitte einer Therapie einer der beiden Partner, meistens der Mann, gegen eine fremde Hilfe spricht und diese sogar abbricht. Allerdings ist es in Mutti-Familien eher die Frau, die sich vehement gegen fremde Hilfe wehrt, die sie als Gefährdung ihrer bisherigen absoluten und alleinigen Kontrolle erlebt.

Der Hirnforscher Gerhard Roth schreibt in seinem Buch »Persönlichkeit, Entscheidung und Verhalten«, dass Menschen sich aus sich selbst heraus nur so weit verändern können, wie es ihre unbewussten Beziehungsmuster erlauben. Aufgrund dieser in der Kindheit erworbenen und somit schon lange Jahre währenden Muster ist es im Erwachsenenalter schwer, allein an seiner Persönlichkeit grundlegende Veränderungen vorzunehmen. Dazu bedarf es daher immer eines starken externen Auslösers. Dieser wirkt sich auch nur dann positiv aus, wenn die Menschen wirklich selbst die Notwendigkeit der Veränderung spüren, ihre Persönlichkeitsstruktur den Wandel zulässt und sie genügend lange und genügend konsequent an der Veränderung arbeiten. Hilfreich ist in solchen Fällen immer ein kompetenter und gereifter Partner, wie zum Beispiel ein qualifizierter Erzieher, Lehrer oder Therapeut. Nur so gelingt es, dauerhaft die mit Schmerzen verbundenen Einsichten und Selbsterfahrungen zuzulassen und daraus für das eigene Leben reifere Schlüsse zu ziehen.

»Ich habe mich, wie ich damals wirklich glaubte, aus guten Gründen dafür entschieden. Im Nachhinein sehe ich, dass meine Entscheidung falsch war. Dafür bin ich verantwortlich. Ich werde versuchen, aus meinem Fehler zu lernen« – so etwas bringt eine Mutti nie und nimmer über ihre Lippen. Sie übt Macht aus, ohne Verantwortung für das Ergebnis der eigenen Entscheidungen und Handlungen zu übernehmen. Zugegeben: Fehler einzugestehen erfordert Stärke und Mut. Wer es aber schafft, seine Irrtümer anzuerkennen und zur Diskussion zu stellen, kann auch aus ihnen lernen. Nur so ist Entwicklung möglich.

Doch eine Diskussion wird von Muttis konsequent unterbunden. Ein offenes Feedback ist in ihrem System nicht vorgesehen. Denn Muttis haben schließlich nie gelernt, mit Kritik umzugehen. Die nicht vorhandene Fehlerkultur sorgt dafür, dass dieselben Fehler immer wiederholt werden – denn in Muttis Augen waren es ja gar keine. »Richtig ist, was ich richtig finde, und Fehler habe ich noch nie gemacht«: Ein solches selbstreferenzielles System ist kaum zu erschüttern.

Nur ein realistisches Feedback ihres Umfeldes könnte Muttis dazu bringen, zu ihrem Handeln zu stehen; nur so könnten sie lernen und sich verändern. Aber wenn aufrichtige und aufbauende Kritik schon den Kindern von klein auf verweigert wird, wie sollen sie das dann als Erwachsene können?

Vom Regen in die Traufe

Ein vierjähriges Kind sitzt am Küchentisch und malt. Es langweilt sich offensichtlich und kritzelt nur so nebenbei vor sich hin. Immer wieder versucht das Kind, die Aufmerksamkeit der Mutter zu bekommen: »Mami, Mami, schau mal, schau doch mal!«

Mit diesen Worten hält es der Mutter immer wieder neue schnell hingeworfene Bilder hin. Die Mutter ist in die Beantwortung ihrer E-Mails vertieft. Endlich gibt sie dem Drängen des Kindes nach, wirft aber nur einen flüchtigen Blick auf das Bild. »Prima, Schatz. Das hast du ganz toll gemacht«, sagt sie, legt mit gütigem Lächeln eine Handvoll Süßes auf den Tisch und wendet sich wieder ihrer Arbeit zu.

Das Kind stützt seinen Kopf in die Hände und kaut beiläufig an der Schokolade, ohne noch einmal zu stören. Es hat längst gelernt, dass es geboten ist, Mutti nicht zu verärgern. Die Buntstifte liegen nun ungenutzt auf dem Tisch.

Weil sie sich nicht die Zeit nimmt, richtig hinzuschauen, und weil sie ihre Ruhe haben will, gibt die Mutter dem Kind kein ehrliches Feedback. Wozu auch? Es sieht ja keiner zu, dem sie mit ihrer Aufmerksamkeit für das Kind demonstrieren könnte, wie fürsorglich sie ist. Muttis verhalten sich vor Publikum ganz anders als hinter der verschlossenen Wohnungstür.

In ihrem Buch »Die Geschlechterlüge« schreibt Cordelia Fine als Ergebnis der Forschungen der Psychologinnen Eisenberg und Lennon über Empathie: »Frauen und Männer unterscheiden sich nicht so sehr hinsichtlich ihrer faktischen Empathiefähigkeit, sondern vielmehr darin, als wie empathisch sie anderen gegenüber (und möglicherweise auch sich selbst gegenüber) erscheinen wollen.«

Kinder lernen schnell, wie wichtig es ist, nach außen ein perfektes Bild abzugeben, und spielen mit – ihrer Mutti zuliebe. Aber mit der fehlenden Anerkennung in der unbeobachteten Zweierbeziehung gibt sie dem Kind keinen Grund, sich anzustrengen, keine Möglichkeit, besser zu werden. Das Kind stillzuhalten, anstatt ihm echte Zuwendung zu schenken – das ist die Erziehungsmethode der Muttis, wenn keiner zuschaut.

Auch wenn Kinder mal wirklich Mist bauen, Wände bekritzeln, Saftbecher umschmeißen oder den Hund an den Schwanzhaaren ziehen, wird Mutti das, wenn es ihr in den Kram passt, ignorieren oder schönreden. »Jaja, mein Tom ist eben ein richtiger Rabauke!«, heißt es dann, wenn er einem anderen Kind auf dem Spielplatz eins mit dem Schäufelchen übergebraten hat. Und wenn der liebe Tom in einem Wutanfall eine Zeitschrift zerfetzt hat, die sie noch lesen wollte, dann schickt sie ihn wortlos auf sein Zimmer. Eine verantwortungsbewusste Erziehungsmethode wäre: Fehler klar und ruhig benennen, das Kind auffordern, den Fehler zu beseitigen, und es dann für den Fortschritt loben. Stattdessen wird unterschiedslos gelobt – oder geschwiegen. So lernt das Kind, der Mutti nur seine Schokoladenseite zu präsentieren und sich ansonsten keine große Mühe zu geben. Die Freude an der Verantwortung, an der eigenen Entscheidung wird konsequent zunichtegemacht.

Und in der Schule? Dort bekommen die Kinder doch ein eindeutiges Feedback in Form von Noten. Können die Lehrer und Erzieher das Versagen der Muttis ausgleichen und die Kinder zu Freiheit und Verantwortung erziehen?

Interessiert schaute ich in die Runde, die sich im Raum versammelt hatte: zehn Lehrerinnen und zwei Lehrer von den verschiedenen Schulen im Umkreis. Wir trafen uns alle 14 Tage zur Balintgruppe. Das heißt: eine Supervisionsgruppe, in der unter meiner Moderation Lehrerinnen und Lehrer einander von Erfahrungen und Problemfällen mit Schülern, Eltern und Kollegen berichteten, diese zusammen analysierten und einander berieten. An diesem Tag war hin und her diskutiert worden, es war viel geklagt und geschimpft worden. Und in mir war eine Frage aufgetaucht, die ich jetzt stellte: »Warum seid ihr eigentlich Lehrer geworden?«

»Um Kleine zu beherrschen«, erwiderte spontan eine der Lehrerinnen. Als sie merkte, was sie gesagt hatte, versuchte sie noch, es als einen Witz erscheinen zu lassen. Die anderen schauten sie entsetzt an und fielen sofort über sie her. Aber ich hatte den Eindruck, dass sie einen Nerv getroffen hatte. Sie hatte etwas ausgesprochen, das die anderen in den hintersten Winkel ihres Bewusstseins verdrängt hatten.

Bei der Lehrerausbildung gibt es keine Persönlichkeitstests, die über die Eignung entscheiden. Es wird auch nicht gezielt an der Persönlichkeitsentwicklung gearbeitet. Die Chance ist groß, dass ein Kind, das zu Hause bei Mutti gelernt hat, seine eigenen Gefühle und Wünsche zu unterdrücken, um im Mutti-Kosmos zu funktionieren, an Lehrer gerät, die ihren Unterricht genauso abhalten wie die Muttis ihr Regiment zu Hause: Brav und angepasst sein wird belohnt, Widerspruch und Eigeninitiative werden bestraft. Muttis und Mutti-Lehrer sind ein Gespann des Schreckens. Gleichermaßen sehen beide nicht, dass freie, eigenständige Kinder bereichernd sind; sie sind ihnen einfach nur unbequem. Denn sie sind anstrengender als die angepassten Kinder, sie fordern ehrliche Zuwendung und stellen unbequeme Fragen. Also werden die Kinder auch in der Schule klein gehalten. Sie lernen, sich anzupassen, oder schießen gnadenlos quer. In beiden Fällen sind sie verloren.

3

Mutti reibt sich für euch auf

»Hallo Schatz, wie war dein Tag?« Schwungvoll stößt Michael die Wohnungstür auf.

Überrascht schaut Petra auf; so früh kommt er selten von der Arbeit. Sie hat gerade erst angefangen, das Abendessen zu richten. Ohne ihre Arbeit zu unterbrechen, ruft sie in den Flur: »Oh, hallo Michael! Schon zu Hause?« Petra hört, wie hinter ihr die Tür aufgeht und Michael in die Küche kommt. Sie legt die frisch geschälte Karotte zu den anderen und greift sich die nächste. Währenddessen erzählt sie: »Ganz in Ordnung war's bei uns. Natürlich wieder furchtbar stressig, im Supermarkt war eine endlose Schlange, Hanna hat dauernd gequengelt, und dann musste ich doch noch die Sachen der Kinder für die Übernachtung richten …«

»Äh, Petra …«

Jetzt dreht sie sich doch um – und starrt Michael verblüfft an. Er trägt ein strahlendes Lächeln auf dem Gesicht und einen Blumenstrauß in der Hand. Zwischen weißen Freesien leuchten rote und gelbe Gerbera. Ein fröhlicher, bunter Sommerstrauß, so wie Petra es liebt.

»Mensch, Michael!« Im ersten Moment weiß Petra gar nicht, was sie sagen soll. Rasch legt sie das Schälmesser beiseite und holt eine Vase aus dem Schrank.

Während sie die Blumen arrangiert, holt Michael Luft und sagt rasch: »Ich dachte, wir könnten uns mal wieder so einen richtig schönen Abend zu zweit machen. Wo heute doch die Kinder bei meiner Schwester schlafen. Ich habe auch die DVD mit ›Fluch der Karibik 4‹ mitgebracht, den möchtest du doch schon lange gerne sehen. Director's Cut, zweieinhalb Stunden Länge. Spezielles Geschenk von mir für dich, weil du die Beste bist. Was hältst du von einem gemütlichen Filmabend bei einem Glas Wein?«

Petra hat ihre Sprache wiedergefunden. »Das ist toll, Schatz, danke.« Eine kurze Pause. Dann legt sie los: »Da habe ich ja schon gar nicht mehr damit gerechnet, es ist so lange her, dass du mir mal Blumen mitgebracht oder was geschenkt hast …«

Michael zuckt unmerklich zusammen. Ups! Hat sich gerade die Raumtemperatur um ein paar Grade abgekühlt? Er ist völlig irritiert.

»Weißt du«, sagt Petra, »gerade gestern hat Mechthild mir gesagt, dass ihr Mann ihr regelmäßig jeden Freitag Blumen mitbringt. Keine von der Tankstelle« – Michael schaut schuldbewusst auf die Freesien und Gerbera – »sondern richtige vom Floristen. Das ist natürlich auch nicht so toll, wenn man die Uhr danach stellen kann, aber ein bisschen häufiger könntest du dich schon dafür bedanken, dass ich dir hier den Rücken frei halte.«

»Du hast ja so recht!« Michael versucht zu retten, was zu retten ist. »Manchmal vergesse ich wirklich, was ich an dir habe.« Er nimmt sich fest vor, in Zukunft auch mindestens einmal in der Woche einen Strauß mitzubringen. Ihm fällt ein, dass auf halbem Weg von seiner Arbeit nach Hause ein neuer Blumenladen aufgemacht hat. Hoffentlich hat der noch auf, wenn er dort abends vorbeikommt.

Diamonds are a girl's best friends

Zu besonderen Anlässen wie Geburtstag, Weihnachten, Hochzeits-, Mutter- und Valentinstag erwarten die meisten Frauen von ihren Partnern Geschenke. Oder tolle gemeinsame Unternehmungen. Und möglichst auch mal zwischendurch – kleine Geschenke erhalten die Freundschaft. Auch größere.

Dabei gelten eigentlich Frauen als diejenigen, die öfter etwas verschenken als Männer. Schließlich sind sie es, die in der Familie für die »soziale Arbeit« zuständig sind. Glückwunschkarten tragen meist eine Frauenhandschrift. Doch die teuren Geschenke machen in der Regel die Männer.

Beim ersten Date fängt es an: Das Essen zahlt in der Regel immer noch der Mann – oder besser gesagt: schon wieder. Eine Onlinepartnervermittlung fragte 2009 nach, und von den Teilnehmern unter 30 Jahren, also genau denjenigen, die dem Problem »Du oder ich?« vermehrt ausgesetzt sind, meinten 50 Prozent, dass grundsätzlich der Mann beim ersten Date zahlen solle. Die andere Hälfte verteilte sich auf Lösungen wie: derjenige, der mehr verdient, beide getrennt, grundsätzlich die Frau oder Ähnliches.

Einladungen zu Veranstaltungen, kleine Geschenke, Blumen und Komplimente – Frauen gewöhnen sich schnell daran und erwarten dieses Verhalten auch in der Beziehung. Trotz 40 Jahren Emanzipation legen die meisten Frauen immer noch ganz selbstverständlich Wert darauf, hofiert zu werden. Das fängt bei kleinen Höflichkeitsgesten an: die Tür aufhalten, in den Mantel helfen, Heruntergefallenes aufheben. Geschenke vom Blumenstrauß übers Wellnesswochenende bis hin zu edlem Schmuck folgen. Da, wo es den Frauen in den Kram passt, beanspruchen sie derlei Aufmerksamkeiten – ohne andererseits auf die für sie so angenehmen Errungenschaften der Emanzipation verzichten zu wollen.

So ganz passt es mit der Gleichberechtigung also immer noch nicht. Wenn die Frau nun eine Mutti ist, wird es dann schnell reichlich absurd: Kommen die Geschenke und Einladungen nicht oder nicht in der erwarteten Qualität, ist Mutti vom Mann enttäuscht. Sie entwickelt eine Anspruchshaltung, als ob sie ein Recht darauf hätte, verwöhnt zu werden. Und sie schafft es vortrefflich, in ihrem Partner ein schlechtes Gewissen zu wecken. »Du hast mir schon lange keine Blumen mehr mitgebracht!«, das heißt: »Du betreibst überhaupt keine Beziehungspflege, ich bin dir egal!« Mit solchen Bemerkungen wird die Feder der Mutti-Falle gespannt.

Wie einseitig die Geschenkpflicht in der Partnerschaft verteilt ist, wird deutlich, wenn man sich den umgekehrten Fall vorstellt. Zum Beispiel: Michael beschwert sich bei Petra: »Du hast mir schon lange kein Ticket fürs Stadion mehr geschenkt.« Klingt absurd, oder?

Muttis Beziehungspflege ist leiser und stetiger, mehr im Alltag verankert. Im Gegenzug zu üppigen Geschenken verwöhnt die Frau den Mann mit ihrer Nestwärme. Sie bekocht ihn mit seinen Lieblingsgerichten oder schenkt ihm etwas liebevoll Selbstgemachtes, das ihn an ihre Hausfrauenqualitäten erinnert und Zuneigung und Fürsorge demonstriert. Oder die Nestwärme wird in noch viel direkterem Sinn verschenkt. Sex ist das älteste Verwöhnungs- und Kampfinstrument der Frau. Männer von Muttis sind oft leichte Opfer von Erpressung – auf mehreren Ebenen.

Erpressung funktioniert zum Beispiel besonders gut, wenn der Vergleich mit anderen Männern als Druckmittel dazukommt. Was er auch tut, es könnte immer noch etwas mehr sein. Der Vergleich mit der Schenkleistung anderer Männer beinhaltet die kaum verhüllte Drohung: »Wenn du mich nicht ausreichend verwöhnst, suche ich mir einen anderen!«

Lastet auf Männern tatsächlich der Druck, die Frauen mit

Hab und Gut zu beeindrucken? Oder ist das nicht doch ein Klischee aus vergangenen Tagen? Die University of Minnesota's Carlson School of Management veröffentlichte 2012 eine Studie über das Kauf- und Sparverhalten von Männern. Sie wurden gefragt, welchen Anteil eines Gehaltschecks sie sparen und mit welchem Betrag sie ihr Konto über ihre Kreditkarte überziehen würden, um Einkäufe zu tätigen. Was sie nicht wussten: Sie waren in zwei Gruppen aufgeteilt worden – in der einen Gruppe war die Sparrate um 42 Prozent niedriger und die Bereitschaft, das Konto zu überziehen, deutlich höher: 84 Prozent mehr Schulden pro Monat waren es im Schnitt, die die Befragten machen würden. Was war der Unterschied zwischen den beiden Gruppen? Die einen waren zuvor wie zufällig mit Zeitungsartikeln konfrontiert worden, in denen stand, dass es in der Region mehr Männer als Frauen gab. Die Versuchspersonen sahen sich also einer größeren Konkurrenz ausgesetzt und waren prompt bereit, mehr Geld auszugeben. Die anderen hatten zu lesen bekommen, dass es in ihrem Umfeld mehr Frauen als Männer gebe – was die Kauflaune signifikant senkte.

Dass sich Männer nicht nur in der Theorie in Schulden stürzen, um Frauen zu gewinnen, bewies die Carlson School of Management gleich mit: Sie suchte nach zwei möglichst nah beieinanderliegenden Städten mit einem möglichst unterschiedlichen Zahlenverhältnis von Männern zu Frauen in der Bevölkerung. Und sie wurde fündig: In Columbus, Georgia, gibt es 1,18 Männer pro Frau – hier ist der Schuldenstand der Männer im Schnitt um 3,479 Dollar höher als im nur knapp 100 Meilen entfernten Macon, wo auf jeden Mann 1,28 Frauen kommen.

Do ut des, sagten schon die alten Römer – ich gebe, damit du gibst. Zynisch könnte man daraus schließen, dass es ein Segen für die Volkswirtschaft ist, wenn Männer ständig in der Angst leben, ihre Frauen zu verlieren. Aber es ist eben der ganz normale Deal: Mutti sorgt sich darum, dass der Mann sich bei ihr wohlfühlt und nicht abtrünnig wird und sein Einkommen etwa in einem anderen Nest verbaut. Nicht zuletzt finanzielle Sicherheit ist ihr Lohn. Der Mann wird weiter Geschenke nach Hause tragen. Vordergründig muss Mutti ständig neu gewonnen werden, immer wieder dafür entschädigt werden, dass sie die Güte hat, bei ihm zu bleiben. Dafür ist er ihr unendlich dankbar.

Im warmen Nest

Ist es der Beitrag, den Frauen zum Unterhalt der Familie leisten, für den Männer dankbar sind? Schließlich wird uns von überall her eingetrichtert, dass es die Frauen seien, die emsig und unermüdlich Gesellschaft und Wirtschaft am Laufen halten. So viele Vollzeitschaffende, die in nie nachlassender Anspannung Kinder, Karriere und Ehepartner unter einen Hut bringen und gemeinsam mit ihrem Partner für das Familieneinkommen sorgen.

Ja, solche Frauen gibt es, aber es gibt eben auch die anderen. Die meisten Frauen leisten einen deutlich geringeren Beitrag zum Familieneinkommen als ihre Partner. Aus einem einfachen Grund: Sie verdienen weniger. »In 8 von 10 Haushalten, in denen beide Partner erwerbstätig sind, bringen Männer mehr Geld nach Hause. Sogar dann, wenn Mann und Frau vollzeitbeschäftigt sind, hat er in 70 Prozent der Haushalte das höhere Einkommen«, konstatiert eine Studie des Instituts der deutschen Wirtschaft Köln (IW) für das Jahr 2007. Wenn der Mann Vollzeit arbeitet und die Frau Teilzeit – und das ist das häufigste Modell –, dann verdient sie etwa ein Viertel so viel wie er. »Trotz größerer Integration in den Arbeitsmarkt gelangen viele Frauen noch nicht über eine Rolle als Hinzuverdienerin im Haushalt hinaus und bleiben damit finanziell abhängig vom Ehemann«, stellte das Institut Arbeit und Qualifikation Duisburg-Essen (IAQ) im Jahr 2008 fest.

Das ist kein Zufall. Moderne Frauen suchen sich in der Regel Partner, die ihnen an Bildung und Einkommen zumindest ebenbürtig sind. Um hier an genauere Zahlen zu kommen, eignen sich die Erhebungen von Partneragenturen. Die Partneragentur Parship weiß: 18 Prozent der weiblichen Kunden suchen ausdrücklich nach einem Partner, der mehr verdient als sie selbst; wie viele Frauen diesen Wunsch hegen, ihn aber aus strategischen Gründen nicht auszusprechen wagen, ist in dieser Zahl nicht erfasst. Eine Umfrage der Agentur Elite-Partner unter 12 000 Kunden zeigte, dass mehr als die Hälfte der Frauen ein geringeres Einkommen des Mannes nicht akzeptieren würde. Zum Vergleich: Nur 4 Prozent der Männer fragen nach einer besser verdienenden Frau.

Die sind auch selten. Berufstätige Frauen verdienen in Deutschland im Durchschnitt 23 Prozent weniger als Männer. Das hat das Statistische Bundesamt für die letzten Jahre durchgängig festgestellt.

Werden Frauen also systematisch benachteiligt? Wie entsteht dieser Einkommensunterschied?

Frauen wählen öfter Berufe, mit denen man nicht wirklich viel verdienen kann – und andersherum: Typische Frauenberufe werden traditionell schlechter bezahlt als klassische Männerjobs. Eine Pharmazeutisch-Technische Assistentin verdient mit durchschnittlich 1839 Euro im Monat deutlich weniger als ein Maschinenbautechniker mit durchschnittlich 3118 Euro im Monat. Und das, obwohl die Ausbildung zur PTA zweieinhalb Jahre dauert, die zum Maschinenbautechniker nur zwei.

Aber auch wenn man die Gehälter innerhalb derselben Berufe miteinander vergleicht, ziehen Frauen den Kürzeren. Sie verdienen laut Statistischem Bundesamt 8 Prozent weniger als ihre gleich qualifizierten männlichen Kollegen – obwohl es den Unternehmen strikt verboten ist, für ein und dieselbe Tätigkeit unterschiedliche Gehälter auszuzahlen.

Liegt das an einer Verschwörung der Chefs, Frauen zu benachteiligen? Haben die Chefs unbewusste oder gar bewusste Vorurteile, die das Gehaltsangebot beeinflussen? Nachgewiesen ist, dass sich Frauen in Gehaltsverhandlungen weniger gut durchsetzen als Männer; Personalverantwortliche und Gewerkschaften sind sich einig: Frauen sind zu schüchtern in ihren Forderungen.

Mit halber Kraft unterwegs

Der gewichtigste Grund für das geringere Einkommen von Frauen liegt jedoch darin, dass wesentlich mehr Frauen als Männer in Teilzeit arbeiten. Von allen berufstätigen Frauen, mit oder ohne Kinder, hatten 2010 laut Statistischem Bundesamt 46 Prozent eine Teilzeitstelle, arbeiteten also definitionsgemäß weniger als 21 Stunden in der Woche. Ungefähr die Hälfte von ihnen war in einem Minijob oder 400-Euro-Job geringfügig beschäftigt. Natürlich wird für eine Halbzeitstelle weniger Gehalt ausgezahlt als für eine Vollzeitstelle. Und zwar nicht nur absolut – weniger Lohn für weniger Arbeit –, sondern auch relativ: Der Stundenlohn ist bei Vollzeitbeschäftigten im Durchschnitt höher als bei Teilzeitarbeitenden. Denn mit vollem Einsatz lassen sich verantwortlichere Positionen erreichen, auch bei inhaltlich gleicher Arbeit.

Ein hierarchisch weit oben angesiedelter Managementjob lässt sich nicht auf Dauer mit einer 70-Prozent-Stelle erledigen – kein Wunder, dass Frauen in der Führungsetage unterrepräsentiert sind. Während auf mittlerer Führungsebene immerhin knapp 20 Prozent Frauen unterwegs sind, liegt der Frauenanteil im Topmanagement der deutschen Großunternehmen, derjenigen mit mehr als einer Milliarde Umsatz pro Jahr, bei nur 3,5 Prozent. Diese Zahlen gelten für das Jahr 2010. In den oberen 5 Prozent des Einkommensspektrums sind Frauen also nach wie vor deutlich unterrepräsentiert, was einen weiteren Grund für den genannten Gehaltsunterschied von 23 Prozent zwischen Frauen und Männern darstellt.

Woran liegt das? An der Unterdrückung der Frau durch den Mann, wie stammtischartig immer wieder gepoltert wird? Oder ist dieses Resultat nicht auch in großem Maße von den Frauen selbst gewählt?

Weitere Klarheit verschafft ein Blick auf den Zusammenhang zwischen Gehaltsunterschied und Lebensphase. Unter Berufseinsteigern verdienen Männer lediglich minimal mehr als Frauen: 2 Prozent waren es 2010 bei Berufstätigen unter 25 Jahren. Bei den 25- bis 29-Jährigen macht der Unterschied zwischen den Gehältern von Männern und denen von Frauen schon 8 Prozent aus. Danach folgt ein massiver Sprung: Bei den 35- bis 39-Jährigen verdienen Frauen bereits 21 Prozent weniger als Männer. Bis zum Rentenalter erhöht sich der Abstand nur noch geringfügig. Am Ende des Berufslebens haben Frauen zwischen 26 und 29 Prozent weniger als ihre männlichen Berufskollegen verdient.

Die Schlussfolgerung liegt nahe: Das Einkommen von Frauen knickt genau in der Lebensphase entscheidend ein, in der sie Kinder bekommen. Laut Statistischem Bundesamt blieben im Jahr 2010 70 Prozent der Mütter mit Kindern unter drei Jahren ganz zu Hause; unter Müttern mit Schulkindern sind es 30 bis 40 Prozent, je nach Alter der Kinder. Nur wenige der Mütter, die arbeiten, tun das in Vollzeit: 69 Prozent von ihnen haben Teilzeitjobs. Von den Vätern arbeiten dagegen

95 Prozent Vollzeit – deutlich mehr als kinderlose Männer, dort sind es nur etwa 85 Prozent. Interessant!

Frauen müssen sich also tatsächlich erst einmal zwischen Kind und Karriere entscheiden, wenn sie ihr Kind nicht gerade wie Frankreichs ehemalige Justizministerin Rachida Dati wenige Tage nach der Geburt in andere Hände geben wollen. Auch der fortschrittlichste, zur Babypause bereite Mann kann der Frau Schwangerschaft, Geburt und Stillen nicht abnehmen. Darin sind Frauen tatsächlich unersetzlich. Wenn Kinder geplant sind, *kann* der Vater beruflich zurückstecken, die Mutter aber *muss*. Das ist Fakt.

Nicht dass wir uns missverstehen: Ich finde es richtig, dass Frauen in den ersten Lebensjahren ihrer Kinder für sie da sind, und zwar möglichst oft und möglichst intensiv. Zu den Gründen später mehr. Doch wie verhält es sich, wenn die Kinder etwas älter sind? Hier könnten die Lebenspartner doch für einen Lastenausgleich sorgen, denn dann könnte sich theoretisch auch der Vater um sie kümmern – oder beide Partner in Teilzeit. In Mutti-Familien klappt das aber nicht. Muttis denken gar nicht daran, ihre eigene Kinder- und Karrierepause möglichst kurz zu halten. In vielen Fällen steigen sie dauerhaft auf Teilzeit um oder schmeißen ihren Job ganz. Sie finden es nämlich ganz angenehm, ihre Zeit endlich nach eigenem Gusto auf Mann, Familie und Arbeit verteilen zu können, wie sie wollen, weil der Mann ja ohnehin die Existenz sichert.

Natürlich, ein Wiedereinstieg nach einer Erziehungspause ist nicht leicht. Das gilt völlig unabhängig vom Geschlecht. Aber es gibt Frauen und Männer, die zeigen, dass es geht. Und das Argument, dass Männer schließlich nicht so einfach von Voll- auf Teilzeit umstellen oder Erziehungspausen einlegen könnten, ist mittlerweile durch tausendfache Beispiele ebenfalls widerlegt. Selbst in Topmanagementposten sind sogenannte Sabbaticals möglich, also zeitweise Komplettausstiege aus dem Job. Aber vorübergehende Verkürzungen der Arbeitszeiten auf Teilzeit kosten selbstverständlich Tempo in der Karriere. Es ist logisch, dass Kollegen, die Vollgas geben, dann an Teilzeit arbeitenden Vätern oder Müttern vorbeiziehen. Und je höher die Position, desto größer die Anforderungen auch an die zeitliche Präsenz. Das ist nur fair und eben der Preis, den man fürs Familienglück bezahlt. Aber warum soll dieser Preis nicht unter den Lebenspartnern aufgeteilt werden?

Der Arbeitsmarkt ist in dieser Hinsicht heute erfreulicherweise flexibel geworden, für Männer und Frauen gleichermaßen. Flexibilität bedeutet hier, dass es sowohl für Väter als auch für Mütter möglich ist, Kinder zu haben und gleichzeitig zu arbeiten. Die Lasten der Kindererziehung sind teilbar geworden. Verantwortungsvolle Frauen und Männer beweisen, dass das möglich ist.

Die Taunus-Mamis

Die Frauen in den reichen Orten der Taunusregion um Frankfurt herum wie Kronberg, Königstein und Bad Soden – die »Taunus-Mamis«, wie die *Frankfurter Allgemeine Zeitung* sie in einem im September 2010 erschienenen Artikel nennt – hatten in der Regel einen gut bezahlten Job als Ärztin, Beraterin bei McKinsey oder Werbefrau. Spätestens nach der Geburt des ersten Kindes haben sie ihren Beruf jedoch aufgegeben. Stattdessen engagieren sie sich ehrenamtlich und halten auf dem gesellschaftlichen Parkett die Fäden in der Hand. So verfügen sie über eigenen Status und Einfluss; für das lästige, aber eben notwendige Geldverdienen ist ihr gut funktionierender Mann zuständig. Wieder ein Beispiel dafür, dass es stimmt: Frauen verdienen weniger als Männer. Und das hat seine Gründe. Es wird allerdings immer so dargestellt, als würden die Frauen aus niedrigen Motiven von den Fleischtöpfen der Wirtschaft ferngehalten. Das stimmt sicherlich auch. Mir fehlt aber in der öffentlichen Diskussion ein wichtiger Punkt: Muttis machen genau das, was sie selbst wirklich wollen. Sie bleiben daheim und kümmern sich ums Haus, um ihre Hobbys, ihre sozialen Kontakte und – soweit vorhanden – Kind, während der Mann für das Finanzielle zuständig ist. Der Mikrozensus des Statistischen Bundesamts nennt Zahlen für 2010: In Deutschland leben über 23 Millionen Frauen im erwerbsfähigen Alter. 52 Prozent von ihnen haben keine Kinder. Von diesen sind nur 63 Prozent aktiv erwerbstätig, über ein Drittel kommt also ganz ohne Job aus. Hinzu kommen all jene Frauen, die auch ohne Kind Teilzeit arbeiten, immerhin 32 Prozent der kinderlosen, aktiv erwerbstätigen Frauen. Unterm Strich heißt das: Nur 43 Prozent der kinderlosen Frauen im erwerbsfähigen Alter arbeiten Vollzeit. In den meisten Fällen bringt der Mann das Geld nach Hause. Die bewusste Entscheidung für null oder 20 Wochenstunden kann natürlich auch andere Gründe haben als zum Beispiel den Wunsch, dem Mann den Rücken frei zu halten. Die Frau kümmert sich um ein erkranktes Familienmitglied, oder sie findet keine Vollzeitstelle und arbeitet notgedrungen Teilzeit. Diese Lebensläufe fallen aber anscheinend statistisch nicht so sehr ins Gewicht.

Nicht arbeiten, obwohl sie könnten – das dürfen Frauen natürlich, denn in einer Partnerschaft ist schließlich alles eine Sache der Absprache. Mich stört nur, dass Muttis so tun, als ob sie die Opfer einer frauenfeindlichen Gesellschaft oder gar einer verschworenen Männermafia seien.

Dass selbst Frauen, die mit hoher Bildung und Kompetenz gute Chancen auf eine eigene Karriere haben, diese Karriere gern zugunsten der Hausfrauen- und Mutterrolle aufgeben, widerspricht vollkommen der herrschenden Wahrnehmung. Über Jahre wurde von den Medien immer wieder betont, dass Akademikerinnen viel zu wenig Kinder bekommen; das war das bevorzugte Erklärungsmuster der Experten, die nach Gründen für den Geburtenrückgang in Deutschland suchten. Die kinderlose Akademikerin, die viel Zeit und Energie in ihre Ausbildung und ihren Job gesteckt hat und nun Karriere machen wollte – das war die Realität allerdings nur bis Anfang der 1990er-Jahre. Professor Rainer Hufnagel vom Institut für Ökonomische Bildung an der Westfälischen-Wilhelms-Universität Münster hat genau den gegenläufigen Trend nachgewiesen. Die statistischen Daten aus den Jahren 1996 bis 2002 zeigen: Je gebildeter eine Mutter, desto mehr Kinder bringt sie auf die Welt. »Drei Sprösslinge sind die Regel, fünf nicht ungewöhnlich«, sagt auch die *Frankfurter Allgemeine Zeitung* in dem bereits erwähnten Artikel über die Taunus-Mamis. Und folgert: »Diese Frauen verabschieden sich vom Kampf um den beruflichen Aufstieg, um Posten oder eine Gehaltserhöhung – all das überlassen sie den Männern. Sie genießen die Freiheiten eines privilegierten Lebens.«

Ist das die ganze Wahrheit? Jetzt will ich es genau wissen: Die aktuellen Daten des Statistischen Bundesamtes von 2012 zeigen zunächst, dass immer weniger Frauen Kinder bekommen. Erst einmal einfach nur, weil es aufgrund der demografischen Negativspirale der letzten Jahrzehnte immer weniger Frauen im gebärfähigen Alter gibt. Aber unter diesen Frauen, die ein Kind bekommen könnten, ist der Anteil der Frauen, die kinderlos bleiben, in den letzten Jahrzehnten dramatisch angestiegen. Lag der Anteil kinderlos gebliebener Frauen zur Mitte des letzten Jahrhunderts noch bei ungefähr 10 Prozent, so verdoppelte er sich bei den in den 1960er-Jahren geborenen Frauen auf über 20 Prozent; Tendenz weiter steigend. In den deutschen Stadtstaaten hat bereits ein Drittel aller Frauen keine Kinder. Ein Schlag ins Gesicht der Bildungspolitik ist die Tatsache, dass besonders Frauen mit hohem Bildungsstand kinderlos bleiben, nämlich beinahe doppelt so häufig wie die Frauen mit niedrigem Bildungsstand. Da aber die Zahl der geborenen Kinder insgesamt in den letzten Jahren einigermaßen konstant bleibt, heißt das, dass sich eine Schere auftut: Immer mehr Frauen bekommen gar keine Kinder, aber wenn sie welche bekommen, dann häufig drei oder mehr. Bei den gebildeten Frauen ist diese Schere besonders stark.

Aber das heißt doch nichts anderes, als dass sich Frauen ganz offensichtlich immer mehr radikal zwischen Karriere und Familie entscheiden. Ärztinnen, Apothekerinnen: 33 Prozent kinderlos. Geschäftsführerinnen und Unternehmensberaterinnen: knapp 40 Prozent kinderlos. Geistes- und Naturwissenschaftlerinnen: über 40 Prozent kinderlos! Die anderen, nämlich die gebildeten Mütter, die Kinder wollen, bekommen dann besonders viele und gleichen die Statistik wieder einigermaßen aus. Bei den Frauen, die nicht erwerbstätig sind, liegt die Kinderlosigkeit aber wie schon vor 70 Jahren nach wie vor bei nur gut 10 Prozent.

Die Anzahl der Familien mit Kindern nimmt dramatisch ab, vor allem unter den Gebildeten. Aber in den Familien mit Kindern sind es ganz offensichtlich trotz aller Emanzipationsbeteuerungen immer noch hauptsächlich die Männer, die die Ernährerrolle erfüllen. Und das wird gesellschaftlich auch erwartet. Wenn ein Mann einen Spaßberuf mit geringem Einkommen ausübt, Teilzeit arbeitet oder Elternzeit nimmt, ist er ein Sonderfall. Ein Hausmann ist in der öffentlichen Wahrnehmung kein richtiger Mann, der muss wohl beruflich gescheitert sein, sonst würde er sich von seiner Partnerin nicht durchfüttern lassen. »Es ist zwar mittlerweile gesellschaftlich akzeptiert für Frauen, Karriere zu machen. Aber als Mann lange Elternzeit oder Teilzeit zu nehmen, wird noch nicht so sehr akzeptiert«, kommentiert die Familienökonomin Susanne Seyda die unterschiedliche Berufstätigkeit von Frauen und Männern in dem Artikel »Überforderte Doppelverdiener« in der *Süddeutschen Zeitung* vom 12. September 2011.

Aber bei kinderlosen Paaren hindert keine familiäre Verpflichtung die Frau daran, Karriere zu machen. Doch selbst wenn keine Kinder im Haus sind, arbeiten in nur 34 Prozent der Fälle beide Partner ganztags. Auch die meisten kinderlosen Frauen beschränken sich also auf einen Teilzeitjob oder die Hausfrauenrolle. Muttis tun das ganz freiwillig.

Familienmanagerinnen

Die durchschnittliche Lebenserwartung von Frauen ist in Deutschland auch heute noch deutlich höher als die von Männern; 2010 betrug der statistische Unterschied fünf Jahre. Das hat zum Teil mit Hormonen zu tun – das weibliche Hormon Östrogen ist ein Gesundheitswächter –, aber das allein kann die große Differenz in der Lebenserwartung nicht erklären. Es liegt vor allem am Stress und den Risiken im Berufsleben. Offensichtlich hetzen sich Männer wesentlich stärker im Job auf Kosten ihrer Gesundheit ab und arbeiten sich die Knochen kaputt. Ich bin Arzt, und ich glaube nicht daran, dass Frauen länger leben würden als Männer, wenn sie durchschnittlich genauso viel und genauso anspruchsvoll arbeiten würden. Meine These: Muttis leben länger – und heben damit den Durchschnitt der Lebenserwartung der Frauen. Denn Muttis verstehen es, die Lasten des Alltags anderen aufzubürden.

Vordergründig gelten Frauen in der öffentlichen Diskussion fast immer als die Verliererinnen im Kampf um Status und Gehalt. Doch für mich wird hinter den Kulissen in vielen

Fällen eine ganz andere Spezies sichtbar: die Muttis, die lieber ihr eigenes Leben als Hausfrau leben *wollen* oder in Teilzeit arbeiten *wollen*. Es ist für sie angenehmer und abwechslungsreicher, vormittags ein wenig arbeiten zu gehen, obwohl sie nicht müssen, und nachmittags zu Hause zu sein, um die Kinder zu überwachen. Es schadet ihnen nicht, denn mit einem zahlungskräftigen Mann an ihrer Seite müssen sie keine finanziellen Abstriche hinnehmen.

Wenn beide Partner sich die Lasten von Erwerbsarbeit, Hausarbeit und Erziehungsarbeit fair aufteilen, sich absprechen und jeder seinen Part erfüllt, ist das großartig, ein Idealbild. Ich bewundere Frauen genauso wie Männer, wenn sie es kraft ihrer Kompetenz zu phantastischen Karrieren gebracht haben und damit beweisen, dass das für Frauen heute genauso möglich ist wie für Männer. Es ist meiner Ansicht nach auch völlig egal, ob der Mann *fulltime* arbeitet oder die Frau oder beide Teilzeit. Es ist ein Deal unter Partnern.

In Mutti-Familien läuft das aber anders. Da bestimmt Mutti, dass sie die beschwerliche Arbeit zu Hause übernimmt, und verlangt Dankbarkeit dafür. Doch der Haushalt ist vielfach keine tagesfüllende Beschäftigung mehr. Statistiken beweisen das: Eine Studie in Österreich befragte in den Jahren 2008/2009 insgesamt 8200 Personen, womit sie ihre Zeit verbringen – einen Tag lang notierten sie jede Tätigkeit von über einer Viertelstunde Dauer. Und dabei kam heraus: Pro Tag zwei Stunden 52 Minuten genügen im Durchschnitt, um die Wohnung in Schuss und die Mägen gefüllt zu halten und alle, restlos alle Hausarbeit zu erledigen.

Und meist helfen unter Muttis Augen die Kinder und der Ehemann sogar noch mit. Die Kinder decken den Tisch und räumen die Spülmaschine ein und aus, der Mann übernimmt den Wocheneinkauf am Samstag, natürlich mit Einkaufszettel, den die Mutti ihm mitgibt. Für Reparaturen in der Wohnung ist sowieso er zuständig, auch fürs Schleppen der Getränkekisten. Trotzdem lamentiert Mutti immer wieder: »Du hilfst mir zu wenig im Haushalt!« Damit wird das schlechte Gewissen geweckt, das allgegenwärtig lauert. Die Mutti versteht es, den Eindruck zu erwecken, dass sie den ganzen Tag schwer schuftet, während ihr Mann sich abends aufs Sofa sinken lässt und von ihr verwöhnt wird. Dieses Machtspiel ist eine Farce!

Aber wenn die Muttis weder ihre Energie in die Erwerbsarbeit stecken noch wirklich den ganzen Tag im Haushalt schuften, was machen sie dann? Wofür noch mal sollen ihnen die Männer so dankbar sein? Bleibt noch eins: sich um die Kinder kümmern.

Käfighaltung

»Janiiice, geh da weg von der Schaukel!« Die etwa 25-jährige Frau hängt im Fenster, die Arme hat sie auf ein Kissen gestützt, das sie vorsorglich auf die Fensterbank gelegt hat. Unten auf der Grünfläche zwischen den achtstöckigen Wohnbauten ist ein großer Spielplatz, auf dem sich die Kinder der Nachbarschaft tummeln.

Janice ist sechs Jahre alt. Immer wieder schaut sie zu dem Fenster in der dritten Etage, von dem aus ihre Mutter über sie wacht. Um endlich auch mal auf die Schaukel zu dürfen, hat sie vor zehn Minuten hier am Schaukelgestell Posten bezogen. Und zehn Minuten sind für eine Sechsjährige eine Ewigkeit! Wenn Jana endlich absteigt, ist sie dran. Aber gerade ist Bea aufgetaucht. Damit sie sich nicht vordrängeln kann, muss Janice so nahe an der Schaukel stehen, dass Janas Füße sie beim Schwingen fast berühren. Kein gemütlicher Ort, aber so macht ihr wenigstens niemand ihren Platz streitig.

Als sie ihre Mutter hört, will sie es nicht glauben. Sie soll weggehen, jetzt, wo sie fast am Ziel ist? Im ersten Moment kommt ihr in den Sinn, so zu tun, als ob sie nicht gehört hätte. Doch dann überlegt sie, dass ihre Mutter in solchen Dingen kein Pardon kennt: Mama weiß, dass Janice sie hören kann. Genau in dem Moment, als Janice sich laut aufseufzend abwendet, muss sie mit ansehen, wie Jana von der Schaukel springt und die blöde Bea, die Gunst der Stunde nutzend, sich triumphierend auf das Brett setzt.

Oben am Fenster schaut ihre Mutter kurz über die Schulter zu ihrer Freundin, die im Wohnzimmer sitzt und mal wieder von ihrer gemeinen Kollegin erzählt, und schüttelt den Kopf. »Nicht zu fassen, wenn man seine Augen nicht überall hat… Das darf doch nicht wahr sein!«, unterbricht sie den Wortschwall aus dem Hintergrund. »Da geht die Kleine doch glatt rüber zum Leon. Mit dem soll sie doch nicht spielen. Dessen großer Bruder ist zwölf und raucht schon. Ich hab ihr 1000-mal gesagt…«

Die einzige Tätigkeit, in die sich Muttis wirklich mit aller Energie knien, ist die Betreuung der Kinder. Mutti beaufsichtigt die Hausaufgaben, kontrolliert ihren Umgang, fragt sie über ihre Erlebnisse aus. Die Sprösslinge werden zur Schule, zum Sport, zum Musikunterricht, zu verschiedenen Hobbys gebracht oder gar gefahren und natürlich auch wieder abgeholt. Würde es den Kindern nicht guttun, auch mal ohne Mutti unterwegs zu sein? Freizeit im wahrsten Sinne des Wortes zu haben? Natürlich ist das Herumkutschiertwerden für die Kinder bequem. Aber ich glaube, dass es ihnen manchmal auch gehörig auf die Nerven geht. Wann sollen sie lernen, selber verantwortlich dafür zu sein, dass sie den richtigen Bus noch erwischen?

Früher hatten Frauen schlicht nicht die Zeit, sich so intensiv um ihre Kinder zu kümmern. Die wurden zum Spielen auf die Straße geschickt, damit die Mutter daheim freie Bahn für die Hausarbeit hatte. Ihre harte Arbeit wurde noch nicht durch die technische Aufrüstung des Haushalts, die explosionsartig angestiegene Palette an Convenienceprodukten und andere Entwicklungen erleichtert. Für die Hausfrauen war das damals nicht so schön; für die Entwicklung ihrer Kinder aber war es ein Segen. So bekamen sie automatisch den Freiraum, sich draußen mit ihren Freunden zu treffen, Fußball zu spielen oder eigene Welten zu erfinden, die die Erwachsenen nichts angingen.

Ist das jetzt Früher-war-alles-besser-Nostalgie? Nein, ich denke nicht. Das Argument, dass es in Großstädten zum Beispiel kaum noch Plätze in direkter Nachbarschaft gebe, wo ein Kind einfach spielen kann, zählt nicht. Eine Stadt besteht nicht nur aus stark befahrenen Autostraßen, sterilen Einkaufs-Flaniermeilen oder schäbigen Ecken. Ich bin überzeugt davon, dass Kinder sich ihren Raum erobern können – in der Stadt wie auf dem Land. So wie ein Dorfteich zum Weltmeer werden kann, mutiert auch ein 20-Quadratmeter-Gebüsch vor dem Wohnsilo zum Urwald: Überall warten Abenteuer und neue Erfahrungen. Mutti müsste es nur zulassen.

4

Ohne Mutti geht es nicht

»So, da ist noch eure Truhe. Wo wollt ihr sie hinhaben?« Der junge Huberbauer und seine Frau wuchten die schön bemalte Truhe des alten Huberbauern durch die Tür des kleinen Häuschens und stellen sie erst mal schnaufend ab. Heute ist es so weit: Die Eltern ziehen aufs Altenteil, ein Nebengebäude auf dem großen Bauernhof. In den letzten Jahren ist ihnen die Feldarbeit zunehmend schwergefallen. Die Mutter hat Wasser in den Beinen, und dem Vater sitzt die Gicht in den Fingern. Deswegen haben sie in diesem Frühling vereinbart, zum Martinstag den Hof an den ältesten Sohn zu übergeben.

»Und ihr wisst ja, wenn einer von euch krank wird, sorg ich für euch«, versichert die junge Schwiegertochter noch einmal. »Und wenn ihr mal nicht zum Essen zu uns kommt, schau ich nach, was los ist.«

»Na, so alt sind wir aber noch nicht!«, protestiert die Mutter lachend. Anfang 60 ist sie. In ihrem dicken Zopf mischen sich immer noch ein paar schwarze Strähnen ins Stahlgrau. Aber ab heute wird sie die Altbäuerin sein. Mit gemischten Gefühlen hat sie in den letzten Monaten versucht, sich auf diesen Tag vorzubereiten. Leicht ist das nicht, den Hof und die Verantwortung in die Hände der nächsten Generation zu übergeben. Aber sie freut sich auch darauf, in dem kleinen Gärtchen nicht nur Kartoffeln, sondern auch schöne Dahlien und Pfingstrosen anzubauen.

»Ich tät mich freuen, wenn du oft rüberkommst und mir beim Gemüseputzen hilfst und Gesellschaft leistest. Aber gelt, wenn's nimmer geht, musst auch nicht«, sagt nun die Jungbäuerin.

Der Vater mustert das junge Paar stolz. »Ihr seid zwei Rechte. Euch kann ich beruhigt den Hof übergeben. Tüchtig seid ihr und wisst, wie der Hase läuft. Markus, ich hab dir alles beigebracht, was ich weiß, und du hast noch bei anderen Leuten dazugelernt. Ich weiß, dass du den Hof gut führen wirst!«

Die jungen Bauern helfen den Alten, ihre persönlichen Besitztümer an den Platz zu räumen. Dann gehen sie wieder zurück zum großen Bauernhaus, das jetzt das ihre ist. Kurz darauf kommt der Schmied vorbei.

»Wo ist denn der Huberbauer?«, fragt er.

»Das bin ich«, erwidert Markus Huber.

»Ja, was ist denn mit dem Sepp?«

»Der ist heute aufs Altenteil gezogen. Wenn du mit ihm über die Nachrichten aus der Kreisstadt plaudern willst, findest du ihn dort drüben. Aber wenn's um unseren Pflug geht, den du uns richten sollst, dann rede mit mir!«

Hänschen klein

Es ist Aufgabe der Eltern, ihre Kinder zu selbstständigen Menschen zu erziehen. Zu Erwachsenen, die für sich selber sorgen, ihren Lebensunterhalt selbst verdienen und ihren Haushalt selbst führen können. Und das Wichtigste: selbst die Verantwortung für sich und ihr Leben übernehmen. Dazu gehört die emotionale Reife, die Balance zu finden zwischen den eigenen Bedürfnissen und denen anderer Leute. Erst dann sind sie auch in der Lage, Verantwortung für andere zu übernehmen –

und später auch eigene Kinder großzuziehen. Kurz gesagt: Die Aufgabe von Eltern ist es, sich überflüssig zu machen.

Natürlich ist das Erwachsenwerden eines Menschen ein langsamer und allmählich ablaufender Prozess. Kaum ein Lebewesen auf der Erde nimmt sich so viel Zeit dafür, seinen Nachwuchs auf eigene Beine zu stellen, wie wir. Noch vor den ersten wackeligen Schritten des Kindes ist bereits eine Menge passiert; und mit dem Ende der Schulpflicht muss dieser Prozess noch lange nicht zu Ende sein – niemand wacht an seinem 18. Geburtstag auf und ist schlagartig erwachsen.

Von Anfang an sind Kinder auf eine zugewandte, liebevolle Mutter angewiesen. In den ersten sechs bis zwölf Lebensmonaten ist das sogar existenziell wichtig. Sie ist es, die ihnen Nahrung, Wärme und Schutz gibt. Bereits während der Schwangerschaft ist diese tiefe Bindung des Säuglings an die Mutter entstanden: Er hört ihre Stimme, fühlt ihren Herzschlag, merkt, ob sie ruhig oder aufgeregt, glücklich oder unglücklich ist. Das ungeborene Kind trinkt vom Fruchtwasser, schmeckt und riecht seine Mutter. Wenn es dann auf der Welt ist, bieten die Stimme der Mutter, ihr Körpergeruch und ihre Milch ihm den nötigen Halt, um sich in dem vielen Neuen, das da täglich auf es einstürmt, zurechtzufinden. Zwischen Mutter und Baby passt oft kein Blatt Papier, und das ist auch richtig so. Diese totale Abhängigkeit in den ersten Lebensmonaten ist von der Natur so vorgesehen. Die stete und grenzenlose Fürsorge der Mutter gibt dem Neugeborenen Geborgenheit und das Gefühl, aufgehoben zu sein.

In besonderen Fällen kann auch eine andere ständig und zuverlässig anwesende Person diese Rolle übernehmen; aber ein Muttersatz aus mehreren Personen in Wechselschicht – das funktioniert nicht. Das Kind muss die Erfahrung machen: Wenn ich etwas brauche, ist dieser eine Mensch für mich da. Wenn ich schreie, werde ich getröstet; wenn ich hungrig bin, werde ich gefüttert; wenn ich Trost brauche, werde ich gewärmt und gestreichelt, und zwar von dieser einen, zuverlässigen Person. Auf diese Weise erwirbt ein Kind das Urvertrauen, das es so dringend braucht.

Die Bindung zwischen Mutter und Kind ist die Ursprungsbindung. Sie ist die Grundlage von menschlichen Beziehungen, die erste Bindung, die den Charakter eines Menschen tief prägt, und damit der Kern der Gesellschaft. Wenn hier Wärme und Vertrauen herrschen, kann das Kind auch später, wenn es größer ist, Vertrauen und Wärme geben. Der Vater ist in dieser ersten Lebensphase nicht lebensnotwendig, aber er ist wichtig. Auch seine Stimme hat das Kind im Mutterleib gehört. Er ist es in der Regel, der den ersten Schritt des Babys zu einer eigenständigen Persönlichkeit einleitet.

Ganz konkret und alles andere als rein symbolisch geschieht das sogar in den meisten Fällen direkt nach der Geburt. Noch im Kreißsaal oder auch zu Hause im Beisein der Hebamme ist es der Vater, der die Nabelschnur durchtrennt. Damit ist der erste Schritt auf dem Weg des Kindes in seine Selbstständigkeit getan. Auch in der Folgezeit bleibt es Aufgabe des Vaters, in dem »Du bist ich, und ich bin du« von Mutter und Kind für eine Sollbruchstelle zu sorgen. So hilft er, diese Symbiose langsam aufzulösen und der Entwicklung seines Kindes Raum zu verschaffen.

Wenn das Kind in seinen ersten Lebensmonaten ab und zu vom Arm der Mutter auf den des Vaters wechselt, merkt es, dass da noch jemand anders ist. Es erkennt: Es gibt eine Welt jenseits von Mutters Gravitationskraft. Ohne den Vater als ersten Bezugspunkt außerhalb des Mutter-Kind-Systems kann ein Kind kaum mehr als Muttis Klon werden. Gerade das ist ja die Tragik bei alleinerziehenden Müttern. Ob sie nun freiwillig oder gezwungenermaßen auf den Vater des Kindes verzichten: Er ist nicht da. Er fehlt. Und er fehlt vor allem dem

Kind. Je früher deshalb ein Stiefvater oder eine andere, möglichst männliche und auch sorgeberechtigte Bezugsperson fest und verlässlich ins Familiensystem eintritt, desto besser. Alleinerziehung als für das Kind völlig neutral und gleichwertig hinzustellen halte ich für reine Ideologie und für entwicklungspsychologisch nicht haltbar.

Papa ist in der geistig-seelischen Entwicklung des Kindes im günstigsten Falle also der erste und wichtigste Außenposten. Nach und nach tauchen immer mehr Bezugspersonen im Kosmos des Kindes auf: Das sind ab dem zweiten bis dritten Lebensjahr weitere Familienmitglieder, Freunde, Nachbarn, Erzieher oder Lehrer. Bei all diesen Menschen lernt es eine andere Welt kennen als die der Mutter. Mit zunehmendem Alter weitet sich der Kreis der Beziehungen aus, jeder neue Ansprechpartner bietet neue Anregungen, neue Alternativen.

Im Laufe dieser Entwicklung verlagert sich der Lebensmittelpunkt stetig. Am Anfang ist die Mutter für das Kind das Universum, am Ende steht ihre Ablösung als Zentrum des Sonnensystems.

Dabei ist nicht Unabhängigkeit das Ziel, sondern die Begrenzung der totalen Abhängigkeit. Eine gelungene Erziehung und Entwicklung des Kindes zeigt sich darin, dass es lernt, sein Leben frei und selbstverantwortlich zu führen. Gefestigt und seiner selbst sicher wird es seine Mutter auch als Erwachsener schätzen und sie teilhaben lassen an seinem Leben. In einer funktionierenden Familie bleibt man sich ein Leben lang verbunden. Doch der junge Erwachsene muss seinen Lebensweg auch ohne die Hilfe seiner Mutter meistern können.

Das beliebte »Guckguck«-Spiel von Eltern und kleinen Kindern zielt genau auf diesen Abnabelungsprozess ab. Es zeigt dem Kind: Auch wenn Mama mal ein paar Augenblicke verschwunden zu sein scheint, ist sie gleich wieder für mich da. Ich brauche sie nicht ständig um mich zu haben. Mama lässt mich manchmal los, aber nie im Stich. Sie steht immer hinter mir. Das von leichtem Grusel und überbordender Freude begleitete Spiel verschafft dem Kind dieses Vertrauen und damit eine erste Möglichkeit, seine Freiheit zu nutzen. Wenn ein Kind diesen Freiraum und diese Sicherheit hat, wird es Entdeckerfreude entwickeln und lernen, sich selbst zu vertrauen.

Kinder sind geborene Eroberer. Sie streben ganz von allein danach, selbstständig zu werden und selbstbewusst ihren Platz in einem stimmigen Beziehungsgeflecht einzunehmen. Dabei geht jedes Kind diesen Weg in seinem eigenen Tempo. Es muss weder geschubst noch gebremst werden. Die Aufgabe der Mutter ist es nur, dies zuzulassen und ihr Kind in diesem Prozess zu begleiten. »Egal was du tust: Ich bin da und fang dich auf« – das ist die wichtigste Botschaft, die sie ihm mitgeben kann. Sichtbar wird das, wenn das Kleinkind zu krabbeln und zu laufen beginnt.

Die Mutter kniet auf dem Boden und hält ihr Kind fest im Arm. Es lacht und strampelt und schaut zum Vater, der zwei Meter weiter auf der anderen Seite des Teppichs auf dem Boden hockt. Mit ausgebreiteten Armen lockt er sein Kind. Das Kind löst sich von seiner Mutter und tapst mit unsicheren Schrittchen zum Vater. Fast fällt es. Es rettet sich in Papas Arme und kräht vor Vergnügen. Die Eltern sehen sich über sein Köpfchen hinweg an, außer sich vor Stolz.

Die ersten Schritte eines Kindes führen von der Mutter weg. In die Welt, ins Leben hinein, in die Eigenverantwortung. Für die gesunde Entwicklung eines Kindes ist es notwendig, dass es schon früh erlebt: Ich kann jederzeit weggehen, um neue Erfahrungen zu machen, und sei es nur bis zur Wohnzimmertür, und wieder zur Mutter zurückkehren, mich vergewissern, dass die Basis noch da ist, und Kraft tanken. Der Hirnforscher Gerhard Roth schreibt in seinem Buch »Persönlichkeit, Entscheidung und Verhalten«: »Säugling und Kleinkind müssen die schwierige Balance zwischen Unabhängigkeit und Aufgehen im anderen, zwischen Trennung und eins sein bewältigen.«

Und die Mutter? Sie muss zulassen, dass ihr Kind sich von ihr abwendet. Und sei es für Sekunden. Ob es in ein Bilderbuch schaut, statt auf Mama, oder ob es im Kindergarten zu seinen Freunden rennt, ohne zurückzublicken – es ist ihr Job, das auszuhalten, zuzulassen und sogar zu fördern. Die Mutter muss einfach nur da sein, immer wieder loslassen und als sicherer Hafen zur Verfügung stehen – das ist ihre Aufgabe.

Das Gelingen oder Scheitern dieses frühen Beziehungsmusters prägt die Persönlichkeit des Heranwachsenden. Bis zum vierten Lebensjahr sind 80 Prozent aller Verbindungen im Gehirn des Kindes mit allen seinen bis dahin gemachten Erfahrungen bereits geschaltet. Ob ein Mensch sich vertrauensvoll und selbstbewusst in der Welt bewegt oder gedrückt und angstvoll – in den ersten vier Lebensjahren werden die Weichen dazu gestellt. Damit ist ein Großteil dessen, was den späteren Platz des Kindes in der Gesellschaft bestimmt, zu diesem Zeitpunkt schon festgelegt und kann nur unter großen Mühen noch verändert werden. Was in späteren Jahren hinzukommt, sind Fahrradfahren, kleines Latinum, die Vorliebe für einen bestimmten Rotwein und … die große Liebe.

Ein Kind groß werden zu lassen hört sich gar nicht so schwer an. Ist es eigentlich auch nicht. Aber es gibt eben nicht nur Mamas, sondern auch Muttis. Und die denken nicht im Traum daran, sich überflüssig zu machen.

Muttertiere

Die zweijährige Anna, mit rosa Latzhose und Glitzerspängchen im Haar, sitzt auf ihrem Dreirad und tritt eifrig in die Pedale. Ihre Mutter ist derweil ins Gespräch mit einer Freundin vertieft. Plötzlich kommen sie zu einem Stück nicht asphaltierten Weges, wo vom Regen große Lachen zurückgeblieben sind. Anna jauchzt auf und steuert auf eine der Pfützen zu. Wie das funkelt! Was gibt es da wohl Neues zu entdecken? Wie wird sich das Fahren im Schlamm anfühlen? Doch vom Rahmen des Dreirads führt eine Lenkstange nach hinten. Den Griff der Stange hält die Mutter fest in der Hand. Das heftige Gegensteuern der Kleinen nervt die Mutter. Kurzerhand drückt sie auf die Lenkstange, sodass sich das Vorderrad vom Boden hebt. Jetzt kann die Mutter Tempo und Richtung ohne Reibungsverluste bestimmen. In welche Richtung auch immer die Kleine den Lenker dreht, das Dreirad bleibt in der vorgegebenen Spur, kaum zwei Schritte von der Mutter entfernt.

Die Kleine protestiert mit einem kurzen Plärren: »Anna selber!«

Die Mutter beachtet sie nicht, die Erzählung der Freundin von ihrem neusten Schwarm ist spannender.

»Anna selber«, wiederholt die Kleine noch zwei- oder dreimal mit quengeliger Stimme, dann gibt sie auf. Trotzdem tritt sie weiter eifrig in die Pedale. Das Rädchen dreht sich wirkungslos in der Luft – quietsch, quietsch. Die Pfütze bleibt unerobert.

Eine Mutti entlässt ihr Kind nicht aus ihrem Bannkreis. Weder mit zwei noch mit 20, 40 oder 60 Jahren. Sie weiß es zu verhindern, dass es seine eigenen Erfahrungen macht. Dabei redet sie sich ein, dass sie das tut, um das Kind zu schützen. Vor Dreck, Unfällen, Enttäuschungen und vor der bösen Welt da draußen. Aber in Wirklichkeit geht es um ihre eigenen Bedürfnisse.

Wie wunderbar ist es, ein Kind zu beobachten, das zufrieden in seinem Bettchen liegt und seine Hände betrachtet! Oder sein Stofftierchen ernst von allen Seiten anschaut. Das Kind braucht Zeit, um die Welt in seinem eigenen Tempo zu erfahren. Es braucht Zeit, um die vielen Eindrücke des Tages zu verarbeiten und sich von ihnen auszuruhen. Eine Mutti nimmt dieses Ruhebedürfnis nicht wahr. Sie kennt keine Rücksicht. Sie holt das friedlich mit sich selbst beschäftigte Baby aus dem Gitterbettchen und spielt mit ihm – weil sie gerade Zeit hat und sich langweilt. Wenn Besuch kommt, reißt sie es als Demonstrations- oder Spielobjekt jederzeit aus dem Schlaf. Sie will es herumzeigen können und sich demonstrativ um es kümmern. So steht sie im Mittelpunkt der Bewunderung, das Kind dient als Beleg dafür, wie mütterlich und fürsorglich sie ist. Für Muttis ist das Bild wichtiger als die Realität dahinter. Solange die Familie nach außen als glücklich und harmonisch erscheint, kann ja nichts falsch sein, oder?

Es sind die Muttis, die auf dem Spielplatz sagen: »Das ist zu hoch für dich.« Die direkt neben ihrem Kind am Klettergerüst stehen und es auch noch beim 20. Mal zur Sicherheit am Hosenbund festhalten. Sie lassen nicht zu, dass das Kind etwas allein ausprobiert, weil sie den Gedanken nicht ertragen können, es zu verlieren. Und verlieren könnten sie das Kind nicht nur, wenn das Klettern schiefgeht, sondern auch, wenn es glückt. Denn mit jedem Erfolg gewinnt das Kind an Selbstsicherheit und Unabhängigkeit und löst sich ein kleines bisschen von der Mutter. Das lässt eine Mutti nicht zu.

»Jede Mutter hat eine Krone verdient«, sagte mir einmal eine erfolgreiche Geschäftsfrau. Sie leitet eine Einrichtungskette und hat in ihrem Beruf Enormes auf die Beine gestellt. Ich war verblüfft: Gerade von ihr hätte ich einen differenzierteren Blick auf die Mutterrolle erwartet.

»Warum?«, fragte ich zurück.

»Na, weil sie die Mutter ist.«

»Meinen Sie nicht, dass es auch ein bisschen darauf ankommt, wie gut die Mutter ihren Job macht? Ich habe in meiner Praxis schon viele Menschen kennengelernt, die gerade durch ihre Mütter daran gehindert wurden, auf eigenen Füßen zu stehen. Diesen Muttis würde ich keine Krone aufsetzen. Wollen Sie nicht vielmehr sagen: Eine Mutter, die ihre Kinder zu selbstständigen Menschen erzieht, hat eine Krone verdient?«

»Nein, jede!«, wischte die Chefin meinen Einwand kategorisch beiseite. Damit war die Diskussion beendet. Offenbar findet diese Dame, dass allein die Tatsache, ein Kind in die Welt gesetzt zu haben, eine Ruhmestat ist.

Eine Mutter wird pauschal in den Himmel gelobt, ohne dass sie sich beweisen muss. Erstaunlicherweise wird allgemein davon ausgegangen, dass die Urinstinkte jeder Mutter ihr automatisch den besten Weg zeigen, mit ihren Kindern umzugehen. Dass sie aus einer angeborenen inneren Gewissheit heraus immer das Richtige tut. Aber das ist falsch. Es gibt keine genetische Veranlagung, die Frauen in die Lage versetzt, immer genau das zu tun, was ihre Kinder gerade brauchen. Mütter können jede Menge falsch machen. Manche tun es in guter Absicht, sie wissen es einfach nicht besser. Sie haben keine Erfahrung darin, die richtige Balance zwischen Geborgenheitgeben und Loslassen zu finden

Liebe ist …

»Nach Rom! Das ist eine wunderschöne Stadt mit so viel Kultur, dahin machen wir unsere Hochzeitsreise.«

Einen Moment lang glaubt Christine, dass sie sich verhört hat.

»Entschuldige bitte, hast du ›wir‹ gesagt?«

»Ja, natürlich. Du glaubst doch nicht, dass ich meinen Peter in einer so wichtigen Zeit alleinlasse, oder?«

Peter lächelt erleichtert. »Danke, Mama. Ich weiß gar nicht, was ich ohne dich anfangen würde. Du kannst uns Tipps geben, was man in Rom unbedingt anschauen muss. Und keiner schafft es so gut wie du, im Hotel den besten Service zu bekommen.«

Christine atmet tief durch und zwingt sich zu einem Lächeln: »Schön, dass du in die Flitterwochen mitkommst, Mutter.«

Seit einem halben Jahr ist Christine mit Peter verlobt. Er ist das, was ihre Eltern eine gute Partie nennen. Bisher konnte sie ihr Glück kaum fassen, dass er ausgerechnet sie ausgewählt hat. Sie ist doch gar nichts Besonderes, nur ein junges, unerfahrenes Ding. Peter dagegen: freundlich, großzügig, vollendete Umgangsformen, vielseitige Gesprächsthemen, immer gut gekleidet und gepflegt. Und reich. Auf einem Fest haben sie sich kennengelernt, nach einigen weiteren Treffen in Cafés hat er sie zu sich nach Hause eingeladen und seiner Mutter vorgestellt.

Christine wusste damals schon, dass der Firmenerbe ganz offensichtlich auf Brautschau war und dass noch keine der jungen Damen Gnade vor Mutters Augen gefunden hatte. Entsprechend nervös war sie, als die imposante Dame mit dem makellosen Haarschnitt und der Perlenkette über dem eleganten Kleid ihnen die Tür öffnete. Doch alles lief bestens. Sie stellte Christine viele Fragen, nach ihren Eltern, Geschwistern, Freundinnen, Schulnoten, ob sie schon mal einen Freund hatte … Doch Christines schüchterne, wohlerzogene Antworten schienen der Mutter zu gefallen. Jedenfalls gab sie ihrem Sohn offensichtlich die Erlaubnis, weiter um Christine zu werben und einige Zeit später um ihre Hand anzuhalten.

Und jetzt: die Ankündigung der zukünftigen Schwiegermutter, dass sie auf die Hochzeitsreise mitkommen würde. Nicht nur das, sie legt sogar das Ziel fest, ohne Christine oder ihren Sohn Peter um ihre Meinung zu fragen. Und Peter lässt sich das gefallen, ist sogar noch dankbar dafür. Da muss sie ihren Protest natürlich sofort aufgeben, aber zum ersten Mal kommen Christine Bedenken, ob die Ehe mit Peter wirklich so traumhaft wird. »Wenn sie sich weiter in alles einmischt, kann das ja heiter werden«, denkt sie.

Eine lustige Geschichte, ähnlich wie Loriots »Ödipussi«? Nein, was aus dieser Konstellation wurde, habe ich vor einigen Jahren in meiner Praxis hautnah mitbekommen. Nach jahrelanger Quälerei durch ihre übergriffige Schwiegermutter und ihren zwar reichen, aber gegenüber Mutti handzahmen Ehemann folgte für die junge Frau die schmerzhafte Scheidung. Sobald die Schwiegertochter den Mut gefasst hatte, auch öffentlich zu verkünden, dass sie nicht mehr mitmachen wollte, wurde bis aufs Messer gekämpft. Mit letzter Kraft ist sie dem vereinnahmenden Mutti-Sohn-System entkommen.

Natürlich wünscht sich jede Mutter eine enge Beziehung zu ihren Kindern. Sie will beteiligt werden, gebraucht werden. Sie wünscht sich, dass die Kinder ihr ihre Sorgen, Träume und alltäglichen Erlebnisse anvertrauen. Das ist menschlich und natürlich. Gefährlich wird es dann, wenn die Mutti einen Anspruch darauf erhebt, der wichtigste, bedeutendste und bestimmendste Mensch im Leben ihres Kindes zu sein, und zwar nicht nur in den ersten Lebensmonaten, sondern auch noch später.

Ein Kind, dessen Mutter die einzige Person ist, zu der es eine enge Bindung aufgebaut hat, bleibt für immer abhängig. Nur wenn es über viele stabile Beziehungen verfügt, findet es die richtige Balance zwischen Unabhängigkeit und Bindung. Freunde, Partner, Eltern, die eigenen Kinder, Kollegen – ein soziales Netz muss an mehreren Eckpunkten befestigt sein, damit es trägt.

Doch Mutti duldet niemanden neben sich. Sie will diejenige sein und bleiben, zu der ihre Kinder mit allen Sorgen und Nöten kommen. Sie mischt sich in jeden Lebensbereich ihrer Sprösslinge ein, auch wenn diese längst volljährig sind. Partnerwahl, Berufswahl, Lebensstil – bei allem gibt sie nicht nur ihren mütterlichen Rat, sondern erwartet auch, dass er dankbar befolgt wird. Denn Mutti weiß es am besten. Sie hat die Kinder schließlich von der ersten Lebensminute an begleitet und kennt sie in- und auswendig. Das soll gefälligst respektiert werden.

Für Mutti ist es lebensnotwendig, der einzige, jedenfalls der stabilste Bezugspunkt im Leben ihrer Sprösslinge zu sein. Denn ihr ist klar: Wenn die Kinder anderen Menschen Zeit und Aufmerksamkeit schenken, bleibt weniger für sie übrig.

Also versucht Mutti, die Beziehungen ihrer Kinder zu kontrollieren: die Beziehung zum Vater, zu Freunden, zur Partnerin. Sie sorgt dafür, dass an allen diesen Stellen entweder schwache Personen sitzen, die ihr nicht gefährlich werden können, oder solche, die genauso ticken wie sie selbst und ihre Position unterstützen und dankbar begrüßen. Auf diese Weise gibt es im Kosmos der Kinder keine Alternative. Es kann nur eine Sonne geben. Doch weder die Mutti noch ihr Kind realisieren, dass dieser Absolutheitsanspruch, diese von Mutti forcierte und mit Zähnen und Klauen verteidigte totale und enge Bindung das völlige Gegenteil von echter Liebe ist.

Dabei täte eine zunehmende Selbstständigkeit des Kindes auch der Mutter gut. Endlich wieder mehr Freiräume für sich selbst! Wenn das Kind auf eine Wochenendfreizeit fährt, kann sie endlich mal wieder allein etwas unternehmen. Wenn der Teenager mehrmals in der Woche auch nachmittags Schule hat oder nach der Schule direkt zu seinen Freunden oder den verschiedenen Freizeitaktivitäten geht, könnte die Mutter ihre Berufstätigkeit wiederaufnehmen oder aufstocken. Wichtiger als eine Rund-um-die-Uhr-Bereitschaft, um dem Bild einer treu sorgenden Mutter zu entsprechen, ist die verlässliche Bereitschaft, wenn es hart auf hart kommt, zu seinem Kind zu stehen.

Die Mutter könnte also dem Kind einen Hausschlüssel in die Hand drücken und sagen: »Wenn du vor mir zu Hause bist, kannst du dir ja eine Ladung Spaghetti kochen – und mach gleich auch noch welche für mich!«

So weit die Theorie. In der Praxis fällt es vielen Müttern schwer, ihre Kinder ziehen zu lassen und ihr eigenes Leben wieder in die Hand zu nehmen. Denn für eine Mutti ist jedes Anzeichen dafür, dass ihre Kinder sie nicht mehr ständig brauchen, sich immer öfter auch ohne sie wohlfühlen, eine Zurückweisung. Wenn der Sohn anfängt, selbst zu kochen, fragt sie sich: Schmeckt ihm mein Essen nicht mehr? Wenn er lieber mit Freunden in die Ferien fährt als mit den Eltern, denkt sie: Wird ihm unsere Gesellschaft langweilig? Bin ich nicht mehr gut genug?

Mutti braucht ständige Bestätigung durch ihre Kinder, weil es ihr an dem nötigen Selbstbewusstsein fehlt, auch ohne Lob von außen zu beschließen: »Das habe ich gut gemacht!« Sie drängt den Kindern ihre Nähe auf, weil sie selbst sie braucht. Sie bietet Nestwärme, weil sie selbst nur dann Wärme erlebt, wenn ihre Kinder greifbar und dankbar sind. Sie braucht es, dass andere Menschen von ihr abhängig sind – weil sie selbst abhängig ist von anderen. Erst die Gewissheit, gebraucht zu werden, gibt ihr Stabilität.

Muttis halten sich an ihren Kindern fest und lassen sie nicht gehen. Wenn sie ganz ehrlich wären, müssten sie sich eingestehen: Nicht um mein Kind zu stützen, halte ich es fest. Sondern um mich auf ihm abzustützen. Meine Tochter, mein Sohn braucht mich immer weniger, aber ich brauche sie immer noch genauso. Das ist der Grund, warum Muttis ihre Kinder so schwer loslassen können. Nur starke Menschen können loslassen. Schwache Menschen klammern.

Die Angst vor der Leere

Ich bin überzeugt davon, dass Muttis ihre Kinder daran hindern, ein vielseitiges Beziehungsnetz aufzubauen, weil sie selbst keins haben. Ihre einzige stabile Beziehung ist die zu ihren Kindern. Wenn die wegfällt oder sich abschwächt, weil ihre Kinder aus dem Haus gehen, wird Mutti plötzlich ganz schön einsam. Davor hat sie Angst. Die meiste Zeit verbringt Mutti schließlich mit ihren Kindern. Frühstück, Mittagessen, Nachmittage voller Fahrdienst und Hausaufgabenbetreuung, die abendliche Gutenachtgeschichte. Wenn sich die Kinder allmählich von ihr lösen, wenn sie schließlich ganz ausziehen, wird Muttis Leben leer.

Zwar ist da noch der Partner, aber der arbeitet viel; er hat Karriere gemacht und kommt jetzt aus der Tretmühle nur schwer wieder heraus. Ihn sieht sie nur abends und am Wochenende. Und außerdem hat sich die Beziehung zu ihm deutlich abgekühlt, seit die Kinder da sind. Die Gesprächsthemen mit ihm haben sich darauf eingeengt, dass er ihr von seinem Job erzählt und sie davon, was die Kinder tagsüber so gemacht haben. Wenn es gut läuft. Wenn es schlecht läuft, dreht sich die Diskussion im Wesentlichen ums Essen und darum, welches Fernsehprogramm gemeinsam angeschaut wird. Bei allen gemeinsamen Aktionen sind die Kinder dabei – wenn nicht physisch, so doch im Bewusstsein. Da kommt Zweisamkeit kaum noch auf.

Die Freundschaft mit Nicht-Muttis ist leise eingeschlafen. Mit ihren verbliebenen Freundinnen sind die Kinder das gemeinsame Gesprächsthema. Die Sorgen und Erfolgsstorys um die Kinder herum sind der emotionale Klebstoff, der die Freundschaft zusammenhält. Natürlich kann man auch weiterhin über die Kinder plaudern, wenn die aus dem Haus sind, wenn sie studieren oder eine Ausbildung machen, wenn sie ihrerseits Partner finden. Aber was kann man den Freundinnen bloß erzählen, wenn sich die erwachsenen Kinder nur einmal im Monat melden?

Die Kinder sind der Lebenssinn der Mutti. Das Zentrum, um das sich alles dreht. Denn ihr Privatleben ist voll und ganz auf die Kinder ausgerichtet und auf Beziehungen, die rund um die Kinder kreisen. Ein nennenswertes Berufsleben fehlt der Mutti schon längst. Für die Kinder hat sie ihren Beruf aufgegeben oder so weit heruntergefahren, dass er jetzt eigentlich nur noch ein Hobby ist. Die Kinderpause war so lang, dass sie inzwischen von den Entwicklungen in ihrem Fachgebiet abgehängt ist und nur noch schwer wieder voll einsteigen kann. Karriere zu machen kann sie vergessen; jedenfalls würde es sehr viel Energie kosten.

Und was sonst? Sie hat zwar noch ein oder zwei Hobbys: Chor, Acrylbilder malen, Facebook-Freundschaften pflegen. Vielleicht engagiert sie sich ehrenamtlich in der Kirchengemeinde oder in einem Verein. Aber um ganz ehrlich zu sein: Das vertreibt zwar die Zeit und macht Spaß, aber ein richtiger Lebensinhalt ist es nicht. So empfinden es die Muttis. Das Mutti-Sein hat sich also im Lauf der Zeit zum zentralen, zum einzigen Lebensinhalt entwickelt.

Lebenslang gebunden

»Puh, ganz schön anstrengend!« Thea krempelt den heruntergerutschten Ärmel ihres karierten Hemds wieder hoch und wischt sich mit ihm über die schweißnasse Stirn. Dann greift sie wieder zur Schleifmaschine und fährt fort, den Fensterrahmen zu bearbeiten. Der Staub steigt ihr in die Nase, sie muss niesen.

»Gesundheit!«, sagt eine Stimme hinter ihr. Die Nachbarin,

Angelika. »Hallo Thea, du bist ja schon wieder so tüchtig. Na, kommst du voran mit der großen Renovierung?«

»Oh, ja. Noch zwei Fenster abschleifen, dann kann ich mich ans Streichen machen.«

Vor einem Jahr haben Thea und ihr Mann Matthias das alte Haus gekauft. Seither ist Thea ständig am Renovieren – Böden herausreißen und neu verlegen, Fenster abdichten, schleifen, streichen. Angelika sieht Thea immer nur mit einem Pinsel, Schraubendreher oder anderem Werkzeug in der Hand. Matthias sieht sie seltener. Er ist viel beruflich unterwegs und außerdem, wie Thea oft betont, handwerklich völlig unbegabt.

»Dieser Honigton, den du für die Fenster ausgesucht hast, ist richtig schön«, lobt Angelika. »Ich finde es unglaublich, was du aus diesem heruntergekommenen Ding machst. Das wird ein richtiges Paradies!«

Thea lächelt. »Ja, das hoffe ich auch. Aber es ist noch so viel zu tun! Am Wochenende streiche ich das Zimmer für Maritta. Weißt du vielleicht, wo man hier in der Gegend Ökowandfarbe in Apricot bekommt? Das war immer ihre Lieblingsfarbe, schon als kleines Mädchen.«

»Versuch's doch mal beim Baumarkt, die haben auch ein Ökosortiment. Aber lass doch Maritta ihr Zimmer selber streichen!«

»Die lernt doch gerade wie wild für ihre Semesterprüfungen, da fehlt ihr die Zeit für so was.«

Die Schleifmaschine heult erneut auf, Thea führt sie sorgfältig über das Holz des Fensterrahmens. Auf einmal lässt sie das Gerät sinken. Mit der Hand wischt sie über das frisch geschliffene Stück und flucht dann lauthals.

»Was ist denn los?«

»Da ist ein feiner Riss im Fensterrahmen, den sehe ich jetzt erst. So ein Mist, den muss ich jetzt erst kitten und den

Kitt trocknen lassen, bevor ich hier weitermachen kann! Verdammt!«

»Sag mal, Thea«, fragt Angelika, »macht dir das alles eigentlich Spaß?«

Thea ist verblüfft. »Was? Nein, nicht besonders. Eigentlich überhaupt nicht. Es ist stressig und nervt. Inzwischen hängt mir das Haus gründlich zum Hals raus. Aber wir haben es nun mal gekauft, und jetzt muss es renoviert werden. Wieso fragst du?«

»Seit ich dich kenne, höre ich dich nur schimpfen über die viele Arbeit. Um ehrlich zu sein: Du hast schon dunkle Ringe unter den Augen. Aber du lässt auch niemand anderen dran. Wäre es nicht für dich besser gewesen, wenn ihr euch gleich ein neues Haus gekauft hättet?«

»Matthias hat sich aber doch in dieses alte Haus verliebt. Und außerdem könnten wir für das gleiche Geld bei einem Neubau nur eine Vierzimmerwohnung bekommen. Da fehlte ja der Platz für die Kinder, wenn sie in den Semesterferien heimkommen.«

»Ich verstehe nicht, warum du dir den ganzen Stress antust. Nur um Zimmer für deine erwachsenen Kinder bereitzuhalten? Die haben doch inzwischen ihr eigenes Leben.«

»Sie studieren, ja, aber sie sollen immer ein Zuhause bei uns haben. So hat es meine Mutter auch gemacht. Sie hat die Zimmer von mir und meinen Schwestern frei gehalten und immer frische Blumen reingestellt, wenn wir gekommen sind. Das war toll, da sind wir gerne heimgekommen. Das sollen Maritta und Jörn auch haben.«

»Frei halten meinetwegen, obwohl ich das auch übertrieben finde. Aber jetzt extra Zimmer für sie neu einzurichten, mit dieser ganzen Arbeit? Du solltest mal darüber nachdenken, was dir guttut!«

Es gibt Frauen, die wirken extrem selbstbewusst und tüchtig. Sie sind pausenlos auf Achse, können alles, machen alles selber. Sie bestimmen, wo es langgeht, bis alles perfekt ist, so wie sie es sich wünschen. Sie erscheinen absolut autark. So richtig starke Frauen! Die Kehrseite der Medaille ist: Sie tun das alles, ohne dass es ihnen Spaß macht. Sie wollen damit auch keine eigenen Ziele erreichen. Sie tun es, weil sie glauben, dass es von ihnen erwartet wird. Auch wenn sie überzeugt davon sind, anderen damit einen Gefallen zu tun, ist der eigentliche Grund für ihr Handeln der unermüdliche Versuch, die ihnen nahestehenden Menschen an sich zu binden.

Eigentlich können diese Frauen einem leidtun. Sie schuften und überfordern sich ständig, um alles perfekt zu machen, und bewirken damit oft genau das Gegenteil von dem, was sie eigentlich wollen. Da Muttis alles selber machen und kontrollieren müssen, signalisieren sie ihren Mitmenschen immer wieder: »Nur ich kann das. Und du kannst es nicht.« Mit jedem solchen Satz beißen sie ihre Mitmenschen ein Stück weiter von sich weg. Außerdem erzeugen sie bei ihnen ein schlechtes Gewissen, weil sie alles für sie tun und die anderen kaum eine Möglichkeit haben, sich zu revanchieren. Ein schlechtes Gewissen aber ist der Tod jeder echten Beziehung. Man fühlt sich dem anderen verpflichtet, anstatt gern mit ihm zusammen zu sein. »Mist, wir waren jetzt schon drei Wochen nicht mehr bei Mama. Wird Zeit, dass wir uns dort mal wieder blicken lassen.« Die Beziehung wird also zunehmend formal und oberflächlich.

Muttis leiden unter der Einsamkeit, die sie sich selbst erschaffen. Und um gegen diese Einsamkeit anzugehen, greifen sie zu Mitteln, die sie am Ende noch einsamer machen. Sich am Telefon darüber beklagen, dass der Sohn sich so lange nicht mehr gemeldet hat? Das wird nicht zur Folge haben, dass er nun gern häufiger anruft. Der Tochter stolz das frisch renovierte Zimmer in Apricot zeigen? Wenn es nicht die

Farbe ist, die der Tochter den Magen umdreht, dann wird es das Wissen sein, dass Mama hart für dieses Zimmer gearbeitet hat – und eine Gegenleistung erwartet.

In Wahrheit sind diese scheinbar starken Mütter unsicher. Sie ertragen es nur äußerst schwer, dass Kinder oder Partner sich ein paar Schritte von ihnen entfernen, weil ihnen das Vertrauen fehlt, dass sie von sich aus wiederkommen. Sie brauchen die Beziehung zu ihren Kindern und Partnern, um ihrem Leben einen Sinn zu geben. Es fehlt ihnen aber das Zutrauen darein, dass diese Beziehung ohne das Bestechungsmittel der ständigen Fürsorge tragfähig ist.

Das Mutti-System ist von einem besonders kreativen Teufel erdacht worden. Warum nur bricht niemand aus – weder die Muttis selbst noch ihre Partner oder Kinder? Welche Mechanismen sind da am Werk?

5

Vom Pausenbrot zum Hotel Mama

»Hier bin ich, es gibt mich noch, [...] ich bin noch nicht verhungert oder erfroren. Es war ein Hin und Her auf der Landkarte. Von Frankfurt Richtung Ulm, da erst mal Halloween gefeiert. Da haben wir nur leider keine Schlafmöglichkeit gefunden und mussten uns halt im EC-Hotel einquartieren. Dann ging's ins Frankenland, dann wieder südlich, Richtung Konstanz.«

So schildert der junge Zimmermann André Heger auf seiner Homepage seine ersten Tage auf Wanderschaft im Herbst 2005 und vergisst nicht zu erwähnen: »Also Mutti, aufatmen.«

Höchstens 30 Jahre alt, nicht vorbestraft, unverheiratet, schuldenfrei und den Gesellenbrief in der Tasche: Das sind die Voraussetzungen, die André erfüllen muss, um als junger Zimmermannsgeselle auf die Walz gehen zu dürfen. Was früher für die jungen Handwerksburschen vorgeschrieben war, damit sie Meister werden durften, unternimmt André zusammen mit seinem Kumpel Markus freiwillig. Er will die Welt kennenlernen und schauen, wie er allein zurechtkommt. Denn auf die Walz gehen heißt, alle vertrauten Bindungen auf Eis zu legen und für drei Jahre und einen Tag seiner Heimat nicht näher als 50 Kilometer zu kommen.

Die letzten Tage vor der Abreise kommt eine bange Wehmut auf, die mit viel Alkohol bekämpft wird. Aber danach heißt es dann tapfer sein. Anfangs noch verkatert, ziehen André und Markus los, quer durch Deutschland, Italien, Frankreich. Sie übernachten bei alten und neuen Bekannten, im Kolpinghaus oder eben auch mal im »EC-Hotel«. Das Foto auf der Homepage verrät, was damit gemeint ist: André und Markus breiten ihre Schlafsäcke im Vorraum einer Bank aus, unterhalb des Geldautomaten.

Die beiden ziehen, wohin sie gerade Lust haben, zu Fuß, per Anhalter oder mit dem Zug. Sie jobben in einem Restaurant im Allgäu, als Olivenpflücker in der Toscana oder als Zimmerleute in der Schweiz. Dabei erfährt André, dass im Thurgau Zimmerleute sowohl mit der anderswo bereits ausgestorbenen Technik des Handabbunds als auch mit Helikoptern arbeiten, die die Bauteile in Position bringen. Er verbessert seine Fremdsprachenkenntnisse: Italienisch, Französisch, Bayerisch. Stolz präsentiert er seine Zimmermannskluft am Strand von Nizza.

Er lernt jede Menge Leute kennen, die auf seiner Homepage verewigt sind und mit denen er zusammenarbeitet, herumzieht, campt, snowboarded, feiert und Fallschirm springt. Und er wird mit allen möglichen Problemen fertig, von dem Reisebus, der in Bozen pünktlich am Busbahnhof abfährt, während André 400 Meter weiter am Hauptbahnhof auf ihn wartet, bis zur Frage, was man macht, wenn man bei Minusgraden auf einem Autohof festhängt. Kurz: André zieht sein Ding durch, auch bei Widrigkeiten.

Der Stoß aus dem Nest

Die Walz durch Deutschland, Europa und die ganze Welt ist der bewusste und endgültige Schritt eines jungen Handwerkers in die Selbstständigkeit und ins Erwachsenenleben, weg von den Eltern und dem Lehrherrn.

Viele Kulturen kannten und kennen bis heute solche Initiationsriten. Sie bestehen in der Regel aus einer Phase der Schulung, die mit einer wie auch immer gearteten Abschlussprüfung beendet wird: einer Mutprobe oder dem Beweis, dass der junge Mensch zumindest eine Zeit lang in der Lage ist, auf sich allein gestellt zu leben. Als anthropologische Konstante sind diese Riten ein offenbar notwendiger Schritt oder besser gesagt: Schnitt, um das Ende der Abhängigkeit von den Eltern zu besiegeln.

So legten die Römer der Antike jedes Jahr am 17. März, dem Bacchusfest, den 15- bis 17-jährigen Knaben die Erwachsenentoga an. Die Exzesse der an diesem Tag begangenen Bacchanalien – Alkohol war nur eines der bewusstseinsverändernden und enthemmenden Mittel, die in reichlichen Mengen konsumiert wurden – sind bis heute legendär. Für einen Knaben sicher eine sehr eindrückliche Art, öffentlich zum Erwachsenen erklärt zu werden. Von dieser eher spaßbezogenen Variante reichte die Bandbreite bis hin zu Survivaltrainings auf einer einsamen Insel oder in einer lebensfeindlichen Wüste, wo die Jugendlichen mit einer genau festgelegten und oft selbst gemachten Basisausstattung ausgesetzt wurden.

Als Initiationsritus kann auch die Übergabe der Aussteuer an die Tochter verstanden werden. Von diesem Zeitpunkt an besitzt sie alles, was sie für einen eigenständigen Haushalt braucht, und hängt nicht mehr am Tropf der Eltern. Deutlich wird auch hier die räumliche Trennung: Die Tochter zieht aus der elterlichen Wohnung aus. Endgültig.

Wanderburschen sind heutzutage eine seltene Ausnahme, die mit ihrer aus dem 19. Jahrhundert stammenden Kluft zwischen lauter Jeansträgern etwas Archaisches ins Straßenbild bringen. Aussteuertruhen werden im Volkskundemuseum bestaunt, die schön geschmückten Initiationshäuser der Südseeinsulaner im ethnologischen Museum.

Und was haben wir? Gibt es in unserer westlichen Gesellschaft heute noch Initiationsriten?

Nur Reste davon. Einzig in der Religion wurden gewisse Zeremonien bewahrt. Bei Konfirmation, Firmung oder Bar-Mizwa werden Jugendliche offiziell als vollwertige, erwachsene Mitglieder in die religiöse Gemeinde aufgenommen. Aber diese Mündigkeit betrifft nur einen kleinen Lebensbereich und nur eine Minderheit, die überhaupt noch einen Bezug zum Religiösen hat.

Konfirmation und Firmung sind längst zu einer Geschenkeschlacht verkommen, die von Müttern, Tanten und Omas wie von Feldherren geplant und ausgeführt wird. Und wehe, das Kind will den dunkelblauen Cordanzug nicht anziehen! Von einem Tag der Abnabelung kann hier gewiss nicht die Rede sein. Ein 14- oder 15-jähriger Jugendlicher denkt bei diesem Anlass auch weniger daran, sich nun als vollwertiges Mitglied der Gemeinde zu zeigen. Er überlegt eher, ob das eingesammelte Geld neben der Anzahlung für das Mofa auch für ein neues Smartphone reicht.

Andere Riten sind lokal eng begrenzt oder betreffen nur einzelne junge Menschen, die im Begriff stehen, die Flügel auszubreiten. Manche Städte und Gemeinden inszenieren offizielle Erstwählerfeiern, um 18-Jährige als politisch mündige Vollbürger zu begrüßen – auch das ist wohl eher eine Randerscheinung ohne größeren Nennwert.

Die Schulabschlussfeier wird zwar groß inszeniert, hat aber oft keinen wirklichen Einschnitt im Leben zur Folge. Die schulische Lernphase ist zu Ende, jetzt geht es zur Berufsausbildung hinaus ins Leben. Der Auszug aus dem Elternhaus wäre dann ein deutliches Zeichen für das Ende der Kindheit. Doch die meisten jungen Erwachsenen bleiben auch nach der Schule noch bei den Eltern wohnen.

Wenn der Auszug aus dem Elternhaus dann doch irgendwann einmal erfolgt, ist er längst nicht mehr die Sollbruchstelle, die den jungen Erwachsenen nachhaltig aus seiner bisherigen Abhängigkeit und aus der mütterlichen Umklammerung befreit. Solange es geht, wäscht Mutti die Wäsche. Für sie ist das eine großartige Möglichkeit, die Bindung zu ihrem Kind nicht allzu locker werden zu lassen und Sohn oder Tochter zumindest einmal die Woche im Elternhaus mit Kaffee und Kuchen zu traktieren – bis die Hemden geschleudert und getrocknet sind.

Ein weiterer Magnet, der die Kinder noch in Muttis Dunstkreis hält, selbst wenn aus den Lehrlingen, Gesellen, Studenten und Trainees längst Erwachsene im Vollerwerb geworden sind, ist das Kinder- oder Jugendzimmer, das im elterlichen Haus ohne Verfallsdatum in Ehren gehalten wird. In diese schützende Hülle können sie jederzeit wieder zurückschlüpfen, sei es über Ostern, Pfingsten, Weihnachten oder für den Geburtstag von Tante Elli – oder auch nach der Scheidung. Mutti wartet schon.

Heute gibt es in der westlichen Zivilisation keinen klar definierten Schlusspunkt der Kindheit mehr. Noch nicht einmal die räumliche Trennung will Mutti und Kind so recht gelingen. Wie kommt es, dass so viele Jugendliche den Absprung von zu Hause verpassen – und die Eltern das Loslassen?

Die Verlängerung der Kindheit

Das verwöhnte Kind bleibt bei den Eltern, weil es nie lernen durfte, auf eigenen Füßen zu stehen. Jeder Handgriff zu Hause, jede schwierige Entscheidung, jede Eigenverantwortung wurde ihm abgenommen. Vor Konflikten und Schwierigkeiten hat es gelernt die Augen zu verschließen – entweder sie gehen von allein weg, oder Mutti kümmert sich darum.

Dem den Jahren nach erwachsenen Kind fällt daher die Wahl zwischen der ihm grausam erscheinenden Welt da draußen und der kuscheligen Atmosphäre zu Hause nicht schwer. Unterschlupf statt Überforderung.

Mancher Spross geht sogar so weit, lebenslänglich Kind bleiben zu wollen, und weigert sich, je das Hotel Mama zu verlassen. In einigen Fällen ist das sogar wörtlich gemeint: Der Sohn oder die Tochter trauen sich nicht mehr aus dem Haus der Eltern heraus und brechen alle persönlichen Kontakte ab. Was im Westen in dieser extremen Ausprägung noch recht selten vorkommt, hat sich in Japan längst zu einem breiten gesellschaftlichen Problem entwickelt. Hier werden die bleichgesichtigen Nerds, die oft mit über 30 noch bei den Eltern leben, tagsüber schlafen und nachts vor Fernseher und Computer sitzen, Hikikomori genannt. Das Wort bedeutet: der vollkommen Zurückgezogene. Als eine Ursache für dieses unreife Verhalten wurde die gerade in der japanischen Kultur besonders stark ausgeprägte Mutter-Kind-Beziehung, in der das Kind nach westlichen Maßstäben sehr verwöhnt wird, diagnostiziert.

Einen deutlichen Hinweis darauf, dass es sich bei der Verlängerung der Kindheit nicht um wenige Ausnahmen handelt, sondern um ein Massenphänomen, liefert die Statistik. So lag nach Angaben des Statistischen Amtes der Europäischen Union im Jahr 2007 das Durchschnittsalter junger Menschen beim Verlassen des elterlichen Haushaltes in manchen europäischen Ländern bei über 30 Jahren. In Italien etwa verließen Männer im Schnitt mit 30,1 Jahren die Eltern, Frauen mit 29,5 Jahren. Und das ist der Durchschnitt, wohlgemerkt! Das heißt, dass auf jeden jungen Menschen, der sein Elternhaus mit 18 Jahren verlässt, rein rechnerisch einer kommt, der erst mit 42 Jahren auszieht.

Zahlen des Statistischen Bundesamtes aus dem Jahr 2010

belegen, dass in Deutschland 64 Prozent der 18- bis 24-Jährigen noch mit ihren Eltern in einem Haushalt zusammenleben. Junge Männer bleiben dabei deutlich häufiger im elterlichen Haushalt wohnen (71 Prozent) als junge Frauen (57 Prozent).

Das gängige Erklärungsmuster für diese Zahlen lautet, dass es schließlich auch eine Frage des Geldes ist, sich abzunabeln. Gerade in Ländern wie Spanien oder Griechenland gibt es heute eine große Jugendarbeitslosigkeit, sodass viele junge Menschen nicht über eigene Mittel verfügen, um sich eine Wohnung leisten zu können. Auch in Deutschland mag das für den einen oder anderen der Grund sein, nach seinem Schulabschluss zu Hause wohnen zu bleiben. Bei Lehrlingen und Studenten jedoch sorgen hierzulande BAföG und Berufsausbildungsbeihilfe dafür, dass zumindest ein Zimmer in einer Wohngemeinschaft möglich sein müsste. Das ist dann allerdings nicht so komfortabel wie die Vierzimmerwohnung oder das Einfamilienhaus, das die jungen Menschen verlassen würden.

Und die Eltern? Die greifen ihren Sprösslingen doch gerne unter die Arme. Denn finanziell gesehen steht die Elterngeneration bemerkenswert gut da: 84 Prozent der Generation 50plus kennen keine Geldsorgen. Geld ist also kaum das Problem. Und doch ist das Letzte, was den Muttis in den Sinn kommt, ihren Kindern ein eigenes Zimmer zu besorgen. Lieber füttern sie sie noch Jahrzehnte nach deren Geschlechtsreife durch. Es ist eben alles eine Frage der Prioritäten.

Da bezahlen sie lieber das Auto mit dem Aufkleber »Abi 2013«. Und es bleibt nicht bei einmaligen Geschenken: Laut der in der Zeitschrift *brand eins* im Januar 2011 veröffentlichten Zahl unterstützen 30 Prozent der Eltern ihre erwachsenen Kinder regelmäßig mit finanziellen Zuwendungen – es werden oft also auch die Versicherungsbeiträge und die Kfz-

Steuer für das Auto noch jahrelang überwiesen. Mutti schenkt ihrem Twen auch gerne mal einen Urlaub, Klavierstunden oder Bares. Oder sie passt auf die Enkel auf, macht Besorgungen, kümmert sich um den Hund. Immerhin 3,5 Milliarden Stunden helfen die 60- bis 85-Jährigen in Deutschland jährlich im Haushalt ihrer Kinder. »Lass mal, das tue ich doch gerne für dich!«, heißt es dann.

Für dich? Auch die Mutti hat etwas davon, sie hat nämlich ihren Prinzen durch ihre Fürsorge so fest an sich gebunden, dass sie sich sicher sein kann: Ihr Kind wird sie nie wirklich verlassen. Auch wenn es formal bei den Eltern ausgezogen ist und ein eigenes Leben führt, vielleicht selbst eine Familie gründet, bleibt es durch fortdauernde Bemutterung und Geschenke emotional und finanziell abhängig. »Ich bezahle die Zahnspange meines Enkels, also kann ich auch erwarten, dass du den Job in der 100 Kilometer entfernten Stadt nicht annimmst.« So direkt muss Mutti es gar nicht ausdrücken, die implizite Erwartungshaltung ist immer spürbar. Der Anspruch, auch weiterhin über das Leben der Kinder bestimmen zu können und sie in kontrollierbarer Reichweite zu haben.

Muttis Liebe ist grenzenlos

Ein später Novembernachmittag. Monika holt ihren Lukas aus dem Kindergarten ab. Sie hat vormittags gearbeitet und nachmittags noch schnell den Haushalt erledigt und fürs Wochenende eingekauft. Sie ist ein paar Minuten zu früh dran und steht mit einigen anderen Müttern auf dem Flur des Kindergartens; durch die Tür hört sie, wie die Kinder das Abschlusslied singen. Frau Enke, eine Erzieherin, kommt über den Gang. »Hallo, Frau Reinecke, heute können Sie aber richtig stolz auf Ihren Lukas sein. Heute Morgen hat er zum ersten

Mal nicht geweint, nachdem Sie weggefahren waren. Er hat von Anfang an bei unserer Weihnachtsbastelei mitgemacht und war den ganzen Tag über mit Feuer und Flamme bei der Sache. Ich glaube, so langsam macht es ihm doch noch Spaß bei uns. Hat ja auch lange genug gedauert.«

Lukas war morgens immer nur sehr ungern in den Kindergarten gegangen. Schon im Auto gab es Tränen. Sowie Monika ihn in der Gruppe abgegeben hatte, erreichte das Drama seinen Höhepunkt: Lukas wollte nicht spielen, nicht essen, interessierte sich nicht für die anderen Kinder und weinte oft. Am liebsten saß er abseits und wollte in Ruhe gelassen werden, und die Erzieherinnen hatten viel Mühe, ihn miteinzubeziehen. Darum hatte er auch noch keine richtigen Freunde im Kindergarten gefunden. Der schönste Moment des Tages war für ihn, wenn ihn seine Mutter wieder abholte.

Auch jetzt kommt er begeistert auf seine Mutter zugelaufen. »Mami, guck mal, was wir heute gebastelt haben! Ich habe das zusammen mit Sven und Marie ganz allein gemacht!« Er zieht sie in ein Zimmer, dort steht eine etwas windschiefe Krippe, offensichtlich selbst gebastelt. »Und morgen machen wir noch den Ochsen und den Esel und den Stern von Bethlehem dazu!«

Lukas ist wie verwandelt. Monika ist überrascht von seinem Eifer: »Und du hast heute Morgen gar nicht geweint, habe ich gehört, du warst ja richtig tapfer?« Sie bemüht sich um einen scherzhaften Ton: »Aber hast du mich denn überhaupt nicht vermisst, mein Schatz?«

In diesem Moment versetzt es Lukas einen Stich. Er hat heute so begeistert gespielt, dass er seine Mutti ganz vergessen hat. Er bekommt ein schlechtes Gewissen. Denn eines hat er schon mit seinen viereinhalb Jahren begriffen: Die Liebe seiner Mutti ist das Wichtigste in seinem Leben, zu ihr gibt es keine Alternative.

In diesen wenigen Sekunden lernt Lukas, dass es nicht angebracht ist, sich auf den Kindergarten zu freuen, weil seine Mutti Morgen für Morgen ein Opfer bringt, indem sie ihn dort abgibt. Letztlich wird er morgen im Kindergarten beim Abschied von seiner Mutter wieder weinen, aber nicht, weil er einen Tag ohne sie fürchtet, sondern weil er spürt, dass seine Mutti von ihm Tränen erwartet, weil er sich für ein paar Stunden von seinem Ein und Alles trennen muss. So beginnt das Fesselspiel, das auch bei den erwachsenen Kindern noch wirkt.

Ob es um den Kindergarten oder das Herumstromern mit Schulkameraden geht: Viele Mütter verkraften es schwer, wenn ihr Kind auch ohne sie zurechtkommt. Die Beziehung Mutti-Kind ist scheinbar von grenzenloser, alternativloser Liebe geprägt. Doch – und das übersieht die Mutti geflissentlich – jede wirkliche Liebe braucht Grenzen. Sie muss auch mal einen Streit oder eine Trennung verkraften können; nur zwischen zwei eigenständigen Persönlichkeiten ist echte Liebe möglich. Mutti aber will, dass alle Gefühle ihres Kindes ausschließlich über sie laufen. So behindert sie die Entwicklung und den Ausdruck seiner eigenen Gefühle.

Indem sie ihm immer wieder signalisiert, dass die eine oder andere spontane Reaktion unangemessen war, schafft sie es, das Kind völlig zu verunsichern. Schlussendlich überprüft es ständig seine Gefühle und Bedürfnisse daraufhin, ob seine Mutter sie wohl billigt: »Was will sie, was erwartet sie von mir, habe ich auch alles richtig gemacht?« Ein Kind wird so niemals lernen, seine eigenen Bedürfnisse zu erkennen und unverfälschte Gefühle gegenüber anderen zu entwickeln. Es wird vielmehr wie gebannt auf Mutti starren und sich fragen: »Darf ich das jetzt?«

Echte Liebe bereitet ein Kind auf ein freies, selbstbestimmtes Leben vor und freut sich über jeden neuen Schritt, den es auf eigenen Füßen in Richtung Selbstständigkeit tut. Mutti aber gießt ihre Liebe in Beton, indem sie in ihrem Kind Schuldgefühle weckt. »Jetzt bin ich aber traurig« und »Jetzt muss Mutti weinen«, heißt es dann. Doch das sind nur die offensichtlicheren Hebel, die in Bewegung gesetzt werden. Der Großteil der Manipulation läuft noch verborgener ab. Ein Blick, ein Seufzen, ein Stirnrunzeln, versteckte Botschaften: »Geht nur schon ohne mich los, ich komme gut allein zurecht.«

Muttis ganz spezielle Art der mütterlichen Liebe erzeugt eine tiefe Abhängigkeit, die der Entwicklung einer selbstständigen Persönlichkeit im Weg steht. Aber ist Selbstständigkeit überhaupt gewollt? Anscheinend nicht. Eine Umfrage des Instituts für Demoskopie Allensbach unter 3000 Eltern von Kindern unter 14 Jahren ergab, dass jeweils über vier Fünftel der Eltern Wert auf Höflichkeit, Ehrlichkeit sowie Ordentlichkeit und Gewissenhaftigkeit legen. Am Ende der Werteskala liegen Kunstinteresse und Glaube mit jeweils rund 20 Prozent. Auch Durchsetzungsvermögen und Anpassungsfähigkeit sind auf dieser Liste vertreten. Selbstständigkeit hingegen taucht in dieser Umfrage erst gar nicht auf, sie ist offensichtlich kein Erziehungsziel, das abzufragen oder zu erwähnen überhaupt lohnt.

Mein Herz ist dein Gefängnis

Das totalitäre System Mutti greift rückhaltloser auf das Kind zu, als dies Staat, Partei oder Kirche jemals tun könnten. Letztere kann ein geschickter widerborstiger Untertan notfalls auch mit puren Lippenbekenntnissen und gelegentlichem Fahnenschwenken zufriedenstellen. Mutti dagegen braucht sich nicht mit nur scheinbarer Unterwerfung abspeisen zu lassen, denn sie hat es geschafft, ihr Kind emotional abhängig zu machen. So wie der Junkie sein Heroin braucht auch das Kind seine Mutti. Ohne Stoff drohen dem Abhängigen fürchterliche Entzugserscheinungen; dem Muttersöhnchen aber drohen, wenn es sich von Mutti zu emanzipieren sucht, die nicht weniger verheerenden Schuldgefühle, die es sein Leben lang nicht loswird.

Ein entschlossener Schritt in die Selbstständigkeit wäre ein räumlicher Sicherheitsabstand. So wie der Dissident den Staat flieht, in dem er unfrei ist, muss das Kind das System Mutti verlassen, ohne sich noch einmal umzuschauen.

Eine solche Abnabelung kann natürlich nur gelingen, »wenn man in einer kilometermäßig sicheren Entfernung vom Elternhaus seine neue Bleibe hat. Denn elterliche Kontrollüberfälle mit der Begründung ›Wir waren gerade in der Nähe‹ werden unglaubwürdig, wenn man 80 Kilometer entfernt wohnt«, wie Roland Kopp-Wichmann, Autor des Buches »Frauen wollen erwachsene Männer«, konstatiert. Eine Studie des Deutschen Instituts für Wirtschaftsforschung (DIW) vom April 2011 ergab aber, dass über 50 Prozent der Befragten ihre Wohnung weniger als zehn Kilometer vom Elternhaus wählen und jeder Zehnte sich weniger als 500 Meter von seinen Eltern entfernt. Eine echte Abnabelung ist das nicht, sondern eher ein zusätzliches Zimmer im Hotel Mama.

Klassischerweise bieten Lehre oder Studium die Chance, einen Sicherheitsabstand zwischen sich und das Elternhaus zu bringen, denn den Lehrherrn im gewünschten Handwerk und die Uni mit der gewählten Fächerkombination gibt es nicht überall. Doch anstatt dass sich die jungen Erwachsenen von den Eltern zu Hause verabschieden, bringen sie sie im Schlepptau mit.

»Mittlerweile kommen in einem Drittel der Fälle die Eltern mit in die Studienberatung«, sagt Rolf Dörr, Studienberater der Arbeitsagentur Mönchengladbach. Er erzählt davon, wie er einmal eine Mutter aus dem Beratungszimmer hinauswerfen musste, weil sie darauf bestand, dass ihr Sohn Finanzbeamter werden solle, dieser aber lieber Naturwissenschaften studieren wollte. Es sei auch schon vorgekommen, dass Eltern zum Bewerbungstraining erschienen, weil der Sohn verhindert gewesen sei.

Auch die *Frankfurter Allgemeine Zeitung* konstatierte im Januar 2011, dass nicht nur Arbeitsagenturen, sondern auch Hochschulen und Arbeitgeber fast einhellig die zunehmende Einmischung von Eltern in die Karriereplanung ihrer Kinder feststellen.

Ist die Entscheidung für eine Ausbildung gefallen, geht es fröhlich weiter: Studenten in Münster zum Beispiel bekommen durchschnittlich sechsmal im Jahr Besuch von ihren Eltern. Und sechsmal im Jahr findet an der TU Dresden eine Eltern-Campus-Tour statt. Überbesorgte Muttis nehmen sich, wenn ihr Spross etwa für ein Auslandssemester in eine englische Stadt geht, dort eine Ferienwohnung, um ihrem Herzblut zur Seite zu stehen. Oder sie lassen ihr Kind gar nicht erst aus Deutschland wegziehen – es bleibt bei Mutti und fliegt mit einem Billigflieger jeweils für zwei Tage in der Woche zu seinen Vorlesungen nach England, wann immer es geht, von Mutti begleitet. So schafft es Mutti, dass ihr Kind selbst bei einem Auslandssemester keine neuen Erfahrungen macht und garantiert keine eigenen Ideen entwickeln kann.

Helicopter parents nennt man diese Art Eltern in Amerika; der Soziologe Frank Furedi von der University of Kent ist da weniger charmant: Er spricht von *paranoid parenting*. Und die Nachkommen? Sie werden in den Vereinigten Staaten als *boomerang kids* bezeichnet – weil sie immer wieder nach Hause zurückkommen.

Besuche von Eltern in den Sprechstunden der Professoren und die Begleitung von Kindern ins Ausland wären vor 20 Jahren noch undenkbar gewesen. Die Vereinnahmung auch der Universität durch die Muttis ist also ein jüngeres Phänomen, das zeigt, wie sehr die Mutti zumindest in den Gesellschaften Westeuropas auf dem Vormarsch ist. Dass in dieser Zeit die Quote an Studenten, die ihren Auslandsaufenthalt abbrechen, weil sie sich ihm allein nicht gewachsen fühlen, drastisch gestiegen ist, komplettiert das Bild.

Wenn Erwachsene immer noch an der Nabelschnur hängen, tarnen sie dies mit rationalen Argumenten: Wer soll sich sonst um Mutti kümmern? Es ist doch schön, dass unser Familienverband funktioniert, wo es doch so viele kaputte Familien gibt. Ein funktionierender Familienverband bietet in der Tat Geborgenheit, aber das ist er nur dann wirklich, wenn er auf freiwilliger Basis entsteht und nicht durch undifferenzierte Schuldgefühle zusammengekittet wird. »Ich kann die Stelle im Ausland nicht annehmen, dann wäre ja niemand mehr für Mutti da.« Diese Fürsorge ist emotional verständlich und ehrenhaft. Aber Mutti ist in den 60ern und bucht rüstig eine Kreuzfahrt nach der anderen. Sie braucht die Fürsorge ihrer Kinder nicht – jedenfalls jetzt noch nicht.

Wie du mir, so ich dir

Doch das Hotel Mama ist eine Langzeitstrategie. Muttis bauen damit für die Zukunft vor. Ein selbstständiger Sohn könnte ja erfolgreich werden: Er hätte berufliche Perspektiven, die ihn bald über seinen Heimatort hinausführen. Frauen – ganz andere Frauen als Mutti! – könnten ihn lieben, und das nicht nur emotional, sondern auch sexuell. Da träte Mutti schon mal schnell in den Hintergrund. Dem gilt es vorzubeugen!

Muttis wollen nicht allein zu Hause hocken, wenn die

Kinder eines Tages selbstständig geworden sind. Eine Vogelmutter wirft ihre Kinder nach einiger Zeit aus dem Nest, sie sollen gefälligst flügge werden. Sie tut es, um sich zu erholen, um Kraft zu tanken und Platz für den nächsten Jahrgang zu schaffen. Mutti hingegen bezieht ihre Stärke aus einer möglichst lebenslangen Brutpflege. Und die Brutpflege rankt sich in erster Linie um die Söhne. Mädchen werden von der Mutti weniger verhätschelt.

Noch heute ist es in vielen Familien so, dass Mädchen in die Hausarbeit miteinbezogen werden, Jungs aber nicht helfen müssen. Dieses Muster hat die Gesellschaft so durchdrungen und ist so selbstverständlich geworden, dass es keinem mehr auffällt. Häusliches Personal wird fast nur von Frauen gestellt; lediglich im öffentlichen Bereich findet man männliche Reinigungskräfte, und auch dort nur ganz selten. Wo gibt es einen Pflegepapa, einen Tagesvater? Immer noch selten. Das Klischee der Supernanny ist stark, für das mögliche männliche Gegenstück existiert nicht einmal ein Wort. Gegen die Macht dieser Bilder kommt man nicht an.

Für diese Ungleichbehandlung gibt es einen triftigen Grund: Es sind die Söhne, die für Mütter die beste Altersvorsorge sind – jedenfalls in finanzieller Hinsicht. Sollten die Eltern nicht genug Rente bekommen und unter die Armutsgrenze rutschen, sind vorrangig die Kinder versorgungspflichtig; erst dann greift die Sozialversicherung. Von einem Vollzeit arbeitenden Sohn aber ist finanziell mehr zu erwarten als von einer in Teilzeit angestellten Tochter, die zudem noch für ihre eigene Familie zu sorgen hat.

Aus diesem Grund erhält der Sohn mit der Erziehung den ganz klaren Auftrag: Sei beruflich erfolgreich! Die Tochter wird nicht zum Ehrgeiz erzogen, denn die heiratet sowieso und ist erst mal für die Schwiegermutter gebucht. Eine enge Mutter-Sohn-Bindung hält den Prinzen hingegen lebenslänglich bei der Stange. Die Gegenleistung der umsorgten und verhätschelten Söhne wird dann später eingefordert.

Die materielle Versorgung ist eine Sache, Zuwendung und liebevoll miteinander verbrachte Zeit eine andere. Für den Fall, dass man im Alter Pflege benötigt, ist es angenehmer, von einem vertrauten Menschen betreut zu werden und ihn hin- und her hetzen lassen zu können, als in einem anonymen Pflegeheim vor sich hinzusiechen, weil niemand auf einen hört. Dafür sind die Töchter da. Dass die eigene Tochter, wenn sie erst einmal verheiratet ist oder in einer festen Beziehung lebt, anderweitig verpflichtet ist, stört Mutti wenig. Auch wenn sie von ihrem Partner Druck bekommt, wenn sie sich zu sehr in ihrer alten Familie einbringt, erwartet Mutti, dass die Tochter wiederkommt, wenn es so weit ist.

Zahlen des Statistischen Bundesamts zeigen: Im Dezember 2009 waren in Deutschland 2,34 Millionen Menschen pflegebedürftig – 16 Prozent mehr als bei der ersten Zählung im Jahr 1999. Sie zeigen aber auch, dass Männer und Frauen eine völlig unterschiedliche Lebenswirklichkeit im Alter haben. Einerseits als direkt Betroffene: 67 Prozent, also gute zwei Drittel der Pflegebedürftigen, waren Frauen. Aber auch in ihrer Rolle als pflegende Angehörige. Mit einem Anteil von 69 Prozent wird die große Mehrheit der pflegebedürftig gewordenen Alten zu Hause durch die Angehörigen versorgt. Das wird schnell zu einem Vollzeitjob und mehr, zumal nur in einem Drittel der Fälle die Hilfe ambulanter Pflegedienste zur Verfügung steht. Erfahrungsgemäß werden die hochbetagten Männer meist von ihren Ehefrauen versorgt, die Frauen dagegen leben mit ansteigendem Alter zunehmend in Witwenschaft. Spätestens dann sind die Kinder gefragt; und es ist meistens die Tochter oder die Schwiegertochter, die dann die pflegebedürftige oder gar bettlägerige Mutter versorgt. Zu diesem Ergebnis kommt auch der Diskurs »Wenn die Töchter nicht mehr pflegen …«

der Friedrich-Ebert-Stiftung vom September 2009: »Frauen pflegen häufiger als Männer, die familiäre Verpflichtung als Partnerin, als Tochter oder Schwiegertochter ist stärker als die der Männer, die allenfalls als Partner pflegen« und »ebenso wie die private Pflege älterer Menschen ist auch die berufliche Pflege eine weiblich konnotierte und überwiegend durch Frauen praktizierte Tätigkeit«.

Auch in der Frage der Sicherstellung eines ruhigen Lebensabends gehen Mütter also selektiv und durchaus ökonomisch vor. Der Sohn nimmt die Brieftasche in die Hand, die Tochter den Waschlappen. Es ist aber nicht nur die Versorgung im Alter, die sich die Muttis sichern wollen, wenn sie ihre Kinder nicht flügge werden lassen. Der andere, entscheidendere Grund ist eine tief sitzende Angst. Es ist die Angst vor dem Kontrollverlust.

Zwei Schwache im Ring

Paul ist frech gewesen. Am Frühstückstisch hat es einen Zwergenaufstand gegeben. Er wollte die Schokopops und nicht die Vollkorn-Haferflocken. Eigentlich hatten Mama und er sich geeinigt, dass es beides abwechselnd gibt. Aber heute standen trotzdem die blöden Biodinger auf dem Tisch, obwohl er sie gestern schon heruntergewürgt hatte. Paul hat protestiert und patzige Dinge gesagt, und Mama war furchtbar traurig. Das hat ihm wiederum ein schlechtes Gewissen gemacht, auch wenn er das niemals zugeben würde.

Als er aus der Schule kommt, ist er immer noch bedrückt. Alles Mögliche arbeitet in ihm: Er ist sauer, fühlt sich betrogen, aber am meisten tut es ihm leid, dass Mama so enttäuscht war. Trost suchend schleicht er in die Küche. Dort steht Mutti am Herd, kocht für ihn, hat keine Zeit. »Gleich gibt's Essen«, sagt sie zu Paul, ohne sich umzudrehen. Mit hängendem Kopf dreht Paul ab und geht in sein Zimmer. Sofort fällt ihm auf, dass sein Kuscheltier nicht auf seinem Kissen liegt.

Er stürzt zurück. »Wo ist mein Biba?«, fragt er voller Panik.

»Ich musste ihn waschen, er war dreckig.« Mama schaut Paul immer noch nicht an. »Du kannst nicht mit so einer Bazillenschleuder im Bett schlafen!«

Paul wird es eiskalt. Als er ins Badezimmer geht, empfängt ihn ein Schwall feuchtwarmer Luft. Die Waschmaschine ist schon längst ausgeräumt, und der Trockner rumpelt auf Hochtouren. Durch das Fenster sieht er, wie sein geliebtes Frotteetier im heißen Luftstrom herumgewirbelt wird. Dabei hatte Mutti noch vor Kurzem gesagt, dass er das Tier nicht mehr so oft anfassen soll! Schließlich ist es nach sechs Jahren Dauereinsatz fadenscheinig geworden und droht auseinanderzufallen.

Paul ist vernichtet. Er hockt sich weinend vor den Trockner und hofft mit bebendem Herzen, dass Biba die Prozedur überlebt – in einem Stück.

Mobbing ist eine besonders wirksame Form des Niedermachens. Denn der Betroffene ist wehr- und machtlos. Das hämische Grinsen, mit dem die Zielperson aus den Augenwinkeln beobachtet wird, das Verstummen von Gesprächen, sobald sie sich zu einer Gruppe gesellt, das unerklärliche Verschwinden von Werkzeugen oder anderen Arbeitsgeräten – es gibt keine objektiven Beweise. Deshalb ist es ja so schwer, sich dagegen zu wehren.

In der Arbeitswelt hat man längst erkannt, dass Mobbing eine Verhaltensweise ist, die großen Schaden anrichtet – und bekämpft sie professionell. Auch in der Schule gibt es zahllose Programme und Anlaufstellen für Mobbingopfer. Doch die Königinnen des gepflegten Psychoterrors sind bislang unerkannt geblieben: Es sind die Muttis, die das Mobbing zur

Kunstform erhoben haben. Für die pubertierende Tochter rutscht das für die morgige Shoppingtour mit Freundinnen dringend benötigte Kleidungsstück wie von Zauberhand im Wäschekorb ganz nach unten. Die Freunde des Sohnes sind schon seit Wochen nicht mehr im Haus gewesen, weil immer wieder etwas dazwischenkommt – entweder muss genau an dem für den Wettkampf an der Spielkonsole geplanten Nachmittag der Anzug für die Konfirmation im übernächsten Monat gekauft oder der Komposthaufen im Garten dringend vom Junior umgesetzt werden. Die Möglichkeiten, die Familienmitglieder zu terrorisieren, ohne dass diese einen Ansatzpunkt finden können, um sich zu wehren, sind unendlich. Die Frage ist nur, ob da ein Starker einen Schwachen unterdrückt.

Klar – Mobbingopfer sind schwach und damit prädestiniert dafür, dass andere ihr Mütchen an ihnen kühlen. Kinder sind sowieso chancenlos. Und die Älteren strahlen geradezu aus, dass sie das Recht auf ein eigenes Leben und eigene Gefühle nicht für sich in Anspruch nehmen. Ob in der Firma, in der Schule oder in der Familie: »Erfolgreich« Gemobbte bringen es niemals über sich, um sich zu hauen und sich gegen die 1000 Nadelstiche aus dem Hinterhalt zu wehren.

Und diejenigen, die mobben? Die Starken würden die Differenzen offen austragen und eben keinen hinterhältigen Krieg führen. Sie konkurrieren, diskutieren, lassen Fetzen fliegen. Sie stehen für ihre Wünsche und Überzeugungen ein.

Muttis aber kämpfen nicht mit offenem Visier. Sondern heimlich und hintenherum. Eine Mutti wird niemals offen sagen: »Wenn du weiter meine Position infrage stellst, dann werde ich dir das Leben schwer machen.« Indirekt und aus der Deckung heraus agierend erreicht sie ihr Ziel. So muss sie sich nicht der Kritik stellen und kann eventuelle Ansätze zur Gegenwehr mit einem »Ich weiß gar nicht, was du hast« abwürgen.

Mobbing ist also der Kampf zweier Schwacher. Der eine hat es nötig, so zu handeln, der andere hat nie gelernt, dem ein Ende zu setzen.

Muttis sind im Innersten schwach. Trotzdem schaffen sie es zu herrschen. Doch ihnen geht es nicht um Herrschaft an sich. Kontrolle auszuüben ist nur Mittel zum Zweck. Noch größer als die Furcht vor dem Kontrollverlust ist die Furcht vor dem Sinnverlust. Sie haben ihr Leben dem Kind und der Familie geweiht, und wenn die Kinder fort sind, dann hat auch Muttis Leben keinen Inhalt mehr. Mutti wird überflüssig, wenn die Kinder auf eigenen Beinen stehen. Und das will sie auf keinen Fall.

Denn sie ist in ihrem tiefsten Herzen unsicher. Jede Mutti ist ja selbst das Produkt einer Mutti-Erziehung, und das heißt: Sie ist emotional unselbstständig. Sie hat keine eigenen Ziele und Wünsche im Leben. Sie kann keine Bestätigung in ihren Erfolgen finden, weil sie nie gelernt hat, Erfolge anzustreben. Stattdessen braucht sie immer wieder die Bestätigung durch andere. Sie ist nur dann wahrhaft stolz auf sich, wenn die Kinder ihr sagen: »Mutti, du bist die Beste! Danke!« Darum achtet sie darauf, dass ihre Kinder nicht zu selbstständig werden, sondern sich ein Leben lang in ihrer Schuld sehen wegen all der Zuwendung, die sie ihnen gibt. Mutti will gebraucht werden, das ist ihr Lebenszweck. Muttis grenzenlose Liebe ist also eigentlich Ausdruck einer grenzenlosen Bedürftigkeit.

6

Verschlingen oder erdrücken

»Und weißt du, Papa, der Tobi hat ein voll cooles Spiel auf seinem iPhone, das lässt er mich spielen, wenn er die Hausaufgaben bei mir abschreiben darf.«

»Machst du auch sonst noch was mit Tobi?«

»Manchmal hängen wir nach der Schule noch zusammen ab, mit Yasin und Niklas. Aber meistens holt Tobis Mutter ihn gleich ab, das nervt voll. Die schaut uns immer so an, als müssten wir jetzt auch nach Hause gehen.«

Dominik sitzt auf seinem Schreibtischstuhl und baumelt mit den Beinen. Sein Vater Kai sitzt auf dem Bett. Endlich hat er einmal Zeit, sich ganz entspannt mit Dominik zu unterhalten.

»Hast du auf deinem Handy Bilder von deinen Kumpels?« Kai geht zu Dominik herüber.

»Ja, guck mal. Das hier ist Yasin beim High Kick, das kann der voll toll, der macht nämlich Karate. Und hier sind wir alle vier auf der Schulhofmauer, das hat Lena aufgenommen. Der ganz links ist Tobi, und der rechts von mir ist Niklas.«

Da fliegt die Tür auf. Mama Caroline streckt den Kopf herein und schaut irritiert auf die traute Zweisamkeit.

»Was habt ihr hinter meinem Rücken zu reden?«

»Männergespräche«, sagt Kai.

»Das gibt es bei mir nicht! Ehrlich, Kai, wir wollten doch keine Geheimnisse voreinander haben. Was tuschelst du also mit Dominik rum? Kommt lieber runter, da spielen wir eine Runde Monopoly.«

»Monopoly! Ach Mama, in welchem Jahrhundert lebst du denn? Darauf hab ich jetzt wirklich keinen Bock.«

Kai wedelt mit seiner Hand in Richtung Tür. Aber das ignoriert Caroline geflissentlich.

»Dominik erzählt mir grade von seinen Schulfreunden, Caro. Wir wollen uns noch ein bisschen allein unterhalten, ja?«

»Und wieso muss das vor mir geheim bleiben? Ich bin schließlich die Mutter!«

»Caroline, bitte!« Die beiden Männer sitzen schweigend da, Dominik spielt mit seinem Handy herum, und Kai trommelt mit den Fingern auf dem Schreibtisch. Caroline bleibt mitten im Zimmer stehen. So lange, bis Dominik seufzend aufsteht, sein Handy zuklappt und wegpackt. Dann geht er das Monopoly-Brett suchen.

Eine Mutti kann nicht zulassen, dass ihre Kinder und ihr Mann auch ohne sie zusammen Spaß haben. Sie duldet keine Rudelbildung, von der sie ausgeschlossen ist. Denn: Woran sie keinen Anteil hat, das steht auch nicht unter ihrer Kontrolle. Und davor fürchtet sie sich. Es darf keinen Ort geben, der auf Muttis Landkarte nicht eingezeichnet ist. Denn von dort könnte eine Bedrohung für ihre Position kommen. Wenn Mann und Kinder etwas gemeinsam haben, an dem Mutti keinen Anteil hat, könnten sie Gefallen daran finden und Mutti auch noch aus anderen Orten vertreiben. Das ist jedenfalls ihre Befürchtung. Sie hat schlicht nicht genügend Selbstvertrauen, um sich darauf zu verlassen, dass die anderen nach einem vorübergehenden Rückzug wieder auf sie zukommen werden. Das ist die Nagelprobe, die eine Mutti scheut. Deshalb kann sie sie nicht gehen lassen. Und deshalb kann sie es ihrem Mann auch nicht gönnen, mit den Kindern auch mal Geheimnisse vor ihr zu haben.

Doch zu einem Mutti-System gehören mindestens zwei. Kein Mensch kann Macht ausüben, wenn nicht ein anderer sich der Macht fügt. Warum also lassen sich Männer das bieten? Sie haben doch ein ureigenes Interesse daran, auch an der Erziehung, am Leben ihrer Kinder beteiligt zu sein und den Familienalltag mitzugestalten.

Der domestizierte Mann

»Hallo Schatz!« Uwe kommt zur Tür herein. »Uff, war das ein Tag! Erst diese Marathonsitzung, und dann wollte der Chef unbedingt, dass ich noch die Vorlage fertig mache, bevor ich morgen nach Frankfurt zur Messe verschwinde.«

»Hallo Schatz, du Armer. Komm erst mal rein.«

»Ah, herrlich!« Mit einem erleichterten Seufzen schlüpft Uwe in die Hausschuhe und lässt sich aufs Sofa sinken. Anke stellt ihm sein Lieblingsfeierabendgetränk hin, ein alkoholfreies Weizenbier.

»Danke! Na, wie war dein Tag? Wie geht es den Kindern?«

»Gut, gut. Deinen Koffer für die Messe habe ich schon gepackt. Aber jetzt gibt es erst mal Essen. Mareike, Andreas! Abendessen!«, ruft Anke durchs Haus.

Uwe nimmt sein Bierglas und zieht an den Esstisch um. Die Kinder kommen. »Hallo, mein Mäuschen! Hallo Andi!« Eine Knuddelrunde, dann schlüpfen die Kinder auf ihre Plätze.

»Na, jetzt habe ich aber ordentlich Hunger! Was gibt es denn Gutes?«

Anke stellt einen blau emaillierten Gusseisentopf auf den Tisch.

»Heute mal was anderes: Grünkohleintopf.«

»Grünkohl?« Uwe achtet darauf, nicht das Gesicht zu verziehen.

»Ja, mit Kartoffeln. Das Rezept habe ich im alten Kochbuch meiner Mutter gefunden. Das ist gesund. Ein bisschen weniger Fleisch und mehr Gemüse tut uns allen gut.«

Uwe beugt seinen Kopf über den dampfenden Teller. Eigentlich hätte er heute Lust auf ein Steak gehabt, das hat er seiner Frau auch gesagt. Warum hat sie keins gemacht? Ist ihr sein Wunsch egal? Liebe geht doch durch den Magen, sagt man …

Man könnte ja argumentieren, dass er, wenn er Lust auf ein Steak hat, sich eben selbst drum kümmern könnte. Aber Moment mal! Was ist hier eigentlich der Deal? Er geht arbeiten, und sie macht den Haushalt, so wollte sie es doch selbst. Aber das heißt doch dann auch, dass sie etwas kocht, das allen schmeckt. Wozu hat sie ihn denn sonst gefragt, auf was er Lust hat? Und sie muss doch wissen, dass dieses komische grüne Essen hier niemandem am Tisch schmeckt, außer vielleicht ihr. Sie kennt uns doch, denkt Uwe.

Aber es hat keinen Sinn, sich zu beschweren. Wenn er am Eintopf herummeckert, ist der Abend gelaufen. Anke wird sauer sein und ihn das spüren lassen. Und für die Kinder wäre es eine Steilvorlage. Er sieht doch, wie lustlos Andreas im Essen stochert. Aber wenn der Kleine jetzt, durch Papa ermutigt, anfängt zu mosern und Mareike mit einfällt, werden die Kinder bestimmt ohne Gutenachtgeschichte ins Bett geschickt. Und das Vorlesen ist Uwes letzte Chance, vor der Dienstreise noch etwas Zeit mit den Kindern zu verbringen. Nein, diesen Nervenkrieg möchte sich Uwe nicht antun. Also schaufelt er den pappigen Grünkohleintopf in sich hinein und bringt sogar ein Lächeln zustande: »Lecker, Anke!«

Die meisten Männer gehen zu Hause den Weg des geringsten Widerstands. Sie mucken nicht auf, wenn ihnen etwas nicht passt; sie sind lieber still, denn einen Streit und das lange Schmollen hinterher wollen sie nicht riskieren. Lieber machen sie gute Miene zum bösen Spiel, um Mutti nicht zu verärgern. Was Mutti ihnen zuteilt, wird schon das Richtige sein.

Sogar wenn es um ihre Arbeit geht, sind Männer weisungsgebunden. Eine bessere Stelle in einer anderen Stadt wurde angeboten? Mutti will nicht umziehen, also bleibt alles so, wie es ist. Eine Karrieremöglichkeit innerhalb des Unternehmens? Er zögert, weil er dann noch mehr unterwegs sein müsste. Mutti redet ihm zu, dass er bloß nicht auf das zusätzliche Gehalt verzichten solle.

Warum nur kuschen die Männer so sehr vor ihren Frauen? Warum überlassen sie ihnen die großen und kleinen Entscheidungen im Alltag, die Kindererziehung und sogar die Definition dessen, was der Mann zu wünschen und zu fühlen hat?

Eine Kuh wird vom Bauern mehrmals täglich gefüttert, ihr warmer Stall wird regelmäßig gereinigt, sie wird mit Antibiotika behandelt, damit sie nicht krank wird, sie muss keine Feinde fürchten. Sie muss nur dastehen, fressen, wiederkäuen – und Milch geben. Ich weiß nicht, ob eine Kuh, die nie im Leben die Sonne auf ihrem Fell spürt, glücklich ist oder nicht. Ich weiß nur, dass sie nichts anderes kennt.

Manche Männer leben wie Kühe. Das sind die Pantoffelhelden. Lebt ein Mann so, dann hat die Gemütlichkeit, für die eine Frau sorgt, von der er emotional abhängig ist, einen hohen Preis: Es bleibt ihm kein eigener und selbstbestimmter Freiraum. Sobald so ein Mann nicht mehr mitspielen würde, stünde sein kuscheliges Zuhause auf dem Spiel. Jeder Ausbruchsversuch würde mit dem Entzug der gewohnten Wohltaten bestraft. Essen, Kleidung, Sex, Freizeit, Umgang mit den Kindern – überall bestimmt Mutti, und alles kann von ihr herabgestuft, eingedampft, zurechtgestutzt werden. Bis der Mann einknickt und sich freiwillig wieder in seinen Koben stellt.

Schon bei seiner eigenen Mutti hat er gelernt, dass es besser ist, jeden Konflikt zu vermeiden. Und weil sich viele Männer nicht wirklich von ihren Müttern emanzipiert haben und das Modell Hotel Mama in die Beziehung mitnehmen, ist das System perfekt: Mutti-Söhne machen die Partnerin zur Ersatzmutter. Sie suchen sich Frauen, die da mitspielen, die dasselbe Modell leben. So wird die Rundumversorgung für ihn ein Leben lang gewährleistet.

»Du kochst so lecker, Schatz! Das könnte ich nie!«, »Ich kann einfach nicht bügeln, bei mir wird das nie so glatt wie bei dir«, »Steh du auf, Liebling, und kümmere dich um den Schreihals; ich habe morgen einen wichtigen Termin«, »Schreib du den Brief an Tante Erna, ich kann so was nicht.« Dass die Söhne unter Muttis Ägide nie gelernt haben, sich selbst zu versorgen und den ganz normalen Alltag zu bewältigen, ist für sie bequem, macht sie aber auch abhängig und gibt den Partnerinnen das perfekte Druckmittel an die Hand.

Solange seine Mutter noch lebt, steht ein Mutti-Sohn zwischen den beiden Frauen in seinem Leben und muss beider Ansprüche gleichzeitig befriedigen. Er hat also im Grunde zwei Vollzeitjobs: einen, für den er das Geld auf das Familienkonto überwiesen bekommt, mit dem er seinen Wohnzimmersessel bezahlt, und einen, mit dem er bei Mutti 1 und Mutti 2 für das Recht bezahlt, auf ihm auch sitzen zu dürfen.

Die französische Presseagentur AFP berichtete im Dezember 2011: »Im süditalienischen Bari hat die Polizei einen Autofahrer angehalten, der in jeder Hand ein Telefon hielt – und daher keine Hand am Lenkrad. Auf die Frage der Beamten, wieso er auf diese Weise Auto fahre, habe der 43-Jährige geantwortet, er habe mit seiner Frau telefoniert, als seine Mutter auf dem anderen Telefon angerufen habe. Er habe bei keiner von beiden auflegen wollen.«

Das ist lustig. Und es spricht von völliger Abhängigkeit bis an die Grenzen der Selbstaufgabe. Aber geht es wirklich nur um die Rundumversorgung, für die ein Mann bereit ist, sein Leben nicht selbst zu gestalten?

Es dem Mann gemütlich zu machen – das ist nur der erste Schritt in der »Domestikation« des Mannes in einer Mutti-Beziehung. Hinzu kommt, dass er unter einem latenten schlechten Gewissen leidet. Ihm wurde erfolgreich ein ständig im Hintergrund arbeitendes Schuldbewusstsein eingeimpft, das immer dann anspringt, wenn es nicht so läuft, wie Mutti es will. Wenn zum Beispiel der Vater mit der Tochter im Dreck gespielt hat, ist Mutti unglücklich, weil sie jetzt schon wieder die Waschmaschine anwerfen muss. Wenn er abends noch mit ein paar Kumpels einen trinken gehen will, ist sie enttäuscht. Und wenn er lange arbeiten muss und sich deswegen am frühen Abend in der Bäckerei schnell noch zwei belegte Brötchen geholt hat, ist sie traurig, weil sie dann umsonst gekocht hat.

In all diesen Fällen braucht es gar nicht viel, um sein schlechtes Gewissen auf den Plan zu rufen. Ein leiser Seufzer, ein stilles Abwenden, ein hingeworfenes »Na ja, dann frier ich das Essen halt ein – schade« reichen völlig, um ihn daran zu erinnern, dass er seine Rücksichtspflicht mal wieder grob verletzt hat. Da muss er in den nächsten Tagen besonders zuvorkommend sein und sich umso mehr bemühen, in vorauseilendem Gehorsam das zu tun, was Mutti passt.

Bei der Partnerin funktioniert diese Konditionierung genauso, wie sie schon bei Mutti funktioniert hat: »Verbotenes« Verhalten wird aus Angst vor mütterlichen Interventionen vermieden, mit der Zeit werden diese Beschränkungen immer mehr verinnerlicht, zuerst noch vorrangig in Form von Erinnerungen an das elterliche »Nein«, dann immer stärker als integrierter Bestandteil des eigenen Gewissens. Das Ziel der Muttis ist erreicht, wenn der Mann tief in seinem Inneren Scham empfindet, wenn er sich etwas »Falsches« von seiner

Frau wünscht. Im Lauf der Zeit verdrängt er sogar, dass er diese Wünsche überhaupt hatte.

Bei Streit droht dauerhafter Psychokrieg. Die meisten Männer halten diese Spannung nicht aus. Bald entschuldigen sie sich und tun in Zukunft, was Mutti sagt. Nur wenige trauen sich, in einer solchen Situation ihren Standpunkt weiter zu vertreten. Denn ohne die Liebe der Frau fühlen sich diese Männer verloren in der Welt, da sie in ihren Herzen große Kinder geblieben sind.

Dabei ist es genau das, was die Männer tun müssten, um das Mutti-System, in das sie verstrickt sind, zu zerreißen: herausfinden, was sie selbst sein wollen, was sie selbst denken, was sie selbst tun wollen – und dann den Muttis um sich herum die Stirn bieten. Streiten! Die ganze harmonische Scheinwelt aufs Spiel setzen, um sich selbst nicht aufzugeben. Männer, die aus dem Mutti-Gefängnis ausbrechen wollen, müssten bereit sein, alle Annehmlichkeiten, die es mit sich bringt, zu opfern. Sie müssten den Spieß umdrehen!

Die Männer, die in der Mutti-Falle stecken, stecken ja gerade deshalb darin, weil sie über die zum Ausbruch nötige Ichstärke nicht verfügen. Von ihnen zu fordern, dass sie mal eben ihren Opferstatus durchbrechen sollten, ist zynisch. In den vielen Jahren meiner therapeutischen Praxis habe ich aber die Erfahrung gemacht, dass viele Männer mithilfe anderer Männer, seien es Freunde oder eben professionelle Helfer, es nach und nach schaffen können, den Ring der Muttis, der sie knechtet und einengt, zu durchschlagen. Nur: Es dauert meistens Jahre! Und es kracht dabei gewaltig.

Solange er kuscht, muss der Mann diesen hohen Preis nicht bezahlen. Doch die Scheinharmonie ist teuer. Sehr teuer! Meiner Rechnung nach ist sie noch deutlich teurer als der Krieg gegen die Mutti-Herrschaft.

Daumenschrauben

Eric führte ein Leben, um das ihn viele beneideten: Er hatte eine wichtige Position bei einer großen Versicherung. Sein Einkommen ermöglichte ihm ein großzügiges Haus am Stadtrand, von dem viele seiner Bekannten nur träumen konnten. Neid weckte auch das schicke Auto, mit dem er zur Arbeit fuhr. Und seine harmonische Familie. Erics Frau hatte eine halbe Lehrerstelle am Gymnasium und kümmerte sich den Rest der Zeit um die drei Töchter. Wenn diese Musterfamilie am Wochenende gemeinsam Fahrradtouren unternahm, sah alles perfekt aus.

Alles schien bestens. Doch irgendwann schaffte es Eric nicht mehr, den schönen Schein aufrechtzuerhalten. Die Beziehung war zerrüttet, er trennte sich von seiner Frau, die Scheidung folgte. Bei den Kindern wollte er eine übliche Regelung, um sie möglichst oft zu sehen. Wie meist der Fall, wohnten die Kinder bei der Mutter. Aber die begann, die Besuche der Kinder bei ihrem Vater zu sabotieren.

Muttis haben da ein großes Repertoire. Sie fing an, gegenüber den Kindern schlecht über ihren Exmann zu reden und ihnen ein schlechtes Gewissen einzuimpfen, wenn sie bei ihm waren. Übergabetermine klappten nicht, immer öfter behauptete die Frau, ihre Kinder seien krank, und so weiter. Als klar wurde, dass ihr geschiedener Mann nun mit einer anderen Frau zusammenlebte, intensivierte sie ihr Sabotageprogramm und versuchte als weiterhin allein lebende Frau, die Kinder ganz bei sich zu behalten und sie immer massiver gegen ihn aufzuhetzen. Sein Sohn, ganz offensichtlich in einem starken Beziehungskonflikt gefangen, weigerte sich schließlich bei einer vereinbarten Übergabe in ihrer Gegenwart, zu seinem Vater zu gehen. Seine Tochter berichtete Eric an diesem Wochenende, dass ihre Mutter verhindern wollte, dass sich die

Kinder mit seiner Neuen gut verstünden. »Die Mama hat Angst, dass wir dann ganz bei dir leben wollen.«

Eric ging das Machtspiel seiner Exfrau zunehmend an die seelische Substanz. In ziemlich schlechter Verfassung kam er schließlich zu mir in die Therapie. Eric fühlte sich erschöpft und ausgelaugt. Er konnte mit unerwarteten Ereignissen schlecht umgehen, spulte nur noch seine Routinetätigkeiten ab. Schmerzen in Rücken und Nacken plagten ihn. Er wurde zunehmend antriebslos, was seine neue Frau sehr besorgte. Diagnose: eine leichte bis mittelschwere Depression und beginnender Burn-out.

Die obligatorische Nachfrage nach seiner eigenen Herkunftsfamilie brachte eine der üblichen Mutti-Geschichten ans Tageslicht, wie ich sie in meiner Praxis schon so oft gehört habe. Als Erwachsener hatte er dann mit der Wahl seiner Frau die Fortsetzungsgeschichte gebucht. Nun galt es zu verhindern, dass seine Kinder dem vererbten Drama einen weiteren Teil hinzufügten.

»Jetzt hänge ich hier bei Ihnen rum und jammere Ihnen die Ohren voll«, kommentierte er selbstironisch sein Verhalten. »Meine Familie hat wirklich etwas Besseres verdient als so einen Jammerlappen. Wenn ich wegen diesem Mist meinen Job verliere …«

»Sie versuchen also, Ihrer Familie zuliebe Ihren Job zu behalten. Und was ist mit Ihnen? Wie fühlen Sie sich bei der Arbeit?«

Eric starrte mich groß an. Eine ganze Weile lang war er still.

»Das hat mich noch nie jemand gefragt«, sagte er erstaunt.

Dann ganz leise: »Gestresst, unzufrieden, unglücklich … Es frisst mich auf, ständig etwas zu verkaufen, von dem ich nicht überzeugt bin. Aber man muss schließlich sein Geld verdienen, nicht? Und die meisten Jobs sind nicht wirklich sinnvoll, da ist meiner auch nicht schlechter als andere.«

Wieder eine lange Pause. »Im Grunde habe ich bisher mein Leben vertan.« Pause. Plötzlich fielen Tropfen von seinem Kinn auf die Hose. Eric wischte sich über die Wange und starrte verblüfft seine feuchte Hand an. Er konnte kaum glauben, dass er weinte.

In der folgenden Zeit versuchte Eric, mehr auf seine eigenen Gefühle zu achten, seine Meinung zu sagen. Er kündigte seinen Job und fing bei einem kleinen Anbieter neu an. Bei seinem neuen Chef versuchte er von Anfang an, auch mal »Nein« zu sagen. Nein zu Wochenendarbeit, nein dazu, dass er auch abends berufliche Anrufe entgegennehmen müsse. Manchmal gelang es ihm, aber oft ließ er sich doch noch breitschlagen. Auch im privaten Umfeld versuchte er, seine eigene Position zu erspüren und dann auch zu vertreten.

Er begann, seine Interessen deutlicher in den Vordergrund zu stellen, und legte sich schließlich – endlich! – mit seiner Exfrau an. Er beschwerte sich beim Jugendamt über ihre Sabotagestrategie. In zwei gemeinsamen Terminen beim Allgemeinen Sozialen Dienst des Jugendamts wurde die Mutter schließlich dazu verpflichtet, die Besuche der Kinder bei ihm zu fördern, statt zu hintertreiben. Doch erst als ihr der Entzug des Sorgerechts angedroht wurde, lenkte sie ein.

Ab da lief es besser für alle Beteiligten, vor allem auch für die Kinder. Der Sohn konnte endlich zugeben, wie sehr er unter dem »Auftrag« seiner Mutter gelitten hatte und wie wohl er sich jetzt fühlte, wo er auch erzählen durfte, wie toll es beim Papa und seiner »Neuen« gewesen sei.

Eric fühlte sich zunehmend wohler in seiner Haut, seine neue Frau und seine Kinder profitierten sehr von den klaren Verhältnissen, die er geschaffen hatte. Bis in seinen beruflichen Alltag hinein strahlte sein neues Verhalten positiv aus. Sogar seiner Exfrau ging es besser, nachdem er ihr ihre dunkle Macht aus der Hand geschlagen hatte. Sie lernte nämlich Vertrauen zu fassen, dass weit und breit niemand existierte, der ihr die Kinder wegnehmen wollte.

Eine Erfolgsgeschichte? Nicht ganz. Zwar schlägt sich Eric tapfer, doch es fällt ihm heute noch schwer, nicht in alte Verhaltensmuster zurückzufallen. So wie vielen schon in der Kindheit schwer geschädigten Menschen wird es ihm vermutlich nie gelingen, mit einer ganz selbstverständlichen, gesunden Portion Selbstvertrauen und ohne ständigen Energieaufwand auf sich selbst zu achten und seinen Weg zu gehen. Was für Menschen, die in liebevoller und zugewandter Atmosphäre aufwachsen durften, selbstverständlich ist, wird für ihn wohl immer ein Kraftakt bleiben.

Viele von Muttis domestizierte Männer kennen ihre eigenen Bedürfnisse nicht. Wenn sie aufgefordert werden, »mal hinzufühlen«, wie es ihnen geht, was ihnen guttut, sind sie völlig erstaunt. Sie schauen, als ob sie gerade mit dem achten Weltwunder konfrontiert würden: Was, das soll wichtig sein? Oh, ich habe ja tatsächlich eigene Gefühle!

Dass die meisten Männer rational und gefühlskalt sind oder ihre Gefühle zumindest kaum zeigen, ist gesellschaftlicher Konsens. Ein »typischer« Mann interessiert sich eben mehr für das Getriebe seines Wagens als für den Streit zwischen seiner Frau und ihrer Schwester. Wenn er vom Tod eines früheren Nachbarn erfährt, schaut er seine Frau an, um aus ihrer Reaktion zu erfahren, wie er sich verhalten soll. Und er kann nicht unterscheiden, ob sein Herzrasen jetzt von einer körperlichen Krankheit kommt oder daher, dass er nervös und gestresst ist. Dieses Verhalten wird von Männern geradezu erwartet.

Für mich als Beziehungsfachmann ist das ein Ergebnis der weitverbreiteten Mutti-Diktatur in den Familien. Menschen sind vielschichtig, und es gibt viele Gründe für ein schwaches Selbstwertgefühl, aber wenn ein Mann in seinen ersten 20 Lebensjahren von Mutti vorgeschrieben bekommt, was er zu fühlen hat, und wenn dann seine Partnerin diese »Therapie« virtuos weiterführt, ist es kein Wunder, dass er jedes Gespür für sich verloren hat. Er stellt wie gelernt seine eigenen Emotionen zurück und tut ein Leben lang nur das, was von ihm erwartet wird.

Oft merken diese Männer erst an einer Depression oder einem körperlichen Zusammenbruch, dass sie mit ihrer Arbeit und ihrem Leben nicht glücklich sind. Dass ihnen die Rolle nicht passt, in die sie sich so widerspruchslos gefügt haben. Wenn so einer es dann tatsächlich schafft, den Beruf oder seine Partnerin zu wechseln, ist das schon ein Riesenerfolg. Nicht nur für seinen Lebensweg, sondern auch für die eigene Persönlichkeitsentwicklung.

Aber nur wenigen gelingt der Absprung. Viele fürchten sich vor dem Schritt in die Freiheit oder versuchen es zwar, halten aber die resultierenden Konflikte nicht aus. Sie flüchten sich wieder zurück in die warme Umklammerung des gewohnten Systems. Einmal eingeprägte Abhängigkeitsmuster im Verhalten sind nur sehr schwer zu überwinden.

Das ist eine Katastrophe für die Männer. Aber nicht nur für sie. Abgesehen vom Schaden an der eigenen Person: Wer als Mann kuscht, wird seiner Rolle als Vater nicht gerecht.

Vater sein dagegen sehr

Der Vater ist der Dritte im Bunde der Familie. Er macht aus der linearen Beziehung Mutter-Kind ein Dreieck, er erschafft also Fläche, eine Handlungsebene. In der Psychologie heißt dieser Prozess »Triangulierung«. Es ist für die Entwicklung des Kindes ungeheuer wichtig, dass der Vater ihm zeigt, dass seine Emotionen sich von der seiner Mutter unterscheiden können. Das Kind lernt: Ich kann mich auch mal von der Mutti ab- und meinem Vater zuwenden, kann auch mal wütend auf sie sein, ohne dass ich dadurch jeden Halt verliere. Dies ist unbedingt notwendig, damit das Kind sich allmählich von der Mutter abgrenzen und eine eigene Persönlichkeit entwickeln kann.

Väter müssen den Kindern das geben, was die Mutter ihnen nicht gibt. Wenn die Mutter Liebe und Geborgenheit vermittelt, bringt der Vater Abenteuer. Er gibt dem Kind Sicherheit, fordert es aber auch und ermutigt es, seine Grenzen zu testen. Schon bei Kleinkindern ist das so: Der Vater schwenkt das Kind durch die Luft. Es fliegt, fühlt sich frei und doch gleichzeitig festgehalten. Danach kann es wieder Wärme und Geborgenheit bei der Mutter suchen. Beides ist wichtig für die kindliche Entwicklung. Natürlich ist diese Rollenverteilung nicht fest zementiert. Es kann durchaus der Vater der Fürsorgliche sein und die Mutter die Herausfordernde. Hauptsache, beide Angebote sind da! Das Kind braucht möglichst oft und zuverlässig als vertrauensspendenden Rückhalt und stete Orientierung beide Eltern – Vater und Mutter.

Die große Zeit von Papa ist, wenn die Kinder vier bis zehn Jahre alt sind. In dieser Phase entdecken sie die Welt. Sie kommen in den Kindergarten, dann in die Schule. Sie lernen neue Menschen kennen, Gleichaltrige wie Erwachsene. Sie erforschen ihre Umwelt. Herrlich, wenn der Vater am Wochenende mit den Kindern loszieht, um zu erkunden, wo der Kanal hinterm Haus eigentlich hinführt! Oder zeigt, wie man mit der Bohrmaschine umgeht – auch auf das Risiko hin, dass die Wand am Ende ein paar Löcher mehr hat als ursprünglich geplant. Papa führt vor, wie viel Spaß es macht, mit beiden Beinen in eine tiefe Pfütze zu springen. Er ermutigt die Fünfjährige, auf Bäume zu klettern. Wenn der Vater gut ist, zeigt er dabei die eigene Besorgnis nicht, sondern steht scheinbar ganz ruhig daneben: »Du schaffst das!« So ermöglicht er seinen Kindern, eigene Erfahrungen zu machen und sich von einem Entwicklungsschritt zum nächsten zu bewegen. Die Aufgabe des Vaters kann es sein, den Kindern die Tür zur Welt zu öffnen.

Besonders wenn die Mutter dominant und überbehütend ist, braucht das Kind den Vater als Gegenpol. Gerade wenn sie die Zuständigkeit für die Kinder an sich reißen will, steht er in der Verantwortung. Die darf er sich nicht aus der Hand nehmen lassen. Ein selbstbewusster Vater kann den Teufelskreis durchbrechen. Er ist es, der notfalls der Mutti sagen kann: »Spinnst du? Lass doch mal los und schau mal genauer hin, was unser Kind schon alles allein kann!« Er ist es, der offen über Erziehungsmethoden und Erziehungsziele sprechen kann und der Mutter in ihrer Übergriffigkeit Grenzen setzt.

Wenn er die Mutti nicht überzeugt, kann er wenigstens dem Kind den nötigen Freiraum verschaffen. Auch gegen die Umklammerung der Mutti. Er schützt es vor den Projektionen der Mutter, die aus den Kleinen eine Kopie ihrer selbst zu machen versucht oder sie als Stellvertreter ansieht, die alle Träume verwirklichen sollen, die sie sich nie erfüllen konnte. Gegen ihre vermeintlich heile, in sich geschlossene Welt muss er ein Gegenbild entwerfen, das die Grenzen sprengt. Sodass das Kind lernt, auch mit Konflikten und unschönen Erlebnissen umzugehen. Er zeigt und erklärt ihm die Welt da draußen und schickt das Kind hinein.

Besonders in der Pubertät. Da lösen sich die Jugendlichen von ihren Eltern und suchen sich ihren Platz in der Gesellschaft, in der Gruppe. Sie müssen sich in der Peergroup von Gleichaltrigen behaupten. Hierarchien werden ausgefochten. Jugendliche üben sich in den verschiedenen Verhaltensweisen der Erwachsenen: Anpassung und Rebellion, Freiheit und Verantwortung. Sie testen Grenzen aus, überschreiten sie, finden heraus, wie weit sie gehen können. Damit sie dann als Erwachsene wissen, welche Regeln auch mal übertreten werden können und welche in jedem Fall eingehalten werden müssen.

Dafür brauchen sie unbedingt ein Gegenüber. Einen Sparringspartner, an dem sie sich reiben können. Es darf und muss gestritten werden – gleichzeitig muss klar sein, dass ein Streit nicht bedeutet, dass die Beziehung zerbricht. Gerade in der Pubertät brauchen die Söhne und Töchter noch den Rückhalt der Eltern. Und die müssen den Balanceakt finden: wissen, was ihre Sprösslinge beschäftigt, ohne ihnen ständig über die Schulter zu schauen. Freiheit zum Ausprobieren gewähren, aber klare Grenzen setzen: bis hierher und nicht weiter.

Eltern müssen ihre pubertierenden Kinder ziehen lassen, aber noch für sie da sein. Ihnen zuhören, wenn sie Schwierigkeiten haben, Rückhalt bieten und Rat geben. Auch hier ist es wichtig, dass der Vater andere Möglichkeiten aufzeigt als die Mutter. Zum Beispiel so:

Jonas hat sich mit seiner Freundin Britta gestritten und erzählt seinen Eltern unglücklich, dass sie ihn seither ignoriert. Die Mutter rät: »Schenk ihr doch eine CD von ihrer Lieblingsband. So kannst du sie zurückgewinnen.« Und der Vater: »Lass die zappeln, die kommt schon wieder.« So lernen Jugendliche, dass es mehr als eine Herangehensweise an etwas gibt. Sie sind es dann, die entscheiden, welche der Möglichkeiten für sie die richtige ist.

Mit eingezogenem Schwanz

Viele Väter sind beruflich so eingebunden, dass sie ihre Kinder nur abends für eine Stunde und am Wochenende sehen – wenn diese dann nicht selber losziehen. Und manche Männer arbeiten Hunderte Kilometer von ihrer Familie entfernt oder müssen ständig auf Dienstreise gehen. Dann sitzen sie unter der Woche in Hotels rum, telefonieren abends und besuchen Frau und Kinder am Samstag und Sonntag. Kurz: Sie sind als Väter faktisch gar nicht vorhanden.

Die Geschlechtsidentität von Männern ist an die Arbeit geknüpft. Und auch die Vaterrolle definiert sich weitgehend darüber. Auf die Frage nach den Aufgaben eines Vaters nennen gut 95 von 100 Männern »der Familie ein Heim bieten« und »den Lebensunterhalt für die Familie verdienen«. So steht es in der großen Väterstudie des Deutschen Jugendinstituts (DJI) von 2008, in der deutschlandweit 1803 Männer und männliche Jugendliche im Alter zwischen 15 und 42 Jahren befragt wurden. Also sind nicht nur die Muttis, sondern auch die Männer selbst der Ansicht: Männer sollen das Geld verdienen.

Aber auch: 94,9 Prozent der Befragten halten es für wichtig, sich Zeit für das Kind zu nehmen. Theoretisch. In der Realität wenden selbst nicht berufstätige Väter im Schnitt nur 48 Minuten täglich für die Betreuung ihrer Kinder auf, wie eine Analyse der Organisation für wirtschaftliche Zusammenarbeit und Entwicklung (OECD) ergab. Und das Allensbacher Institut für Demoskopie (IfD) zeigte, dass Väter unter der Woche keine zweieinhalb Stunden mit ihren Kindern verbringen, das ist gerade mal eine halbe Stunde am Tag. Männer wollen sich also um ihre Kinder kümmern, aber sie tun es nicht.

Warum?

Ich meine: Weil Väter ausgegrenzt werden. Und zwar nicht nur von den Muttis, die sie daheim lieber zum Kistenschleppen und Zusammenschrauben des neuen Carports einsetzen als zur Betreuung der Kinder. Sondern auch von der Gesellschaft. »Vereinbarkeit von Familie und Beruf« ist ein Schlagwort, das in der Vergangenheit viel in Bewegung gesetzt hat. Doch in den Szenarien der Institutionen, die diese Entwicklung vorangetrieben haben und noch weiter vorantreiben, tauchen anscheinend nur die Frauen als Adressaten auf. Männer sind hier nicht vorgesehen.

Für Mütter wurden in den vergangenen Jahren und Jahrzehnten zahllose Teilzeitstellen geschaffen – 1989 betrug der Anteil der Teilzeitbeschäftigten in Deutschland gerade einmal 13 Prozent, 2010 arbeiteten 46 Prozent der erwerbstätigen Frauen in Teilzeit, aber nur 8 Prozent der Männer. Die meisten davon sogar unfreiwillig oder weil sie sich in der Aus- oder Weiterbildung befanden. Nur 0,6 Prozent der insgesamt befragten Männer arbeiteten aus persönlichen oder familiären Gründen in Teilzeit. Sicher liegt eine der Ursachen für die geringe Teilzeitquote bei Männern darin, dass in Deutschland unter Teilzeit meist immer noch die starre Stundenzahl von 20 statt 40 Stunden verstanden wird. Arbeitszeiten, die für Väter attraktiv wären, könnten zum Beispiel bei 80 Prozent liegen. Männer dürfen für den Chef rund um die Uhr erreichbar sein und Überstunden anhäufen, aber väterfreundlich ist das alles keinesfalls.

Doch fehlende Teilzeitstellenangebote für Männer sind nur eine Facette des Problems. Trotz aller gegenteiligen Beteuerungen haben Unternehmenskulturen, in denen aktive Väter nicht belächelt werden und automatisch von der Karriereleiter fallen, einen Seltenheitswert wie ein weißer Wal. Noch einmal die Väterstudie des Deutschen Jugendinstituts von 2008: 90,9 Prozent der Befragten wünschten sich für ihr Berufsleben Unterstützungsangebote, die ihnen mehr Zeit mit der Familie ermöglichen würden. Aber nur 3 Prozent der berufstätigen Väter gaben an, dass ihr Arbeitsplatz entsprechende Möglichkeiten bietet, sodass sie sich in gewünschtem Maße um ihre Kinder kümmern können. Und die Angst vor dem Statusverlust sitzt tief: In einer Forsa-Umfrage aus dem Jahr 2011 unter 1000 Männern im Alter zwischen 20 und 55 Jahren äußerten 45 Prozent der Befragten ihre Furcht vor »sehr oder eher negativen Konsequenzen«, wenn sie in Elternzeit gehen würden. Laut einer Untersuchung der Hans-Böckler-Stiftung rechneten sogar 80 Prozent jener Männer, die in Elternzeit gingen, mit negativen Reaktionen im Unternehmen.

Kein Wunder, dass nur knapp ein Viertel der Väter das Elternzeitangebot annimmt – und das meist in banger Sorge, was sie am Arbeitsplatz erwartet, wenn sie wieder zurückkehren. Viel mehr als die vorgeschriebene Mindestzeit von zwei Monaten in Anspruch zu nehmen, trauen sie sich nicht: 3,4 Monate betrug im Schnitt die Bezugszeit des Elterngeldes für Väter bei der letzten Erhebung; Mütter dagegen blieben durchschnittlich knappe zwölf Monate beim Kind. Nicht zuletzt die Angst vor Karriereeinbußen hindert Väter also daran, die Kindererziehung auf ihrer Prioritätenliste weit nach oben zu schieben.

Dies alles ist ein Spiegel dessen, wie die Gesellschaft die Rollenverteilung von Männern und Frauen sieht. Dieser Einschätzung entsprechend findet schließlich die politische Willensbildung statt; Förderprogramme werden angeschoben, Gesetze auf den Weg gebracht. Dass die Gesellschaft die Erziehung der Kinder immer noch in erster Linie als Sache der Mutter ansieht, zeigt sich besonders deutlich darin, wem die Kinder zugewiesen werden, wenn eine Beziehung auseinandergeht.

Das Imperium schlägt zurück

Bei unverheirateten Eltern hatte bis vor Kurzem noch automatisch die Mutter das Sorgerecht. Der Vater bekam es (allein oder gemeinsam mit der Mutter) nur, wenn er es beantragte – und die Mutter damit einverstanden war. Bis 2010 hatte ein unverheirateter Vater überhaupt keine Chance, wenn die Mutter sich dagegen aussprach. Ein Wort von ihr genügte, und der Vater war draußen. Ohne Möglichkeit, vor Gericht angehört zu werden.

Seit einem Urteil des Bundesverfassungsgerichts kann er neuerdings das Sorgerecht einklagen. Aber die Wahrscheinlichkeit ist hoch, dass nach langem Rechtsstreit doch die Mutter recht bekommt – warum auch immer. Einer der Gründe dafür, dass es in Deutschland 1,4 Millionen alleinerziehende Mütter, aber nur 154 000 alleinerziehende Väter gibt. Wir werden sehen, ob sich daran in den nächsten Jahren etwas ändert.

Auch nach Scheidungen ergibt sich ein ähnliches Bild: Zwar verbleibt in neun von zehn Scheidungsfällen das Sorgerecht bei beiden Eltern. Wenn die Eltern sich darum streiten, sieht es aber düster aus für den Vater. In jedem zweiten Fall, der vor Gericht landet, bekommt dem Statistischen Bundesamt zufolge die Mutter das alleinige Sorgerecht zugesprochen. In jedem fünften Streitfall bekommen es weder Vater noch Mutter, sondern zum Beispiel andere Verwandte des Kindes oder ein amtlicher Vertreter. In jedem sechsten Fall wird das Sorgerecht auf beide Eltern verteilt, und nur in jedem siebten bis achten Fall erhält es der Vater allein.

Im Klartext bedeutet das: Dass ein Vater in einem Sorgerechtsstreit vom Gericht das alleinige Sorgerecht zugesprochen bekommt, ist noch unwahrscheinlicher, als dass das Kind im Heim landet. »Im Grunde hat man als Mann nur eine Chance, das alleinige Sorgerecht zu bekommen, wenn die Frau sich prostituiert, geistig krank ist oder trinkt«, sagt ein Amtsgerichtspräsident aus Nordrhein-Westfalen hinter vorgehaltener Hand.

Und selbst wenn der Vater das Sorgerecht mit der Mutter teilen darf, heißt das nur, dass er in wichtige Entscheidungen mit einbezogen werden muss. Die Entscheidung etwa, auf welche Schule das Kind geht oder ob es im Krankheitsfall operiert wird. Auch, ob die Mutter mit dem Kind um- und also womöglich vom Vater wegziehen kann. Nur wer das Sorgerecht hat, kann hier mitentscheiden. Ob die Mutter seine Meinung dann de facto auch berücksichtigt, ohne dass wiederum die Gerichte bemüht werden müssen, ist eine andere Frage.

Und das Sorgerecht zu haben heißt für einen Trennungsvater noch lange nicht, dass er das Kind auch sehen darf. Das wird im Umgangsrecht geregelt, und da steht zum Beispiel, dass der Vater sein Kind an jedem zweiten Wochenende für sechs Stunden abholen darf. Theoretisch. In einer Langzeitstudie begleitete die Soziologin Anneke Napp-Peters zwölf Jahre lang 150 Scheidungsfamilien. Sie fand heraus, dass ein Drittel der Väter, die kein Sorge-, aber ein Umgangsrecht für ihre Kinder hatten, nach der Trennung ihre Kinder deutlich seltener sahen als vom Gericht festgelegt. Ein weiteres Drittel der Väter sah seine Kinder überhaupt nicht mehr. Alles Männer, die sich aus ihrer Verantwortung gestohlen haben und nun ein neues Leben ohne Altlasten beginnen wollen?

Wenn Eltern sich zerstreiten, wird der Konflikt oft über die Kinder ausgetragen. An ihnen wird dann von beiden Enden gezerrt; jede(r) versucht, sie gegen den Expartner aufzuhetzen und auf die eigene Seite zu ziehen. In diesem Spiel sitzen die Mütter in der Regel am längeren Hebel. Neun von zehn Scheidungskindern leben bei der Mutter. Auch wenn der Vater offiziell noch ein Sorge- und Umgangsrecht hat, können sie mit 1000 Tricks die Treffen zwischen Vater und Kind torpedieren: sei es, dass das Kind immer zum verabredeten Termin plötzlich dringend zum Arzt muss oder das Treffen aus anderen Gründen abgesagt wird, sei es, dass sie dem Kind so lange davon erzählt, was für ein böser Mensch der Vater sei, bis es ihn nicht mehr sehen will.

Parental alienation syndrome hat das der amerikanische Kinderpsychiater Richard Gardner genannt, zu Deutsch: elterliches Entfremdungssyndrom. Er schätzt, dass 90 Prozent der Kinder, deren Eltern um das Sorge- oder Umgangsrecht streiten, unter PAS leiden. Sie sind abhängig von dem Elternteil, bei dem sie leben, also in der Regel von der Mutter. Wenn die nicht will, dass das Kind sich beim Vater wohlfühlt – aus welchem Grund auch immer –, hat das Kind drei Möglichkeiten: entweder ständig mit der Mutter zu streiten – dann hat es aber gar niemanden mehr; stillschweigend zu akzeptieren, den Vater nicht sehen zu dürfen – und darunter zu leiden; oder es übernimmt die ablehnende Haltung der Mutter und entfremdet sich vom Vater. So entgeht es dem Streit und der Trauer durch Verdrängung und totale Ablehnung des Vaters – mit katastrophalen Langzeitfolgen.

In der bereits erwähnten Langzeitstudie von Anneke Napp-Peters wurden auch die Folgen von Scheidungen auf die Kinder untersucht. Dabei kam heraus, dass drei Viertel aller Kinder, die nach der Trennung zu einem Elternteil nur noch wenig Kontakt hatten und erkennbar unter dem Verlust des Vaters oder der Mutter litten, auch als Erwachsene noch große Probleme hatten. Es fiel ihnen dauerhaft schwer, längerfristige Perspektiven für ihr Leben zu entwickeln; selbst die normale Bewältigung ihres Alltags forderte ihnen mehr als anderen Menschen ab. Knapp die Hälfte von ihnen hatte Schwierigkeiten mit Alkohol und Drogen.

Die Gründe, warum Muttis die Väter von den Kindern wegdrängen, sind oft rein egoistisch. Nicht die Sorge, dass der Vater dem Kind schaden könnte, spielt die entscheidende Rolle, sondern das eigene Gefühlsleben. Die *Frankfurter Allgemeine Zeitung* berichtete im März 2009 von einer Umfrage des Justizministeriums bei mehr als 500 Rechtsanwälten und Jugendämtern. Sie ergab, dass 80 bis 90 Prozent der Mütter, die die gemeinsame Sorge ablehnen, dafür Gründe anführen, die sich nicht am Kindeswohl, sondern an ihrem eigenen Wohl orientieren. Und das sind die offiziellen Aussagen. Man kann annehmen, dass einige derjenigen Mütter, die erfolgreich mit dem Kindeswohl argumentierten, das als reinen Vorwand benutzten. Etliche Fälle aus meiner Praxis bestätigen das.

Im Dezember 2000 veröffentlichten Detlef Busse, Max Steller und Renate Volpert in der Fachzeitschrift *Praxis der Rechtspsychologie* die Ergebnisse ihrer Untersuchung familiengerichtlicher Verfahrensakten aus 1352 Umgangs- und 1500 Sorgerechtsfällen der Jahre 1988, 1993 und 1995. Die für Deutschland flächendeckend repräsentativen Ergebnisse sind schockierend: In gut 3 Prozent aller Umgangsrechts- und Sorgerechtsfälle wurde ein Missbrauchsverdacht erhoben. Das hört sich zunächst nach einem recht geringen Anteil an – hochgerechnet auf die jährlich etwa 200 000 familiengerichtlichen Fälle in Deutschland bedeutet diese Zahl jedoch, dass sich jedes Jahr 6000 Väter einer solchen Anschuldigung ausgesetzt sehen. Aber nur in 8 Prozent dieser Fälle sah das Gericht den Vorwurf gegen den Vater als bestätigt an. Jährlich wird also während laufender Scheidungen mehr als 5500 Vätern unrechtmäßig unterstellt, ihr Kind missbraucht zu haben. Allein die Erhebung dieses Verdachts grenzt sie aus allen Beziehungen, familiär wie beruflich, aus. Selbst wenn sich hinterher alles als haltlos herausstellt, lässt sich das nicht mehr gutmachen.

Der Missbrauchsvorwurf kann eine furchtbare, extrem scharfe Waffe im Rosenkrieg sein. Und dabei müssen die Muttis, die sie einsetzen, nicht einmal selbst das schmutzige Geschäft der Anzeige übernehmen. Äußern sie vehement den Verdacht des Missbrauchs gegen den Kindsvater, dann sind Jugendämter, Lehrer oder Nachbarn gezwungen, zur Polizei zu gehen, wenn sie sich nicht dem Vorwurf der unterlassenen Hilfeleistung aussetzen wollen.

Aber auch wenn keine Kinder im Spiel sind, hat der Mann

bei einer Trennung viel zu verlieren. Männer, die sich ihrer Mutti-Partnerin zu entziehen versuchen – oder von ihr abserviert werden –, fallen tief.

Was passiert nach einer Scheidung? In der öffentlichen Wahrnehmung sind die Frauen meistens die Opfer, da sie unter weitaus höheren finanziellen Einbußen zu leiden haben als die Männer; das berichtet auch der »Gender-Datenreport« des Bundesministeriums für Familie, Senioren, Frauen und Jugend. Doch es geht schließlich nicht nur um die materielle Frage. Das Österreichische Institut für Familienforschung (ÖJF) hat die zur Verfügung stehenden Studien untersucht und weist darauf hin, dass Männer langfristig schlechter mit der Trennung zurechtkommen als Frauen: Männer sind nach einer Trennung häufiger krank als davor, ihre Sterblichkeitsrate steigt – nicht zuletzt durch das erhöhte Selbstmordrisiko. Hinzu kommt die steigende Angst vor Altersarmut und Arbeitslosigkeit. Das Fehlen des bisher wichtigsten Gesprächspartners und der bisher gewohnten Unterstützung macht sich überall bemerkbar. Vereinsamung ist die Folge. Auch wenn der Mann eine neue Partnerin findet, bleibt doch die erhöhte finanzielle Belastung, die durch mehr Arbeitszeit ausgeglichen wird, und das nagende Bewusstsein des Scheiterns.

Apathie, Ängste und Depressionen also statt Rundumversorgung, Familienleben und Streicheleinheiten. Kein Wunder, dass Männer Angst davor haben, aufzubegehren oder sich gar zu trennen. Nach einem Leben in totaler Abhängigkeit eigene Wege gehen zu wollen würde bedeuten, die gesamte Existenz aufs Spiel zu setzen. Der Würgegriff der Muttis ist eisern. Sie sind einfach in der besseren Position.

7

Macht durch Leiden

»Heute hat er mich auf der Treppe angerempelt. Toby ist sooo süß. Irgendwie muss ich es schaffen, mit ihm ins Kino zu gehen. Was findet der nur an Verena, die ist doch voll die Versagerin! Seufz!«

Es ist Vormittag, Mia ist in der Schule. Teresa sitzt auf dem Rand des Bettes ihrer Tochter, ein aufwendig bemaltes und mit Fotos beklebtes Büchlein auf dem Schoß. Mutti liest Mias Tagebuch. Sie weiß schon lange, dass Mia es immer unter der Matratze deponiert. Lächelnd erinnert sie sich daran, wie sie selber früher Tagebuch geschrieben und es an der gleichen Stelle versteckt hat. Bestimmt hat ihre Mutter es damals auch regelmäßig gelesen.

Teresa blättert im Tagebuch zurück und vergleicht die Einträge. Vor zwei Monaten hat Mia Toby zum ersten Mal erwähnt und in letzter Zeit immer häufiger. Mia hat genau notiert, welchen Mädchen Toby wie viel Aufmerksamkeit schenkt. Für Mia selbst hatte er zu ihrem Kummer bisher nicht mehr als ein paar Standardflirtsprüche übrig.

Seltsam, erzählt hat sie nie davon, dass sie für diesen Jungen schwärmt, denkt sich Teresa. Sie fühlt Enttäuschung in sich aufsteigen. Vertraut Mia ihr denn nicht? Ohne einen Blick ins Tagebuch hätte sie gar nicht gemerkt, dass ihr Töchterchen Liebeskummer hat. Gut, dass sie das nun weiß. Beim Mittagessen wird sie ihr eine Menge Tipps geben können. Sie will ja, dass Mia Erfolg bei den Jungs hat. Aber nicht bei diesem Hallodri Toby, das wird sie zu verhindern wissen. Teresa hat eine viel bessere Idee, wer zu Mia passen könnte: der Sohn ihrer besten Freundin Conny. Marc ist doch viel netter als dieser Toby! Ein freundlicher Junge, gut in der Schule und immer rücksichtsvoll. Teresa wird Conny sagen, dass sie Marc am Samstag ruhig zum Picknick mitbringen soll, dann lernen sich die beiden gleich besser kennen.

Der gläserne Mensch

Ein Tagebuch, wie es viele in der Pubertät führen, ist eine sehr private Art eines Menschen, seine Gedanken zu entwickeln und festzuhalten. Es ist ein chronologischer innerer Monolog, in dem jemand seine geheimsten Empfindungen und Beobachtungen niederlegt. Die Aufzeichnungen helfen, sich über die eigenen Gefühle klar zu werden und ihnen Ausdruck zu verleihen. Schwächen und Träume, in der Außenwelt mühsam vor den anderen verborgen, werden benannt und sichtbar – im Tagebuch zeigt sich ein Mensch so offen und authentisch wie sonst nirgends.

Sogar über die eigene Mutter kann sich ein Teenie auf diese Weise nachhaltig Gedanken machen. Kann niederschreiben, dass er sie manchmal peinlich, ungerecht oder tyrannisch findet. Auf diese Weise Opposition auszudrücken kann insbesondere für Mutti-Kinder, die nicht offen widersprechen dürfen, ein wichtiger Notausgang sein. Damit ist das Tagebuch zugleich auch ein wichtiges Refugium, in dem jemand gerade in der Adoleszenz, ungestört von den Erwartungen anderer, zu sich selbst finden kann.

Weil es Dinge enthüllt, die niemand anderen etwas angehen, ist es ein schwerer Einbruch in die Privatsphäre eines

Menschen, ohne ausdrückliche Erlaubnis in einem fremden Tagebuch zu lesen. Wenn der heimliche Leser dann auch noch sein Wissen ausposaunt oder es gegen den Tagebuchschreiber verwendet, ist der Schaden irreparabel. Schlimmer als dadurch, dass einer zu erkennen gibt, dass er die geheimsten Gedanken des anderen gelesen hat, kann man einen jungen Menschen kaum verletzen und herabsetzen.

Ein Eindringling, der sich heimlich Zugang zu dieser Quelle verschafft, gesteht seinem Gegenüber keinerlei privaten Freiraum, keine Geheimnisse zu. Er will auch noch den letzten Winkel des anderen ausforschen und vereinnahmen. Dieser wird so zu einem Leibeigenen, auf dessen intimstes Leben jederzeit zugegriffen werden darf.

Solch ein Verhalten ist typisch für eine Mutti. Sie beansprucht, alles, wirklich alles über den Sohnemann und das Töchterlein zu wissen, unabhängig davon, ob die damit auch einverstanden sind.

»Ich weiß, was du wirklich fühlst«

Ein wichtiges Element in Muttis Regiment ist das Verschweigen und Verschleiern ihrer eigenen Gefühle. Der Sohn will unbedingt E-Gitarre spielen lernen – kommt überhaupt nicht infrage! Denn Mutti hat schlichtweg keine Lust auf Krach. Immerhin ein berechtigter Einwand. Sie könnte ihn einfach äußern, dann würde sich ja vielleicht sogar eine Lösung finden. Stattdessen schiebt sie aber vor, dass das Instrument viel zu teuer ist und mit dem gesamten Zubehör auch zu sperrig. Außerdem heißt es subtil: »Du hast doch so ein musikalisches Gehör, mit der E-Gitarre machst du dir die ganzen Feinheiten kaputt. Spiel lieber Opas Geige, damit kannst du zeigen, was in dir steckt!«

Wie soll ein Kind jemals lernen, worum es wirklich geht, wenn Muttis wahre Gefühle erst gar nicht thematisiert werden? Wahre Beweggründe werden maskiert und bleiben versteckt, können bestenfalls erahnt werden. Wenn keine klaren Verhältnisse herrschen, bewegt sich das Kind zeitlebens auf einem Minenfeld; ein falscher Schritt, und es knallt. Kein Wunder, dass viele Mutti-Kinder niemals ein grundlegendes Vertrauen in die Welt aufbauen können.

Sogar vor den wichtigsten Entscheidungen, denen, die direkt die Zukunft des Kindes beeinflussen, macht die Selbstsucht der Mutti nicht halt. Natürlich ist sie sich sicher, dass ihr Kind aufs Gymnasium gehört. Auch wenn es sich morgens aus Angst vor der Schule am liebsten im Keller verstecken würde und viel lieber vor seinem Technikbaukasten als vor den Englischhausaufgaben sitzt. Dass in ihrem Kind statt eines Juristen oder Ingenieurs vielleicht ein begnadeter Elektriker, Schuster oder Schreiner stecken könnte, kommt den Muttis nicht in den Sinn. Handwerk hat aus ihrer Sicht nur für die Kinder der anderen Mütter goldenen Boden.

Muttis wollen nur das Beste für ihr Kind – und was das ist, weiß keiner so gut wie sie. Schließlich kennen sie ihren Sprössling länger als er sich selbst. Sie sind überzeugt davon, ein untrügliches Gespür dafür zu haben, was zu ihrem Kind passt und was nicht. Sie meinen, sofort erkennen zu können, was langfristig nützlich ist und was sich nur als eine kurzfristige Neigung oder gar Geschmacksverirrung ihres Kindes herausstellen wird. Legitimiert durch die enge Verbindung mit ihrem Kind, ist die Mutti sich jederzeit gewiss, besser als die Erzieherin, die Lehrerin, die Kinderärztin zu ergründen, was dem Kind guttut, auch wenn sie weder Pädagogin ist noch Medizin studiert hat. Und natürlich weiß sie es auch besser als das Kind selbst.

Diesen Instinkt sehen Muttis durch ihre weitreichende Lebenserfahrung ergänzt und unterstützt – Erfahrungen, die die Kleinen ja noch gar nicht haben können. Kein Wunder also, dass der Nachwuchs mit seinen Wünschen so oft neben dem liegt, was aus Muttis Sicht wirklich gut für ihn ist. Sie ist sich vollkommen sicher: Später einmal wird das Kind dankbar dafür sein, dass sie es auf den richtigen Weg gebracht hat.

Natürlich haben Eltern die Aufgabe, ihre Kinder vor den Folgen gefährlichen oder unklugen Fehlverhaltens zu schützen. Dabei ist es nicht immer leicht zu entscheiden, wo die Grenze zwischen kindlichem Übermut und schädlicher Entgleisung liegt. Aber mit dem Ziel vor Augen, das Beste für die Entwicklung ihres Kindes erreichen zu wollen, machen sie meist nicht allzu viel falsch, und ihre Bemühungen tragen Früchte.

Eine Mutti dagegen hat nicht die Wünsche und Vorstellungen des Kindes im Blick, sondern ihre eigenen. Dabei ist sie sich in den meisten Fällen gar nicht im Klaren darüber, dass dem so ist. Die Hirnforschung zeigt, dass ein Mensch zu 90 Prozent von seinen unbewussten Gefühlen gesteuert wird. Muttis Unbewusstes lässt sie mehr auf das eigene Wohlergehen und den schönen Schein nach außen achten als auf das Wohlergehen ihres Kindes – auch wenn sie subjektiv sehr sicher und sehr überzeugt davon ist, dass sie das Richtige für ihr Kind will und tut. Eine Mutti ist über das in ihrer Schwangerschaft und den ersten Lebensmonaten ihres Kindes herrschende »Ich bin du, und du bist ich« nicht hinausgekommen. Für sie sind ihre Wünsche und Bedürfnisse gleichzeitig die ihres Kindes und andersherum. Und wenn es nicht passt, dann wird es eben gnadenlos passend gemacht.

Natürlich will sie für ihren Sprössling nur die beste, tollste, strahlendste Zukunft – aber was das konkret heißen kann, zeigt eindrucksvoll ein Artikel in der *FAZ* vom 6. Oktober 2012. Im Gespräch der akademisch gebildeten und beruflich erfolgreichen Eltern mit der Journalistin über die Zukunft ihrer ungeborenen Tochter äußerte sich der Vater noch unsicher und offen. Die Mutter hingegen wusste schon ganz genau, was sie für ihr Kind wollte: nur das Beste – das, was sie selbst nie hatte, aber immer hätte haben wollen. Es ist vorauszusehen, dass sich unter dieser von Mutti festgelegten Prämisse, dass ihr Glück auch gleichzeitig das des Kindes ist, zu Spannungen kommen muss. Einer von beiden muss sich verbiegen – und das ist nicht die Mutti.

Allez hopp!

Schon im Mutterleib teilt der Fötus über Fruchtwasser und Plazenta die Gefühle seiner Mutter, denn die ausgeschütteten Hormone, sei es das alarmierend wirkende Adrenalin oder das glücklich machende Endorphin, wirken auch auf ihn. Auch nach der Geburt besteht diese starke Koppelung erst einmal weiter, auch wenn nicht mehr Hormone auf direktem Weg ausgetauscht werden.

»Kinder sind wahre Nachahmungsmaschinen«, sagt der Hirnforscher Michael Gazzaniga. Die Mutter muss nur zu lachen beginnen, schon lacht auch ihr Baby. Sie hebt es hoch, sie strahlt es an, für das Baby geht die Sonne auf, es strahlt über beide Backen zurück. Wenn das Kind krank oder unleidlich ist, ist Mutti traurig und gestresst. Ein verärgertes, quengelndes Kind bringt die Mutter um den letzten Nerv, ein ruhiges erlaubt es ihr, sich zu entspannen, ein fröhliches lässt ihr das Herz aufgehen.

Das Baby lernt schnell, dass es ihm gut geht, wenn es der Mutter gut geht. Schon in dieser Phase eröffnen sich für eine Mutti Möglichkeiten, ihr Kind so zu manipulieren, dass der Alltag für sie möglichst glatt verläuft. Der neue Schlafanzug kratzt und zwickt? Das Kleinkind schreit oder jammert, merkt aber schnell, wenn die Mutter nicht zugewandt und mitfühlend reagiert. Antwortet die Mutter auf seine Unmutsäußerungen mit Wut oder Enttäuschung, geht es dem Baby schlechter als zuvor. Schon in dieser ersten Phase kann es instinktiv lernen, die eigenen Gefühle zu unterdrücken und sich möglichst konform zu verhalten. Dann schweigt es lieber und findet sich ab; der erste Schritt in Richtung ferngesteuerter, gefühlsarmer Mensch ist getan. – »So ein liebes Kind!«

Wenn das Kind mit zwei oder drei Jahren zu erkennen beginnt, dass es eine eigenständige Persönlichkeit ist, wird die nächste Runde im Kampf um die Gefühle eingeläutet. Normalerweise sind dann die Gefühle der Mutter für das Kleinkind nicht mehr von so elementarer Bedeutung wie für den Säugling. Das Kind kann schlecht drauf sein, auch wenn Mutti einen guten Tag hat; es kann aber auch ungerührt weiterspielen, wenn Mutti sichtlich deprimiert ist. Seine Gefühlswelt koppelt sich langsam von der seiner Mutter ab.

Es kann also sein, dass das Kind friert, auch wenn Mama sagt, dass ihr warm ist. Das Kind lernt, dass beides gleichzeitig wahr sein kann, weil es selbst und die Mutter unterschiedliche Individuen mit jeweils ganz eigenen Einschätzungen sind. In gesunden Familien akzeptiert und unterstützt die Mutter diese Entwicklung.

Babys und Kleinkinder erkennen über ihre Hauptbezugsperson, also meistens die Mutter, was Gefühle sind, dass sie in Ordnung sind und wie man sie äußert, sodass man auch verstanden wird. Sie lernen, sie zuzulassen und ernst zu nehmen. Die bewusste oder auch unbewusste Kommunikation läuft dabei über Gesten und Äußerungen des Unmuts oder der Zustimmung. Wenn das Kind älter wird, kann es mit der Mutter auch direkt über Gefühle kommunizieren.

Das Kind schimpft: »Der Lehrer hat mich heute total ungerecht behandelt. Ich musste eine Strafarbeit machen, obwohl ich an der Rauferei gar nicht beteiligt war. Ich bin total sauer!« Oder die Mutter sagt: »Lukas, mir geht es heute nicht gut. Kannst du rüber zu Stefan gehen und mit ihm spielen? Dann lege ich mich kurz hin und bin heute Abend bestimmt wieder fit.« Wenn sowohl Mutter als auch Kind ihre wahren Gefühle zeigen und gleichzeitig die Gefühle des jeweils anderen akzeptieren können, entsteht ein offener und wertschätzender Umgang, der die Tür für viele anregende Gespräche öffnet. Dann ist auch klar, dass die Gefühle des einen für den anderen nicht das Maß aller Dinge sind; was den einen ärgert, kann der andere wunderbar finden. Das ist in Ordnung. Mit diesem Wissen können aus Kindern eigenständige Erwachsene werden.

Aber Muttis wissen oft selbst nicht so genau, was sie empfinden. Sie äußern das Gefühl, von dem sie glauben, dass es von ihnen erwartet wird – und vom Kind verlangen sie dasselbe. Das Kind soll also den Erwartungen entsprechen, um jeden Preis. Weil die einzelnen Familienmitglieder nicht offen miteinander umgehen, können die Kinder ihre Persönlichkeit nicht entfalten. Stattdessen finden sie sich eingezwängt in ein Korsett wieder. Sie können nicht einmal zeigen, wenn sie selbst traurig oder wütend sind, aus Angst vor den Folgen. Was unser Schulsystem zumindest vorgibt zu fordern, steht für Muttis Liebling gar nicht erst auf dem familiären Lehrplan: eigenständiges, kritisches Denken.

Du machst mich krank

Der Weg in die Knechtschaft beginnt für das Kind auf der emotionalen Ebene, wo es wie alle Menschen am verwundbarsten ist. »Du willst mir doch eine Freude machen und wirst mich nicht enttäuschen, oder?« Ja, natürlich will das Kind seiner Mutti eine Freude machen. »Ich habe mir so viel Mühe gegeben, einen Nachhilfelehrer für dich zu finden, und außerdem kostet das so viel, da wirst du doch jetzt auch fleißig lernen, nicht wahr?« Selbstverständlich will das Kind das große Opfer der Mutter nicht zunichtemachen, indem es den Unterricht am späten Nachmittag schwänzt und Fußball spielt.

Diese emotionale Erpressung der Kinder durch die Mütter bedeutet eine Umkehrung der Fürsorgeverhältnisse. Nicht mehr die Mutter ist für das Wohlergehen des Kindes verantwortlich, sondern das Kind für das Wohlergehen der Mutter.

Muttis bester Freund im Kampf um die kindlichen Gefühle ist das schlechte Gewissen. Oft heißt es dann: »Du machst mich traurig, jetzt muss Mutti weinen.«

Natürlich gibt es auch gesunde Schuld- und Schamgefühle, die das Zusammenleben wesentlich erleichtern und zumindest die meisten Menschen von Übergriffen auf ihre Mitmenschen abhalten können. Wer sich einmal tief geschämt hat, beim Klauen von einer Tafel Schokolade erwischt worden zu sein, wird in Zukunft die Finger von fremdem Eigentum lassen. Wenn die große Schwester dem kleinen Bruder eine Handvoll Haare ausreißt und der laut zu brüllen anfängt, merkt sie, dass ihm das wirklich wehtut. Sie fühlt sich schuldig und hält sich in Zukunft mit körperlichen Attacken zurück. So werden die ethischen Anforderungen des Zusammenlebens in der Psyche des Einzelnen als unbewusste und lebenslang wirksame Beziehungsmuster verankert.

Aus zwei Gründen sind die Chancen eines Kindes, aus dem Mutti-System auszubrechen, minimal. Zum einen merkt das Kind selbst von diesen inneren Prozessen nichts und lebt in dem Glauben, einen eigenen Willen zu haben und frei entscheiden zu können. Dabei sind seine Ansichten in den meisten Fällen nur die der Mutter. Denn hier greift wieder die

90-zu-10-Regel: 90 Prozent unseres Handelns und unserer Gedanken finden unbewusst statt. Und das Unbewusste wird grundlegend durch die frühkindlichen Beziehungsmuster geprägt. Sie werden als unbewusste Handlungsvorgaben fest im kindlichen Gehirn verankert und bestimmen maßgeblich den Menschen – lebenslang.

Normalerweise kommen Kinder ganz gut damit zurecht. Dann nämlich, wenn sie sich in der Regel auf ihr Unbewusstes verlassen können. Mutti-Kinder können das nicht. In ihrem unbewussten Teil des Denkens, Fühlens und Handelns hat sich Mutti breitgemacht.

Besonders fatal ist der zweite Grund: Haben Mutti-Kinder zum Beispiel mit externer Hilfe erkannt, in welch unglücklicher Lage sie sich befinden, und wollen sie sich aus der Umklammerung befreien, werden als Erstes wie auf jede Veränderung Verunsicherung, Angst und Druck die vorherrschenden Empfindungen sein.

Gerald Hüther, Leiter der Zentralstelle für Neurobiologische Präventionsforschung der Universitäten Göttingen und Mannheim/Heidelberg, beschreibt es so: Wenn sich im Gehirn Unruhe und Erregung ausbreiten, können Wahrnehmungen nicht mehr mit bereits gespeicherten Erinnerungen abgeglichen werden. Das ist aber notwendig, um Neues lernen zu können und im Gehirn zu verankern. »Das Einzige, was dann noch funktioniert, sind ältere, sehr früh entwickelte und fest eingefahrene Denk- und Verhaltensmuster«, fährt er fort. Also genau die Muster, die Mutti implantiert hat. Jeder Versuch, dem Mutti-Gefängnis zu entkommen, treibt den Insassen also nur noch fester in Muttis Arme.

Zuckerbrot und Peitsche

Machiavelli riet dem »idealen Fürsten«, sich die Liebe und Furcht des Volkes darüber zu sichern, dass er Strafen kurz und heftig ausfallen lässt, Wohltaten aber in kleinen Dosen regelmäßig verteilt, damit das Gute als Regel, das Schlimme als die Ausnahme wahrgenommen wird. Mutti hat sich einiges von Machiavelli abgeschaut. Sie arbeitet mit einem raffiniert abgestuften System von Belohnungen und Strafen, um ihren Zögling in die von ihr gewünschte Richtung zu bringen.

Es gibt viele Arten, einem Kind sein Wohlwollen zu zeigen: Die Palette reicht von Klassikern wie der Tafel Schokolade über einen Ausflug ins Schwimmbad bis hin zu Vergünstigungen wie einer zusätzlichen halben Stunde am Computer. Vergleicht man die Kinderzimmer von heute mit jenen vor wenigen Jahrzehnten, wird man feststellen, dass viele Kinder heute in einem ungeahnten Luxus leben. Ihre Zimmer sind vollgestopft mit Spielzeug. Und solange das Kind tut, was Mutti will, wird es ganz sicher regelmäßig noch mehr werden. Es gilt das Prinzip: Bist du brav, habe ich dich lieb, und dann bekommst du auch eine Belohnung. Das Kind wird verwöhnt, solange es das geforderte Wohlverhalten an den Tag legt.

Aber wie es mit Privilegien so ist: Der Alleinherrscher kann sie dem Untertanen jederzeit wieder entziehen, und so wie der Fürst Machiavellis seine Untertanen durch Belohnung und Strafe lenkt, weiß das Kind, dass Mutti ihm all die schönen Dinge verweigern wird, wenn es wider den Stachel löckt. Wirksamer noch als Machiavellis Fürstenherrschaft ist die Herrschaft der Mutti, weil sie im geschützten und unkontrollierten privaten Raum stattfindet und als Basis nicht die bloße Macht, sondern die gegenseitige Liebe für sich beansprucht.

Diese ständige Bemutterung, die dem Kind jeden Komfort ohne eigene Anstrengung zuschanzt, raubt ihm die Möglichkeit, eigene Kräfte zu entwickeln. Bevor es sich Gedanken darüber machen kann, was es eigentlich will, bekommt es bereits von Mutti das vor die Nase gesetzt, was sie für das Beste hält. Und es muss sich nicht anstrengen, irgendetwas zu erreichen – nur, der Mutti liebstes Kind zu sein. Auch hier gilt: Nach dem Spiel ist vor dem Spiel, und die nächste Gelegenheit, sich mit Wohlverhalten mütterliche Zuneigung und weitere Belohnungen zu verdienen, kommt bestimmt.

Ein emotional erpresstes Kind, dem der Schneid und damit auch der Drang zur eigenen konstruktiven Entwicklung durch viele schöne Dinge abgekauft wurde, kann keine Distanz entwickeln. Es hat erst gar nicht die Chance, seine Hilflosigkeit zu erkennen, da es aus Muttis Sicht alles richtig macht und für sein Verhalten ständig belohnt wird. Es ist keiner offenen Gewalt ausgesetzt, gegen die es sich auflehnen könnte. Im Gegenteil, es ist im Überfluss groß geworden und auf dem besten Wege dazu, der Parasit von morgen zu werden. Es hat ja gelernt und als unbewusst wirksamen, ganz selbstverständlichen Anspruch verinnerlicht, dass es jeden möglichen Komfort ohne eigene Leistung beanspruchen kann, solange es angepasst und lieb ist.

Die Muttis dieser Welt setzen ihre reduzierte Empathiefähigkeit auf eine ganz besondere Weise ein. Dank ihres einseitigen Einfühlungsvermögens wissen sie genau, welche Hebel sie wann betätigen müssen, um ihr Kind gefügig zu halten. Destruktiv angewandte Empathie kann eine furchtbare Waffe sein. Niemand foltert erfolgreicher als der, der sich in sein Opfer einzufühlen versteht und weiß, was ihm den größten Schmerz bereitet.

Je besser sich Muttis in das Innenleben ihres Kindes hineinversetzen können und dessen Gefühle verstehen, umso effektiver können sie die besten Stell- oder auch Daumenschrauben finden. Sie nehmen die Puppe weg; sie beschlagnahmen das Handy, das gerade jetzt in den Schulferien für den Klatsch mit der besten Freundin so wichtig wäre. So großzügig Muttis mit Belohnungen umgehen können, so gut wissen sie auch, was ihrem kleinen Schatz so richtig wehtut, wenn er ihnen mal Kummer bereitet.

Die schlimmste Strafe für Kinder aber ist das Schweigen. Kein Kind hält tagelanges Schweigen aus. Einzelhaft ist die stärkste Strafe in jedem Gefängnis, eine schweigende Mutter setzt das Kind einer Isolationsfolter aus.

Dieser Effekt wird noch schlimmer dadurch, dass Kinder die Fehler bei sich selbst suchen und sich für die Behandlung, die ihnen widerfährt, verantwortlich fühlen. Damit drohen haarsträubende Langzeitfolgen – wirksam und sicher im Unbewussten abgespeichert.

Skandinavische Nächte

Marion hat eine Sechs in Mathe aus der Schule mitgebracht. Zugegeben, sie ist nicht sonderlich fleißig in diesem Fach, weil sie es einfach nicht mag. Aber bei dieser Mathearbeit ist wirklich alles schiefgegangen, und selbst der Lehrer hat sie getröstet.

Das eigentliche Pech für Marion ist aber, dass ihre Mutter in Mathe immer sehr gut war und es schlichtweg für das wichtigste aller Fächer hält. Mama sieht eine gute Mathenote nicht nur als Lohn fleißigen Lernens an, sondern auch als präsentierbaren Intelligenzausweis ihres Kindes. Und natürlich als Charakterprobe, denn hier könnte Marion zeigen, dass sie genug Selbstdisziplin hat, um durch harte Arbeit ihrer Mama den Gefallen zu tun, zu den Klassenbesten in Mathe zu gehören. Dass Marion die Beste in Deutsch und Musik ist, hat Mama nie interessiert, denn sie liest nicht viel und hat auch kein Instrument gelernt.

»Der Mensch fängt bei der Mathematik an«, sagt Mama immer, »denn mit Gedichteschreiben und Liedersingen ist noch keiner reich geworden. Wo wäre denn Bill Gates geblieben, wenn er nicht eine Million und eine Million zusammenzählen könnte? Meine Tochter jedenfalls hat das Zeug zu guten Mathenoten. Und die braucht sie auch, damit sie später nicht auf der Straße landet.«

Also folgt für Marion die Strafe auf dem Fuße: Die gemeinsame Urlaubsreise wird abgesagt, und Marion muss in den Ferien, die ein paar Tage später beginnen, jeden Tag Mathe lernen. Sie hat Hausarrest.

Marion kommt am nächsten Morgen ganz verweint in die Schule. Schließlich erfährt ihr Mathelehrer, was los ist. Er findet zwar auch, dass Marion sich in Mathematik mehr anstrengen müsste, aber die Strafe scheint ihm dann doch maßlos überzogen zu sein. Also ruft er Marions Mutter an, um sie umzustimmen, aber da gerät er an die Falsche. Muttis Ehrgeiz kennt kein Pardon. »Gerade Sie als Lehrer sollten doch wissen, wie wichtig es ist, in diesem Fach gut zu sein. Und Marion hat das Zeug dazu, sie ist nur zu faul, und das werde ich ihr schon austreiben. Da muss ich konsequent bleiben.«

Zu Ferienbeginn tritt Marion jeden Morgen nach einem einsamen Frühstück ihre Einzelhaft mit den Mathebüchern an. Ihre Mutter ignoriert sie den ganzen Tag über konsequent. Aber nach ein paar Tagen kommt Mama auf einmal am späten Vormittag herein, bringt ihr eine Tasse heißen Kakao und fragt sie, wie es denn vorangehe. Bald sprechen die beiden schon wieder miteinander. Marion muss zwar weiter kräftig lernen, aber sie ist erleichtert und dankbar, dass das Schlimmste vorbei ist. Sie ist sich sicher: Nur aus Liebe zu ihr ist Mama so streng und leidet selbst darunter, ihr wehtun zu müssen.

Da das Wetter in den nächsten Tagen sehr schön ist, erlaubt die Mutter plötzlich, dass ihre Tochter nachmittags ein Stündchen zum Spielen rausgehen darf. Marion liebt ihre Mama dafür heiß und innig. Nie wieder will sie ihr den Kummer antun, eine schlechte Mathearbeit zu schreiben.

Die Manipulation der Mutti an der Gefühlswelt ihrer Tochter trägt Früchte. Anstatt zu Recht auf ihre Mutter wütend zu sein, hat Marion ihre Wut gegen sich selbst, die Mathematik und den Lehrer umgewendet und begrüßt nun voller Freude die unerwartete Zuwendung ihrer Peinigerin.

Falls Sie das Beispiel zu extrem finden: In der Welt der Muttis sind solche Spielchen an der Tagesordnung, ich habe im Rahmen meiner Arbeit schon viel zu viele solcher Geschichten gehört. Sie erinnern mich dann immer an eine Begebenheit aus dem August 1973. Damals wurde eine Bank im Zentrum der schwedischen Hauptstadt Stockholm überfallen. Der Bankräuber nahm vier Bankangestellte als Geiseln und hielt sie zusammen mit einem Komplizen fünf Tage lang gefangen. Nach ihrer Befreiung zeigten die Geiseln keine Wut auf die Geiselnehmer, sondern eher auf die Polizei, deren Agieren sie als bedrohlich wahrgenommen hatten. Eine der Geiseln verliebte sich sogar in den Bankräuber und blieb auch später mit ihm befreundet.

Dieser erstaunliche Vorfall war der Namenspate für das bekannte Stockholm-Syndrom. Es ist seither wiederholt bei Opfern von Geiselnahmen identifiziert worden, und verschiedene psychologische Ansätze versuchen zu erklären, was da in den Geiseln vorgeht: Sie fühlen sich von der Welt alleingelassen und beginnen, sich mit den Geiselnehmern, die ja ihr einziger Kontakt sind, zu identifizieren. Um nicht unter ihrem Ausgeliefertsein zu leiden, reden sie sich ein, die Geiselnehmer seien ihnen im Grunde wohlgesinnt. Jedes geringe Entgegenkommen, wie etwas zu trinken, wird als Beweis dafür gewertet. So werden die Gefühle von Angst und Hilflosigkeit relativiert.

Zwar sind Muttis keine brutalen Gangster. Aber eine deutliche Parallele zum Stockholm-Syndrom gibt es bei Mutti-Kindern doch: Ihre Kontakte zur Außenwelt werden über eine Person kanalisiert, und sie sind dieser Person hilflos ausgeliefert. Um nicht das Wohlwollen des einzigen Menschen zu verlieren, der ihre Situation erleichtern kann, tun sie alles, was dieser von ihnen will. Und damit sie sich dabei nicht so fremdbestimmt vorkommen müssen, fangen sie an, sich mit dem »Geiselnehmer«, also der Mutti, zu identifizieren und jede ihrer Aktionen gut zu finden. So kann das Kind so tun, als wäre es seine eigene Entscheidung. Und es ist natürlich schöner zu glauben, dass Muttis Handlungsweise der Liebe zum Kind entspringt als selbstsüchtigen Motiven.

8

Sex, Gewalt und Macht

Es ist ein Trauerspiel – weder Männer noch Frauen reden über Sex so, wie er ist. Immer wird ein verfälschtes, einseitiges Bild abgegeben. Männer präsentieren sich gerne als erfolgreiche Jäger. Sie sprechen über ihre Eroberung, mit der sie neulich einen One-Night-Stand hatten. Wenn es in der festen Beziehung gut läuft, interessiert das niemanden – und wenn es schlecht läuft, geben Männer es nicht zu. Kaum ein Mann würde vor seinen Freunden klagen: »Meine Frau will nicht mehr mit mir ins Bett«, denn da würde er gleich als Versager dastehen oder mit seinen Kumpels über Gefühle reden müssen.

Das Schweigen über die schönen Seiten des Sex ist psychologisch nachvollziehbar: Es hat auch damit zu tun, dass vor allem Frauen vermeiden wollen, Neid oder Begehrlichkeiten zu erzeugen. Sie wollen ihren tollen Mann schließlich für sich behalten und keine Nebenbuhlerin auf den Plan rufen. Sexuelle Großtaten ihres Mannes behält sie darum lieber für sich. Außerdem könnte das nur Feindseligkeiten wecken und womöglich Freundschaften ruinieren.

Unterm Strich bleiben Männer wie Frauen sprachlos, nicht nur ihrem engen Freundeskreis gegenüber, sondern vor allem auch untereinander – doch wie sollen sie dann jemals partnerschaftlich und freudvoll zusammenkommen? Das allgemeine Schweigen eröffnet manchen Frauen aber die Chance, Sex für andere Zwecke als die Lust gezielt zu benutzen. Sex ist das perfekte Partner-Controlling-Instrument für Muttis.

Der Kondomhersteller Durex führte 2001 in 27 Ländern eine Umfrage durch: Männer gaben an, dass sie im Jahr 103-mal Sex hatten. Frauen kamen dagegen auf 88-mal Sex. Da es ungefähr gleich viele Männer wie Frauen gibt und auch der höhere Anteil an Männern unter den homosexuellen Paaren diesen Unterschied nicht erklären kann, ist das schon rein rechnerisch ein Problem.

Eine Erklärung, was hinter dieser Diskrepanz liegt, lieferte beispielsweise die repräsentative Umfrage des GEWIS-Instituts unter 1049 Frauen und Männern im Alter von 25 bis 39 Jahren mit dem Ergebnis, dass 75 Prozent der Männer mehr Sex wollten als ihre Partnerin, während von den Frauen lediglich 16 Prozent Lust auf mehr als er hatten. Der Wunsch ist also der Vater der vermutlich übertriebenen Einschätzung der Männer.

Abgerundet wird dieses Bild von zwei 2011 auf der Website der Zeitschrift *Woman's Day* veröffentlichten Zahlen: 84 Prozent der befragten Frauen gaben an, dass sie Sex unter anderem deswegen haben, um ihren Mann zu mehr Hausarbeit zu bewegen.

Vereinfacht gesagt: Männer wollen immer, Frauen können immer. Das hat Auswirkungen auf die Partnerschaft: Der sexuell weniger Interessierte dominiert die Beziehung. Wer über eine Ressource verfügt, die jemand anders dringend haben will, ist im Vorteil. Umso mehr, wenn ihm selbst die Ressource nicht so wichtig ist. Oder anders gesagt: Wer mehr will, ist unter Druck; wer weniger will, hat die Macht, sagt der Paarforscher David Schnarch. Denn er kann dem Partner Sex vorenthalten, ohne selbst allzu deutlich darunter zu leiden – oder auch großzügig gewähren, »obwohl ich selber gerade gar keine Lust habe«.

Das heißt nicht, dass sie es auch tut. Ich will zunächst nur auf Folgendes hinaus: Frauen haben durch die ganz natürliche Konstellation im Bett grundsätzlich ein Instrument der Machtausübung zur Verfügung, gegen das sich Männer nicht wehren können. Wenn Frauen nicht wollen, dann gibt es keinen Sex. Solange Frauen diese Macht einsetzen, um sicherzustellen, dass sie nur dann Sex haben, wenn sie Lust dazu haben, ist das großartig. Ein Problem wird daraus erst dann, wenn Frauen die für sie günstige Machtkonstellation dazu nutzen, Sex in der Paarbeziehung als Belohnung oder dessen Entzug als Strafe einzusetzen, um das Wohlverhalten des Mannes zu steuern.

Die Frage ist nun, welche Frauen diese Macht tatsächlich auch so gebrauchen und was sie damit erreichen wollen.

Liebesboykott

»Lass Mama in Ruhe!«, ruft die achtjährige Ina und drängt sich zwischen ihre Eltern.

Ihr Vater weicht verlegen zurück. »Ich tu Mama doch nichts Böses, ich wollte sie bloß küssen, weil ich sie gernhab«, verteidigt er sich schwach.

»Ach, Peter!«, flüstert Monika. »Das endet doch immer damit, dass du mehr willst. Du siehst doch, dass ich müde bin. Und außerdem: doch nicht vor dem Kind!«

Peter seufzt. Jetzt wird Ina sich wieder verpflichtet fühlen, auf ihre Mama aufzupassen, damit Papa sie nicht bedrängt, wenn die wachsame Tochter nicht hinschaut. Wahrscheinlich wird sie heute Nacht wieder ins Ehebett schlüpfen. Und seine Frau wird sie willkommen heißen.

Als Peter mir diese Szene erzählte, wirkte er zutiefst niedergeschlagen. »Verstehen Sie mich nicht falsch, ich bin keiner von diesen Machomännern, die ihre Beziehung nur über Sex definieren. Aber auch sonst ist nicht mehr viel Gemeinsames übrig bei uns.«

Er hatte das Gefühl, dass seine Ehe eingeschlafen war, weil es ihm nicht mehr gelang, das Interesse seiner Frau zu wecken. Sie hatte auch genug anderes: neben ihrem Halbtagsjob die Tochter, den Hund Chico und das Pferd Marella. Die brauchten Monikas Liebe und Zuwendung restlos auf, schien es ihm.

»Wenigstens das Pferd schläft nicht bei uns im Bett.« Peter hatte seinen Galgenhumor nicht verloren. Für ihn selbst blieb nichts mehr übrig. Nur wenn er etwas Besonderes leistete, gewährte ihm seine Frau noch ab und zu als Belohnung eine Liebesnacht. »Aber wann leiste ich schon mal was Besonderes?«, fragte er. »Bisher war ich beruflich sehr erfolgreich, aber jetzt droht meine Firma in der Finanzkrise abzurutschen. Ich kämpfe jeden Tag darum, sie über Wasser zu halten. Wenn ich das nicht schaffe, welchen Wert habe ich dann noch für meine Familie?«

Im Gespräch fand Peter zu dem Entschluss, mehr für sich selber zu sorgen. In der Familie fehlte ihm zusehmend die Unterstützung, deshalb musste er versuchen, sich aus eigener Kraft wiederaufzurichten. Als ersten Schritt nahm er sich vor: Wenn ich abends von der Arbeit komme, nehme ich mir erst mal 20 Minuten für mich. Eine Auszeit, in der ich mich ausruhe, mental vom Berufsstress abkopple und zu mir selber finde. Ohne mich gleich ins Familienleben zu stürzen.

Monika war von diesem neuen Verhalten zunächst irritiert, dann neugierig und neidisch. Was, Peter achtete auf seine eigenen Bedürfnisse? In den therapeutischen Sitzungen war er darauf gekommen? Also kam auch sie zu mir, und bald stellte sich heraus: Auch Monika hatte den Wunsch nach mehr Nähe zu sich selbst und zu Peter, sie ließ diesen Wunsch aber nicht zu. Weil sie von ihrer eigenen Mutter gelernt hatte, als Ehefrau sei ihre Rolle eine andere. Als die beiden endlich anfingen, miteinander über ihre Bedürfnisse zu sprechen, entwickelten sie nach und nach einen Plan, wie sie zusammen für sich sorgen konnten. Zur Tochter, die in der Vergangenheit gelernt hatte, Zärtlichkeiten zwischen den Eltern als etwas Bedrohliches wahrzunehmen, sagten sie: »Das ist doch was Schönes, sich zu küssen. Das wirst du eines Tages selber erleben.« So konnte das Kind die neue Nähe zwischen den Eltern akzeptieren.

Meist ist solch ein Problem nicht so leicht zu lösen wie bei Monika und Peter. Frauen bestimmen, wo es langgeht, und vor allem: wie weit. Sie dürfen jederzeit abbrechen. Und das ist auch gut so. Um es noch mal deutlich zu sagen: Das Vetorecht der Frau ist eine der wichtigsten Errungenschaften der Zivilisation, es ermöglicht überhaupt erst das Ideal einer gleichberechtigten Partnerschaft.

Nur: Dass die beiden scheinbar gleichberechtigten Partner nicht offen miteinander reden können, erweist sich als Katastrophe. Wenn beide Partner klar sagen würden, was sie sich wünschen und wie viel, könnten sie gemeinsam eine Lösung finden, die für beide gut ist. Von der Josephsehe ohne Sex bis zu mehrmals täglich, 365 Tage im Jahr – alles ist möglich und eine Sache der Absprache. Wenn aber Sex als Instrument gebraucht wird, um den Mann zu lenken, und Sexentzug als Bestrafung dient, werden weder Mann noch Frau glücklich.

Missverstehen Sie mich nicht: Es ist naturgegeben, wenn nach einem Streit erst einmal Ruhe im Bett herrscht. Wer wütend auf einen anderen Menschen ist, hat wenig Lust, ihn zu umarmen. Das ist normalerweise eine Reaktion beider Seiten, die sich wieder gibt, wenn man zu dem Schluss gekommen ist, dass trotz aller Differenzen die Liebe zum Partner überwiegt. Heuchlerisch und erpresserisch wird der Liebesboykott, wenn es beim Streit um Themen geht, die mit dem Verhältnis der beiden zueinander eigentlich wenig zu tun haben. So wie Geld oder das Urlaubsziel. Viele Muttis lassen auch in solchen Fällen den Mann nicht ran – so lange, bis er tut, was sie sagt.

Und bist du nicht willig, so brauch ich Gewalt

Im August 2009 gestand ein fünffacher Familienvater vor dem Landgericht Bielefeld, eine 13-Jährige mit dem Auto angefahren und dann vergewaltigt zu haben.

2011 wurde ein Mann aus Oberfranken angeklagt, seine Tochter über 34 Jahre hinweg missbraucht zu haben, das erste Mal, als sie zwölf Jahre alt war. Im Lauf der Zeit bekam sie drei Söhne von ihm; alle drei hatten Behinderungen, zwei starben im Kindesalter.

Die dreijährige Karolina wurde vom Lebensgefährten ihrer Mutter über mehrere Tage hinweg verprügelt, mithilfe von glühenden Flaschendeckeln versengt und mit dem Kopf gegen die Wand und gegen Möbel gestoßen. Bewusstlos wurde sie auf der Toilette eines Krankenhauses abgelegt und starb wenige Tage später an ihren Verletzungen.

Derart grausame Fälle von Kindesmisshandlung, Missbrauch und Vergewaltigung gehen immer wieder durch die Medien. Für die Opfer interessiert sich, nach dem Medienhype, kaum jemand. Sie bleiben mit ihren massiven körperlichen und seelischen Schäden zurück und haben oft für den Rest ihres Lebens Schwierigkeiten, eine normale Beziehung aufzubauen.

Solche entsetzlichen Taten sind keineswegs Einzelfälle. Mediziner und UNICEF-Studien schätzen, dass jährlich allein in Deutschland zwischen 150 000 und 180 000 Kinder körperlich misshandelt werden. Bei einer Zahl von 13,1 Millionen minderjähriger Kinder und Jugendlicher in Deutschland 2010 entspricht das einem Anteil von 1,1 bis 1,4 Prozent.

Die medizinische Fachzeitschrift *The Lancet* veröffentlichte 2009 eine Untersuchung, nach der 5 bis 10 Prozent aller Mädchen und 5 Prozent aller Jungen im Laufe ihrer Kindheit penetrierendem sexuellen Missbrauch ausgesetzt sind, andere Formen des sexuellen Missbrauchs betreffen noch wesentlich mehr Kinder; nach Schätzungen des Frauenärzteverbands werden 8 bis 15 Prozent der Frauen im jungen Erwachsenenalter vergewaltigt.

Das Kriminologische Forschungsinstitut Niedersachsen befragte 2011 in einer Repräsentativstichprobe 11 428 Personen der Altersgruppe 16 bis 40, ob sie im Alter bis 16 Jahren sexuell missbraucht oder belästigt worden seien. 683 Personen, also 6 Prozent, bejahten dies. 5 Prozent der weiblichen und 1 Prozent der männlichen Befragten gaben an, im Alter bis 13 Jahre sexuellen Missbrauch mit Körperkontakt erlebt zu haben; nimmt man die 14- und 15-Jährigen mit dazu, waren es 5,4 Prozent der Mädchen und 1,4 Prozent der Jungen.

Das sind die Fakten. Von Missbrauch als einer gesellschaftlichen Randerscheinung kann also nicht die Rede sein. Es geschieht mitten unter uns. In jeder Schulklasse, jeder Kindergartengruppe ist statistisch gesehen ein Kind, das körperlich misshandelt oder sexuell missbraucht wird. Dabei sind Gewalt und sexueller Missbrauch keineswegs ein Unterschichtphänomen, sondern ebenso in Mittel- und Oberschicht zu finden. Dort werden sie oft nur besser kaschiert.

Stellen wir das Objektiv schärfer: Es wird in der öffentlichen Wahrnehmung ein deutlicher Unterschied gemacht, ob ein Täter das Kind sexuell missbraucht oder »nur« durch körperliche Gewalt quält. Für das eine scheint es keine Entschuldigung zu geben. Für das andere sehr wohl: Bei Kindesmisshandlung ohne sexuelle Gewalt werden Gründe und Entschuldigungen gefunden, das Kind sei schwierig gewesen, die Eltern überfordert und dergleichen. Für mich, der vor allem die psychisch-seelischen Folgen der Misshandlungen sieht, ist diese Abstufung nicht sinnvoll. In beiden Fällen sind die körperlichen Übergriffe so massiv, dass lebenslange schädliche Folgen in der Psyche fast unvermeidlich sind. Beide Formen der Gewalt sind aus meiner Perspektive gleichermaßen, ohne Abstufung, absolut unentschuldbar. Es gibt da auch keine Entschuldigung oder Rechtfertigung durch die eigene Leidensgeschichte des Täters in der eigenen Kindheit. Erwachsene sind für ihre Taten verantwortlich, egal, was ihnen selbst angetan worden ist. Die Leiden der eigenen Kindheit zu durchleuchten kann den Tätern helfen, sich unter Kontrolle zu bringen, aber sie können die Verantwortung und Schuld nicht schmälern.

Die heimliche Gewalt der Muttis

»Mama, ich will zu dir!«

»Nein, Kind, erst wenn der Alte mit dir fertig ist!«

So verliefen die abendlichen Dialoge zwischen der damals erst dreijährigen Waltraud und ihrer Mutter. Erst wenn sich ihr Vater an ihr befriedigt hatte, durfte sie im Elternbett über die Besucherritze zur Mutter rutschen und dort kuschelnd einschlafen. Nachts wurde sie dann schlafend von der Mutter in ihr eigenes Bett getragen. Ihrer Mutter war die Nähe zu dem als »armseliger Versager« bezeichneten Ehemann einfach nur lästig, und sie benutzte ihre kleine Tochter zu ihrer eigenen Entlastung.

Diese Geschichte wurde aber erst im Laufe einer mehrjährigen Therapie der 47-jährigen Gymnasiallehrerin Waltraud aufgedeckt, die wegen Depressionen und Ängsten zu mir kam.

Sie hatte damals eine erfolglose Beratung bei einer Mentorin sowie eine gescheiterte Therapie bei einer Therapeutin hinter sich. Beide Frauen besprachen nur den Missbrauch durch den Vater mit ihr – die Mittäterschaft der Mutter blieb immer außen vor. Es stellte sich erst durch die intensive und bisher blockierte emotionale Erinnerungsarbeit die dominante Position der Mutter heraus, die ihre kleine Tochter sogar an fremde Männer vermittelt hatte, um die Familienkasse aufzubessern. Der Durchbruch in der langen und für die Patientin sehr schmerzvollen und tränenreichen Therapie trat erst ein, als sie ihre auch bildhaften Erinnerungen mit den begleitenden und bisher verdrängten aggressiven Gefühlen auch ihrer Mutter gegenüber zulassen und verarbeiten konnte. So war es Waltraud endlich möglich, vertieftes Vertrauen in sich selbst und andere zu erwerben, eine liebevolle neue Beziehung mit einem Mann einzugehen, im Alltag lebendig zu leben und zu arbeiten.

Sexueller Missbrauch von Kindern durch Frauen kann verschiedene Formen annehmen: Da ist die erwachsene Frau, die halbwüchsige Jungen verführt und sie zu Handlungen drängt, die ihnen eigentlich nicht ganz geheuer sind. Da ist die Mutter, die die Körperpflege zu sexuellen Handlungen benutzt. Da sind aber auch Frauen, die Kinder schlagen, misshandeln und demütigen – aus eigener Initiative oder von ihren gewalttätigen Partnern dazu gedrängt. Oder Frauen, die ihre eigenen Kinder oder Schutzbefohlene Männern zum Missbrauch überlassen, wie es Waltraud erfahren musste.

Bei der Umfrage des Kriminologischen Forschungsinstituts Niedersachsen berichteten 1,8 Prozent der weiblichen Missbrauchsopfer und 16,9 Prozent der männlichen, dass Frauen die Täter waren. »Die Annahme, dass Frauen, die sexuell missbrauchen, weniger gewalttätig sind als Männer, ist nicht richtig. Die Formen der Gewalt, ihre Intensität, Häufigkeit und Perversion sind ähnlich. Für die Opfer sind die Folgen des Missbrauchs durch eine Frau nicht anders als die durch einen Mann.« So schreibt Sabine Sternemann in ihrem Artikel über sexuellen Missbrauch durch Frauen auf der Homepage des Vereins »Kinder brauchen beide Eltern e. V.«.

Frauen, die ihre Kinder nicht vor Gewalt schützen oder ihnen selbst Gewalt in Form von emotionalem oder sexuellem Missbrauch oder körperlicher Misshandlung antun, gehören nach meiner Einschätzung und der gängigen Meinung der Forschung zur Gruppe der psychopathisch gestörten Menschen. Diese können anderen die grausamsten Taten antun, ohne dabei Mitgefühl zu entwickeln, selbst zu leiden oder hinterher ein schlechtes Gewissen oder Scham- und Schuldgefühle zu entwickeln. Forschungsergebnisse zur weiblichen Psychopathie zeigen, dass Frauen genauso wenig wie Männer vor dieser schweren Persönlichkeitsstörung gefeit sind, ihre Seelenkälte aber besser verbergen können – meist sogar hinter einer Fassade des Lächelns. In ihrer Frauenstudie an Gefängnisinsassinnen fand die Berliner Psychologin Anja Lehmann von der Freien Universität heraus: »Im Regelfall scheint es den Frauen besser zu gelingen, zumindest formal die gesellschaftlichen Spielregeln einzuhalten.« (*Spiegel*, 7. Januar 2011, S. 29) Dadurch blieben viele Psychopathinnen unter dem Radar der Rechtsprechung. Die Kombination dieser Faktoren mache Frauen zu den »erfolgreicheren« Psychopathen. Die Wissenschaftlerin traf auf Täterinnen, die emotional kaum erreichbar waren. Angesprochen auf ihre Taten, zeigten die Frauen keinerlei Scham für Delikte wie Betrug oder sogar Mord. Unbarmherzig könnten sie ihrem Partner auch noch das letzte Hemd ausziehen – während dieser in einer Mischung aus Nachsicht und Anbetung verharre.

Frauen gelinge es einfach viel besser, ihre wahren Absichten auch ihrem Mann und ihren Kindern gegenüber zu verbergen. Das hat fatale Folgen, nämlich dass psychopathische Störungen bei Frauen und bei Müttern viel seltener ans Licht kommen als bei Männern und bei Vätern.

Auch alte Menschen gehören meist zu den Schutzbefohlenen der Frauen. Bereits in den 80er-Jahren brachte hier eine US-amerikanische Repräsentativbefragung von den überwiegend weiblichen Pflegekräften ein wenig Licht ins Dunkel. 81 Prozent der Befragten hatten im vergangenen Jahr beobachtet, wie Altenheimbewohner von Mitarbeiterinnen seelisch misshandelt wurden. Mehr als ein Drittel der Befragten berichtete von der Beobachtung körperlicher Misshandlung. 40 Prozent hatten selbst Formen seelischer Gewalt ausgeübt, und jeder Zehnte berichtete von eigenen körperlichen Übergriffen auf seine Schutzbefohlenen. Der aktuelle Bericht der Weltgesundheitsorganisation WHO geht davon aus, dass vier Millionen ältere Menschen allein in Europa misshandelt werden. Etwa 2500 Opfer sterben an den Folgen der Misshandlungen. Die Täter: überwiegend Frauen – allein schon deshalb, weil das Pflegepersonal fast ausschließlich weiblich ist.

Nicht nur gegen Kinder und Alte richtet sich die Aggression der Frauen. Auch gegen Männer werden diese viel häufiger gewalttätig als gemeinhin bekannt. Tatsächlich kam schon 1980 das US-amerikanische Forscherteam Murray Straus, Richard Gelles und Suzanne Steinmetz zum Ergebnis, dass 11,6 Prozent der Frauen schon einmal von ihren Männern tätlich angegriffen wurden – und 12 Prozent der Männer von ihren Frauen. Schläge, Tritte, Bisse und Wurfgeschosse sind eben auch Waffen der Frauen. In ihrer Metastudie, für die sie die etwa 30 zu diesem Zeitpunkt existierenden relevanten Studien auswerteten, zeigten sie auch: In einem Viertel der Fälle ging die Gewalt ausschließlich vom Mann aus, in einem weiteren Viertel war es die Frau, die losprügelte, und in etwa der Hälfte der Fälle standen sich die beiden Partner in nichts nach.

Das heißt: Frauen und Männer sind innerhalb der heimischen vier Wände gleichermaßen gewalttätig – völlig im Gegensatz zur öffentlichen Wahrnehmung.

Frauen berichten allerdings zwei- bis dreimal so häufig wie Männer von den Misshandlungen durch ihren Partner; zu diesem Ergebnis kam der »New Zealand National Survey of Crime Victims« im Jahr 1996. Die meisten Männer, die Gewalt durch Frauen erfahren, verschweigen das aus Scham. Darüber zu reden widerspräche nicht nur dem gängigen Männlichkeitsbild, sondern würde auch nur auf Unglauben und Häme stoßen.

Wenn aber Frauen innerhalb der Familie und der Paarbeziehung ebenso gewalttätig sein können wie Männer, dann kann die Ursache für die häusliche Gewalt nicht in der Natur des Mannes liegen. Diesem gängigen Erklärungsmuster erteile ich eine glatte Absage, es ist nicht haltbar, sondern ein Vorurteil. Vielmehr sind diese Täter – Frauen wie Männer – Produkte des Mutti-Systems.

Endlich raus

Allen Formen des Missbrauchs gemeinsam ist: Das Opfer wird erniedrigt, in seinem Selbstwertgefühl beschädigt. Und genau das ist das eigentliche Ziel des Täters oder der Täterin. Sie suchen das Gefühl der Kontrolle über einen anderen Menschen. Daher sind die Täter durchgehend Menschen mit einem geringen Selbstwertgefühl. Oft wurden sie in ihrer Kindheit selbst missbraucht oder misshandelt, haben eine Situation des Ausgeliefertseins erlebt – und wollen jetzt ihrerseits in der Position des Machthabers sein.

Unter Psychotherapeuten ist allgemein bekannt: Die wenigsten Frauen und Männer, die Kinder missbrauchen, sind pädophil in dem Sinne, dass ihre sexuellen Phantasien sich nur um Kinder drehen. 90 Prozent dieser Straftäterinnen und Straftäter begehren durchaus erwachsene Partner – fühlen sich diesen aber nicht ebenbürtig und nicht gewachsen und weichen deshalb auf Kinder aus. Missbrauch und Gewalt, ob subtile, kontrollierende und manipulierende seelische Gewalt oder brutale, offene, körperliche Gewalt, sind die Folge von mangelnder Persönlichkeitsentwicklung, mangelndem Respekt vor sich selbst und vor anderen. Sie sind ein Effekt einer unterentwickelten, vom Erwachsenenleben überforderten Persönlichkeit. Die Täter haben keine eigene Gefühlswelt entwickelt und können daher auch keine Achtung vor der Gefühlswelt anderer haben.

Aus der Sicht eines Therapeuten sind darum Menschen, die Kinder oder körperlich unterlegene Erwachsene sexuell missbrauchen, körperlich misshandeln oder seelisch erniedrigen, in allen Fällen Menschen, die deformiert und fehlgeleitet entwickelt und erzogen wurden. Ich beziehe hier eindeutig Stellung: Alle diese Formen von Gewalt sind in unserer Gesellschaft *gemacht*. Sie passieren nicht aus heiterem Himmel. Sie liegen nicht einfach in der Natur des Menschen, sondern sie sind individuelle und gesellschaftliche Fehlentwicklungen, Störungen, die eine psychisch-seelische Ursache haben.

Wer diese Fehlentwicklungen und Störungen beheben will, muss sich die Ursachen genau anschauen. Stellen wir das Objektiv also noch ein wenig schärfer: Was ich dann als Fachmann in den Entwicklungsgeschichten der Täter sehe, sind gestörte Beziehungen zu den Eltern. Entscheidend sind die Bedingungen, unter denen diese Leute aufgewachsen sind: »In allen psychoanalytischen Beiträgen zur Pädophilie findet sich die Erkenntnis, dass Pädophile praktisch immer eine hoch ambivalente Mutterbeziehung haben«, resümiert eine psychoanalytische Studie von Fritz Lackinger aus dem Jahr 2009. »Die Mütter/Sexualpartnerinnen werden von Pädophilen dementsprechend als kontrollierend und/oder verschlingend erlebt. Die Mütter erscheinen ›riesig‹, und dem können diese Patienten nur durch Umkehrung entgehen, indem sie sich kleine, kontrollierbare ›Partner‹ suchen.«

Aber das heißt nicht, dass die Mütter an allem schuld sind. Schuld ist ohnehin der Täter und niemand sonst. Zudem tragen auch die Väter ihren Teil der Verantwortung, wenn ihre Söhne und Töchter Gewalttäter werden: Pädophilen fehlt in fast allen Fällen die Erfahrung eines präsenten Vaters, der ein positives Männerbild und einen Gegenpol zur mächtigen Mutter in ihm erzeugen konnte. Es fehlt das notwendige Entwicklungsdreieck zur Ablösung von der Mutter. Die Jungen und Mädchen hatten so keine Chance, eine erwachsene Persönlichkeit auszubilden, sich innerlich stark und selbstwirksam zu fühlen und fähig zu sein, einem erwachsenen Partner des anderen Geschlechts auf Augenhöhe zu begegnen, ihn zu begehren, zu erobern und mit ihm lustvoll zu lieben und zu leben.

Dieses Bild, das jeder sehen kann, der bei Gewalttaten nicht wegschaut, sondern sich die Entstehungsgeschichte der Gewalt mit scharf gestelltem Objektiv anschaut, ist exakt das Bild der Mutti-Familie, wie ich es in diesem Buch zeichne: übermächtige, manipulierende, egozentrische Mütter, schwache Pantoffelhelden als Väter. Das Ergebnis: destruktive Gewalt.

Ich bin mir also nach aller professionellen Beschäftigung mit den Muttis und ihren Familien sicher, dass die meisten ehemaligen Mutti-Opfer zu Tätern werden. Die meisten Mutti-Mädchen werden selbst zu Muttis und üben vor allem manipulative seelische Gewalt auf Männer und Kinder aus. Die meisten Mutti-Jungen werden zu schwachen Männern, die ihre Kinder dem Regiment ihrer Mutti-Partnerin ausliefern und darum Mitverantwortung für die Folgen tragen. Und einige dieser Frauen und einige dieser Männer – etwa gleich viele – werden nicht nur seelisch, sondern auch körperlich gewalttätig.

Sind also diejenigen, die Schwächere – ob Kinder, Männer, Frauen oder Alte – missbrauchen oder misshandeln, die vergewaltigen und schlagen, nur arme Opfer? Ausdrücklich: Nein! Jeder Mensch ist selbst verantwortlich für seine Handlungen – auch wenn seine Kindheit noch so bescheiden war. Immerhin gibt es auch viele Mutti-Opfer, die nicht zu Gewalttätern werden.

Im Umkehrschluss bin ich überzeugt: Wenn wir mehr liebevolle und den Kindern zugewandte Mütter und aktive, selbstbewusste Väter hätten, dann hätten wir auch weniger Sexualstraftäter, weniger Prügeleltern, weniger unglückliche Paare und weniger Muttis in der neuen Generation. Wir haben die Chance, eine Aufwärtsspirale für die ganze Gesellschaft anzuwerfen, wenn wir die Macht der Muttis bekämpfen. Aber das ist schwierig, denn unsere Gesellschaft ist in weiten Teilen ein Mutti-System.

Das Mutti-System

9

Ene mene muh, und raus bist du!

Basti überlegt lange, bevor er mit seiner grünblauen Murmel auf Timos gelbe zielt. Fabian und Chris halten die Luft an. Treffer! Die gelbe und die grünblaue Glaskugel klacken laut aufeinander, die gelbe rollt nach schräg links weg, auf den Stein zu – Basti hält den Atem an – und dann links am Hindernis vorbei. Er stößt enttäuscht die Luft aus. Fabian sammelt die grüne Murmel ein und legt sie in eine Kuhle, in der sich schon ein bunter Haufen angesammelt hat. »Die kommt in den Jackpot«, sagt er zufrieden.

Fabian und Chris nicken bedächtig und suchen sich ihre Murmeln für den nächsten Durchgang aus. Die vier Jungen sind völlig in ihr Spiel vertieft und achten gar nicht auf die Kids, die drum herum stehen und das Spiel mit größtem Interesse beobachten. Immer wieder streiten Basti, Timo, Fabian und Chris wie die Kesselflicker darum, ob ein Spielzug gültig war oder nicht. Dabei hauen sie sich gegenseitig Codewörter um die Ohren, dass den Zuhörern schwindlig wird: »Doppelnull«, »gebockt«, »leerer Zug«, »Karussell«, »schieben«.

Nach welchen Regeln spielen die vier? Die Zuschauer versuchen vergeblich, sie aus dem Spielgeschehen abzuleiten, um mitreden zu können. Brennend gerne würden sie mitmachen, doch in den Kreis aufgenommen zu werden ist gar nicht so einfach.

Jetzt scheint sich das Spiel dem Ende zu nähern. Mit seiner

letzten Murmel kommt Chris so nahe an den Stein heran wie kein anderer. Die Umstehenden nicken ihm beifällig zu, denn jetzt hat er wohl gewonnen, oder? Anscheinend doch nicht. Der Weg, den die Murmel gerollt ist, wird noch mal mit dem Finger verfolgt, von verschiedenen anderen Murmeln werden die Abstände mit einem Stöckchen gemessen. Dann nimmt Timo vier von Chris' roten Murmeln und steckt sie in seine Tasche.

»Hey! Was soll das?« Der Protest kommt nicht von Chris, sondern von seinem Freund Dennis, der unter den Zuschauern steht.

Chris nickt ihm beruhigend zu. »Lass mal, stimmt schon so.«

Der Jackpot wird nach einem komplizierten Schlüssel aufgeteilt, dann trennen sich die vier Spieler. Dennis zieht Chris zur Seite. »Was war das denn? Nach welchen Regeln habt ihr gespielt?«

Chris grinst nur. »Betriebsgeheimnis!«

Drinnen oder draußen

Der Mensch hat das starke Bedürfnis, zu einer Gruppe zu gehören. Dieser Wunsch ist sogar eine seiner stärksten Antriebsfedern. Denn als soziales Wesen ist er ohne Zusammenschluss mit anderen schlichtweg nicht überlebensfähig. Wir alle brauchen die Gemeinschaft mit anderen, um uns akzeptiert und sicher zu fühlen. Nur gemeinsam sind wir stark. Soziale Isolation dagegen macht krank. Nicht dazuzugehören und ausgegrenzt zu sein ist eines der belastendsten Gefühle, die es gibt. Und so galt in der Geschichte der Menschheit die Verbannung als schlimmste Strafe.

Gruppen und Menschen finden sich. Klar, ein passionierter

Manta-Fahrer, der sich über sein Traumauto gerne austauscht, findet bei den Opel-Freunden Gleichgesinnte. Bei Mitgliedern eines Gesangvereins, Briefmarkensammlern und den örtlichen Handymastgegnern ist das nicht anders. Die Bandbreite an Wünschen und Anliegen, über die sich ein Mensch definieren kann, ist unüberschaubar groß. Und für jedes Bedürfnis findet sich eine Gruppe.

Die verschiedensten gesellschaftlichen Gruppierungen konstituieren sich über manchmal offen kommunizierte, manchmal stillschweigend erlernte und angewandte Regeln. Diese bestimmen, wer unter welchen Bedingungen mitmachen darf – und wer nicht. Das gilt für Burschenschafter und Greenpeaceaktivisten genauso wie für die Teilnehmer einer Kaffeefahrt. Untereinander erkennt man sich am Verhalten – und an Symbolen. Eine Hose mit Schlag, Musik – sei es eine Nationalhymne oder ein Fangesang – oder Kreuz, Halbmond und Totenkopf: All das eignet sich gleichermaßen, um Menschen um sich zu scharen. Gruppen bieten ihren Mitgliedern eine emotionale Heimat und Identität. Und das ist gut so. Rudelbildung integriert aber nicht nur, sie schließt auch aus.

Ein Gemeinschaftsgefühl innerhalb einer Gruppe kann nur dann entstehen, wenn auch der Platz außerhalb definiert ist. Denn jeder Zusammenschluss braucht einen Gegenpart, eine andere Gruppe also, gegen die sich die eigene abgrenzen kann. Eine Vereinigung von Atmern würde es schwer haben, Mitglieder zu finden, denn es gibt schlichtweg keinen Menschen, der *nicht* atmet. Was es allerdings gibt, sind Vereine, deren Mitglieder das *richtige* Atmen praktizieren. Die einen schwören auf Tiefenatmung, die anderen finden ihr Glück im Dauerhecheln. Auf dieser Ebene ist dann wieder Platz, um sich gegen andere abzugrenzen und am Wirgefühl der eigenen Gruppe teilzuhaben.

Kein eingefleischter Nichtraucher also ohne Raucher, kein

bekennender FKK-Anhänger ohne Textilträger. Jede Religion braucht Un- oder Andersgläubige. Ohne Katholiken hätten Protestanten nur halb so viel Spaß. Je mehr sich eine Gruppe in ihren Einstellungen oder Praktiken abgrenzen kann, desto stärker ist die Identifizierung ihrer Mitglieder mit ihr. Der Philosophieprofessor Thomas Metzinger von der Universität Mainz ist sogar davon überzeugt, dass der Zusammenhalt in der eigenen Gruppe sinkt, wenn der Außendruck durch Andersdenkende nachlässt. Doch dabei kommt es darauf an, ob der Andersdenkende akzeptiert werden kann oder ob er automatisch zum Feind abgestempelt und bis aufs Blut bekämpft wird.

Trupp oder Team?

Lady-Gaga-Fans und Sportkletterer treffen sich eher informell; Kleintierzüchtervereine und das Militär haben da weitaus strengere Regeln. In solchen Organisationen gibt es oft klare Hierarchien: Einer ist der explizit benannte Befehlshaber oder Aufseher, der für die Belange der Gruppe steht. Die anderen haben zu tun, was er sagt.

Im Kloster bestimmen die Klosterregeln und der Abt das Leben der Mönche rund um die Uhr und oft bis ins letzte Detail. Das Verhalten, die Tätigkeit, die jeder zu verrichten hat, die Kleidung, Zeit und Art der Mahlzeiten und vieles mehr sind genauestens vorgeschrieben. Kein Obergefreiter wird zu sagen wagen, dass er heute mal keine Lust hat, an der Kaserneneinfahrt Wache zu stehen. Strikte Befehlsketten sind in manchen Fällen sachlich geboten, etwa wenn ein Brand in Sekundenschnelle koordiniert bekämpft werden muss. Dann ist es gut, wenn keiner der Feuerwehrmänner seinem Zugführer kurzerhand mitteilt, dass er dieses Mal nicht das C-Rohr halten, sondern lieber für den Wassernachschub sorgen will.

Die strengsten Regeln aber haben all jene Gruppen, die sich nach außen hermetisch abriegeln und jedes Nichtmitglied als minderwertig begreifen. Religiöse Fundamentalisten, extreme politische Parteien und bestimmte Fußball-Fangruppen tun das zum Beispiel. Spannend dabei: Je strikter und exklusiver die Regeln, umso mehr beantworten solche Strukturen den Wunsch nach Sicherheit. Gerade unsichere und schwache Menschen fühlen sich von ihnen besonders angezogen, denn hier finden sie das kollektive Selbstwertgefühl, das ihnen als Individuen fehlt.

Die Abschottung durch einen strengen Kodex beschneidet Freiheiten. Ein Mitglied eines ultraorthodoxen St.-Pauli-Fanclubs wagt besser nicht, ein Tor der Spieler von Bayern München zu loben. In diesen streng abgeschlossenen Systemen kann auch niemand aufs Geratewohl vorbeikommen und sagen: »Ich will heute mal mitmachen.« Denn jeder Neuzugang muss erst einmal gründlich auf Konformität überprüft werden. Würde er Fragen stellen oder gar neue Ideen äußern, würde das die bestehende Selbstgewissheit empfindlich stören. Wo es kein »Rein« gibt, gibt es auch kein »Raus«. Jeder Abtrünnige würde das System infrage stellen. Und das können schwache Menschen nicht gut vertragen. »Mir ist das jetzt zu blöd, ich mach nicht mehr mit« ist für ein fundamentalistisches System also keine Option. Die Schotten sind dicht.

In einen Sportverein dagegen kann jedes Mitglied einen interessierten Freund zum Training mitbringen. Vielleicht gefällt es dem ja im Verein, und er wird auch Mitglied. Vielleicht gefällt es ihm aber auch nicht, oder andere Vereinsmitglieder haben etwas gegen ihn. Dann bleibt er eben draußen. In einem solchen System sind die Grenzen in beide Richtungen durchlässig. Alle Beteiligten haben die Möglichkeit, sich zu verändern und sich immer wieder neu zu entscheiden.

Solche flexiblen Gruppen sind wie ein Haus, in dem man

sich wohlfühlt. Es hat eine Haustür, die der Bewohner jederzeit öffnen kann, um nach draußen zu gehen oder Besucher einzulassen. Gäste sind willkommen, haben aber keinen Anspruch darauf, immer und unter allen Umständen empfangen zu werden. Denn der Bewohner kann die Tür auch schließen, um mal seine Ruhe zu haben und sich zurückzuziehen. Austausch und Geborgenheit – beides ist möglich, und beides ist für Menschen gleich wichtig.

Flexibel oder abgeschottet – es ist offensichtlich, zu welchem dieser Gruppentypen das Mutti-System gehört. Die Familie ist in diesem Sinne nur ein Spezialfall eines Mutti-Systems. Mutti ist darin der formelle oder informelle Chef. Sie allein macht die Regeln: Es wird mittags um ein Uhr gegessen, Cola kommt nicht auf den Tisch, Fernsehen gibt es erst, wenn die Hausaufgaben gemacht sind, Schuhe werden an der Wohnungstür ausgezogen, und vor allem: Muttis Anweisungen werden nicht infrage gestellt. Mutti bestimmt auch, wer rein und wer raus darf. Welche Freunde zu Besuch kommen dürfen und welche nicht. Ob die Kinder außerhalb übernachten dürfen oder zu Hause bleiben müssen, obliegt allein ihrer Entscheidung. Sie sorgt dafür, dass die Mitglieder des sozialen Systems so fühlen, denken und schließlich auch handeln, wie Mutti es für richtig hält. Das Mutti-System ist eine hermetisch geschlossene Gruppe mit genau zwei Hierarchiestufen: erstens Mutti und zweitens alle anderen.

Ein Murmelspiel dauert nur einen Nachmittag. Morgen schon können die Mitspieler alles über den Haufen werfen und sich andere Regeln ausdenken. Das Mindesthaltbarkeitsdatum von Muttis Regeln ist aber unbegrenzt. Sie wirken von der Wiege bis zur Bahre – und oft genug über Muttis Tod hinaus. Denn sie werden so verinnerlicht, dass sie sich schließlich in Gewohnheiten, Vorlieben und Moralvorstellungen verwandeln, die die so Erzogenen für ihre eigenen halten.

Wird die Kontrollsucht der Mutti nicht durch eine andere Instanz gebrochen oder wenigstens eingeschränkt, behält Mutti die Zugbrücke oben. Wir gegen den Rest der Welt. Das Mutti-System ist dann ein abgegrenzter Raum mit Mutti als Wärterin und den Mitgliedern als Insassen. Mutti hat die Schlüsselgewalt. Mit anderen Worten: Sie beaufsichtigt ein Gefängnis, und die Insassen haben, wenn es nach Mutti geht, keine Aussicht auf Entlassung.

Wer von außen hineinzugelangen versucht, sieht sich in Mutti schnell dem Türhüter aus Kafkas Parabel »Vor dem Gesetz« gegenüber:

»Der Türhüter sagt, dass er ihm jetzt den Eintritt nicht gewähren könne. Der Mann überlegt und fragt dann, ob er also später werde eintreten dürfen. ›Es ist möglich‹, sagt der Türhüter, ›jetzt aber nicht.‹«

Null oder eins

Sechs Frauen sitzen miteinander im Café. Eine, anscheinend die Wortführerin der Clique mit deutlich dominanten Zügen, hat die Angewohnheit, vom Essen der anderen zu naschen. Plötzlich, ohne zu fragen, steckt sie ihren Finger in den Bienenstich ihrer Nebensitzerin, erbohrt sich einen ordentlichen Klecks Sahnecreme und schleckt den Finger genüsslich ab. Als ihre Nachbarin protestiert, reagiert die Dominante sauer und kanzelt die Aufsässige lauthals als kleinkarierte Spießbürgerin ab. Um ihren Worten Nachdruck zu verleihen, steht sie auf, packt den Tisch, hebt ihn an und lässt ihn wieder auf den Boden krachen.

Nicht ohne Süffisanz schilderte die *Frankfurter Allgemeine Zeitung* diese Szene im November 2010 in ihrem Politikteil. Denn die Domina, die hier ihrem Rudel zeigt, wer die Anführerin ist, und die Szene so zum Politikum macht, ist Alice Schwarzer.

Im gleichen Artikel erinnert die *FAZ* auch daran, wie die bekannteste und provokanteste deutsche Vorkämpferin für die Frauenrechte Alice Schwarzer in den 70er-Jahren mit Elan daran arbeitete, die Frauenbewegung zur Lesbenbewegung zu machen. Sie habe damals über den ersten Beischlaf einer Frau mit einem Mann behauptet: »Keine tut es aus Lust, alle tun es aus Angst.« Schwarzers Wortwahl »alle – keine« drückt einen selbstherrlichen Absolutheitsanspruch aus und unterstellt, allgemeingültige Wahrheiten zu verkünden.

Gegen tatsächliche oder auch nur vermeintliche Kritik zeigt sich Alice Schwarzer selbst als außerordentlich dünnhäutig. In Kontroversen mit Andersdenkenden kann sie jedoch durchaus zulangen. Geradezu legendär ist ihre Feindschaft mit Esther Vilar, die 1971 durch ihr Buch »Der dressierte Mann« auf einen Schlag bekannt wurde. Dass Vilar darin behauptet, nicht die Frau werde ausgebeutet, sondern die Frau nutze den Mann aus, brachte Schwarzer dazu, Vilar – wohlgemerkt ein Kind deutsch-jüdischer Emigranten – als Sexistin und Faschistin zu titulieren und ihr Werk mit dem antisemitischen Naziblatt *Der Stürmer* zu vergleichen.

Auch Kristina Schröder, derzeit Bundesministerin für Familie, Senioren, Frauen und Jugend, bekommt von Alice Schwarzer ihr Fett ab: »Ich gönne Frau Schröder [...] ihr Alter, ihr Hübschsein, ihre Karriere von Herzen.« Und dann gleich weiter: »Und es geht ja auch überhaupt nicht um Persönliches.« Warum das dann überhaupt erwähnen? Statt frontal wird Frau Schröder von der Seite attackiert. Auf ihrer Homepage setzt Schwarzer noch einen drauf: »Aber, darf ich offen sein? Ich halte sie für einen hoffnungslosen Fall. Schlicht ungeeignet.« Auch hier wieder der Angriff aus dem Hinterhalt.

Die kurzzeitige *Emma*-Chefredakteurin Lisa Ortgies, von

Alice Schwarzer umgehend wieder geschasst, verglich in einem Interview mit der *Westdeutschen Allgemeinen Zeitung* das Binnenverhältnis innerhalb der von Alice Schwarzer über Jahrzehnte geprägten *Emma*-Redaktion mit einem Korb voller Krabben: »Alle sitzen in einem Korb, also übertragen auf die Arbeitswelt zum Beispiel in einem Team, und fühlen sich im Einklang. Wenn eine der Frauen versucht, den Korb hochzuklettern, weil sie das kann, weil sie das Talent oder den Durchsetzungswillen dazu hat, dann neigen andere Frauen dazu, sie zack wieder herunterzuziehen. Weil es die Harmonie stört, wenn eine durchmarschiert.« Und Claudia Pinl, eine *Emma*-Frau der ersten Stunde und ebenfalls später in Ungnade gefallen, spricht von den »neurotischen Allmachtsphantasien« Schwarzers: »Als die *Emma* auf den Markt kam, hieß es noch: Kontroverse Standpunkte sollen nicht unterdrückt, sondern ausdiskutiert werden.« Unter Schwarzer kam dann alles ganz anders.

Die Frauenbefreierin Alice Schwarzer, die das Magazin *Emma* laut *taz* als »ihr Kind« betrachtet, erscheint in all diesen Quellen als Diktatorin, die keine Mitstreiterinnen, sondern nur Untertanen und Untertaninnen kennt. Sie lässt innerhalb wie außerhalb ihrer *Emma*-Familie nur eine einzige Meinung gelten, und das ist ihre eigene. Wer sich ihrem Dogma verweigert, wird öffentlich abgekanzelt und weggebissen.

Die Heroin der Frauenbewegung Alice Schwarzer ist im Grunde ihres Herzens, so paradox sich das auch anhören mag, die Bilderbuch-Mutti. Ihre Weltanschauung scheint unveränderlich und für die Ewigkeit zementiert, so wie die Glaubenssätze einer 1000 Jahre alten Religion. Eine echte Mutti wie sie scheint zu einer differenzierten Betrachtung nicht in der Lage und ganz und gar nicht willens. Sie scheint unfähig, Ambivalenzen zu spüren und auszuhalten. Stattdessen kultiviert sie ihr Schwarz-Weiß-Denken: Wer nicht für mich ist, ist gegen mich. Wer aber keine Ambivalenz erträgt, kann auch keine vernünftige Fehlerkultur entwickeln, sagte die von ihr als Freundin bezeichnete Psychoanalytikerin Margarete Mitscherlich. Wenn entweder alles goldrichtig ist oder grundlegend falsch, kann es irgendetwas dazwischen, etwa Teilerfolge oder kleine Fehler, nicht geben. Fehler nicht eingestehen zu können bedeutet aber gleichzeitig, dass man es beim nächsten Mal nicht besser macht. Eine ehrliche Analyse des Geschehenen und situationsbezogenes Handeln sind für Mutti und Co. nicht drin.

Muttis Machtbasis

Eine Gesellschaft wird als Ganzes zum Mutti-System, wenn sie im Großen so funktioniert wie eine Mutti-Familie im Kleinen. Und das bedeutet: An der mächtigsten Position der Gesellschaft steht eine einzelne Person, die die Macht ausübt, um an der Macht zu bleiben. Sie übt die Macht nicht aus, um Gutes zu bewirken, ein Programm zu verfolgen, ein Ziel zu erreichen oder irgendetwas zu verbessern. Nein, um an der Macht zu bleiben, und zwar dauerhaft. Sie nimmt dafür in Kauf, dass die Gesellschaft zumindest blockiert, wenn nicht zurückgeworfen wird. Mutti-Systeme wirken nivellierend. Denn die Besten oder Fähigsten werden systematisch behindert, um die Machtbasis der Mutti keiner Gefahr auszusetzen. Die Wirtschaft stagniert infolgedessen, und wichtige gesellschaftliche Reformen werden aufgeschoben.

Das Mutti-System ist abgeschottet. Nach außen wird Harmonie demonstriert, nach innen wird Macht skrupellos ausgeübt. Wer nicht kooperiert, wird abgesetzt. Inhaltliche, offene und ehrliche Auseinandersetzungen werden unterdrückt, denn Offenheit und Ehrlichkeit könnten der Macht der Nummer eins gefährlich werden. Kritik ist nicht vorgesehen und wird gnadenlos bestraft. Niemand steht öffentlich zu seinen Fehlern, und wer es doch tut, wird umgehend von der öffentlichen Bühne entfernt.

Mutti an der Spitze bestimmt autokratisch, wer welche Funktion einnimmt. Ihre Macht übt sie vor allem über Personalentscheidungen aus, die sie trifft, um ihre Machtbasis zu festigen. Kompetenz ist kein Kriterium, um eine Position oder Funktion zu besetzen, das wichtigste Kriterium ist Konformität. Das Mutti-System ist darum geprägt von Nepotismus – Vetternwirtschaft, Demokratie hin oder her.

Mutti-Systeme sind von Ungerechtigkeit durchsetzt. Es wird mit zweierlei Maß gemessen, je nachdem, ob Mutti oder jemand aus ihrer Entourage zu beurteilen ist oder ob es um einen internen Gegner geht. In manchen Fällen werden beide Augen zugedrückt, in anderen Fällen werden Menschen verunglimpft, bis sie zur Strecke gebracht sind. Recht oder Unrecht werden damit zu willkürlichen Machtfestigungsinstrumenten der Mutti.

Bei all diesen Merkmalen von Machtausübung ist für Mutti-Systeme charakteristisch, dass Mutti am liebsten im Hintergrund agiert. Nach außen wirkt sie meist sehr nett, sie trägt niemals offen Konflikte aus, Mutti streitet nicht, Mutti umsorgt rund um die Uhr und hat so ihre Schäfchen bestens unter Kontrolle. Es kann sogar sein, dass Mutti nach außen unscheinbar und farblos wirkt, während sie in Wahrheit vor Machtfülle beinahe platzt.

Und noch einmal ganz deutlich: Muttis müssen keine Frauen sein. Es gibt auch männliche Muttis. Das vielleicht beste Beispiel ist Helmut Kohl. Der langjährige Bundeskanzler war berühmt für sein Telefon- und Adressbuch, das er persönlich führte und als sein wichtigstes Machtinstrument nutzte. Ein Kreisgeschäftsführer wurde schwer krank? Ein Bezirkschef verlor seinen Job? Einem Funktionär scheiterte die Ehe? Immer rief der Parteivorsitzende und Bundeskanzler persönlich an, tröstete, gab Ratschläge, bot Hilfen an. Die Kehrseite dieser Fürsorge war aber knallhart: Erwartet wurde unbedingte Loyalität und Treue, ja fast Ergebung. Fehler, die der »Mutti« Kohl gebeichtet wurden, wurden großmütig verziehen – Ungehorsam aber mit Verstoßung bestraft. Nicht umsonst wurde immer wieder gesagt, die CDU sei Helmut Kohls eigentliche Familie gewesen – und mit der Mutti kämpft man nicht. Genau so agierte er auch und empfand Widerspruch als Verrat, als Aufkündigung einer emotionalen Beziehung. Darin lag das eigentliche Geheimnis seiner langen Kanzlerschaft: in dem Netz von emotionalen Beziehungen, das er über die CDU warf, der Umwandlung eines politischen Verbandes in eine Familie, in der Mutti streng, aber scheinbar liebevoll bestimmt.

Mutti-Systeme gibt es in der Wirtschaft auf der Ebene von Unternehmen oder Konzernen, es gibt sie in der Politik auf allen Ebenen, vom Bürgermeister bis zur Kanzlerin, und es gibt sie in der Kirche aller Konfessionen, von der Pastorin bis zum Papst. Und die Redaktionen, Produktionsgesellschaften und Verlage, die mit offener oder versteckter Zensur die öffentliche Meinung kontrollieren und sich dessen in den meisten Fällen gar nicht bewusst sind, agieren wie Muttis Schäferhunde: Sie beißen und bellen so, wie es Mutti gefällt.

Kritik für Anfänger

Christian Wulff wird den meisten Deutschen wohl weniger wegen seiner Amtsführung als Bundespräsident als wegen der Umstände seines Rücktritts noch lange ein Begriff bleiben. Mir geht es ganz und gar nicht darum, ihn rehabilitiert zu sehen oder gar zu verteidigen. Für mich ist der Fall Wulff aber ein Musterbeispiel dafür, wie eine öffentliche Person Opfer des Mutti-Systems wurde.

Ein gemauschelter Kredit genügte, Wulff als korrupten Politiker dastehen zu lassen. Mit Wonne wurden in den Medien immer neue Fehler ausgegraben und breitgetreten. Schnell stand die Forderung nach seinem sofortigen Rücktritt im Raum. Mehr noch als die Umstände der Kreditnahme wurde Wulff zum Vorwurf gemacht, dass er so lange über die Vorgänge geschwiegen, nur sehr lückenhaft Auskunft gegeben oder schlichtweg falsche Angaben gemacht hatte. Verübelt wurde ihm auch, dass er offenbar versucht hatte, die Presse kraft seiner präsidialen Macht zum Schweigen zu bringen.

Doch unabhängig von seinen Affären, seinen Verhaltensweisen und seinem fragwürdigen taktischen Geschick als Politiker – hätte es für ihn überhaupt ein Ausweichmanöver gegeben? In unserer Gesellschaft hat jemand in Wulffs Position, dem ein Fehler nachgesagt wird, kaum noch eine Chance. Ist er erst einmal in den Fokus geraten, ist es auch schon um ihn geschehen. Gesteht er seinen Fehler ein, wird er von allen Seiten kritisiert und umgehend gefeuert. Wer sich an den Pranger gestellt sieht, hat keinen vernünftigen Handlungsspielraum mehr. Am Ende steht fast immer der Rücktritt: Lothar Späth, Cem Özdemir, Philipp Jenninger, Gregor Gysi, Uwe Barschel, Willy Brandt, Max Streibl, Karl-Theodor zu Guttenberg, Horst Köhler, Björn Engholm und viele Politiker mehr traten zurück, nachdem sie einen Fehler gemacht hatten und dafür ins Sperrfeuer der Öffentlichkeit geraten waren. Andere weigerten sich zurückzutreten und wurden entlassen, beispielsweise Rudolf Scharping oder Norbert Röttgen. Es braucht schon einen Menschen vom Format eines Bill Clinton und die geballte Macht seiner Gönner und Förderer, um einen Sturm wie den Lewinsky-Skandal zu überstehen. In Deutschland hat das in den letzten Jahrzehnten keiner geschafft.

Ein Mensch, dem die typische öffentliche Treibjagd nach einem Fehltritt zuwider ist, kann eigentlich nur dem Beispiel von Bischöfin Margot Käßmann folgen und beim geringsten Fehlverhalten sofort von sich aus zurücktreten. Aber auch hier gehen Kritik und Neid eine unheilige Allianz ein: Immerhin habe es Frau Käßmann durch ihre Trunkenheitsfahrt und die anschließende öffentliche Reue zu erheblicher öffentlicher Aufmerksamkeit gebracht, ätzten manche. Ihre Bücher verkauften sich nach ihrem Rücktritt erstaunlich gut, bemerkten andere bissig. Allerdings: Sie ist offensichtlich so früh zurückgetreten, dass sie dadurch vermieden hat, öffentlich zu sehr durch den Dreck gezogen zu werden. Dadurch ist ihr Ansehen kaum beschädigt worden, und somit ist es abzusehen, dass sie es bald wieder auf einen führenden Posten schaffen kann, wenn sie will. Vermutlich hat sie es ziemlich schlau angestellt.

Aber ist das wirklich so, wie es in einer freiheitlichen, rechtsstaatlichen Demokratie sein sollte? Wie auch immer eine Person der Öffentlichkeit mit eigenen Fehlern umgeht, es haftet ihr der Verdacht an, ihre öffentliche Reaktion sei politisch kalkuliert und nicht ganz ehrlich. Ganz gleich, was man von Christian Wulff oder Margot Käßmann hält: Auf diese Weise vertreiben Medien und Öffentlichkeit schnell sämtliche kompetenten und zur Verantwortung bereiten Persönlichkeiten von der öffentlichen Bühne. Denn verantwortungsbewusstes Handeln ist nur dann möglich, wenn jemand zu seinen Fehlern stehen kann, ohne dass er gleich geächtet wird.

Was ich nie höre in solchen Fällen, sind Sätze wie dieser: »Hier habe ich falsch gehandelt, ganz klar, das sehe ich heute auch ein, damals war es mir aber nicht bewusst. Ich habe aus diesem Fehler gelernt, er wird mir darum nicht wieder unterlaufen, und deshalb bin ich für dieses Amt auch weiterhin geeignet.« Dem Betroffenen bliebe die Möglichkeit, aus der

Vergangenheit zu lernen und sich zu einer gereifteren Persönlichkeit fortzuentwickeln, anstatt abgestraft und in die Wüste geschickt zu werden.

Doch schon die Medien lassen einen solchen Lern- und Reifungsprozess nicht zu. Sie müssen jede Woche eine neue Sau durchs Dorf treiben, um das Interesse ihrer Leser und Zuschauer nicht zu verlieren. Ihre Palette enthält nur Schwarz und Weiß: hier der strahlende Held, dort der finstere Schurke. Schuldig oder nicht schuldig, hopp oder topp. Die Wahrheit muss in eine Überschrift passen. Die gerechte Abwägung der Verdienste und Leistungen eines Menschen mit seinen Fehlern ist so wenig vorgesehen wie die Annäherung an die komplexe Wirklichkeit. Dieser Lump hat gesündigt, steinigt ihn! Auf diese Weise wird das öffentliche Bewusstsein mit Emotionen und nur wenigen, selektiven Informationen gefüttert. Über die Entwicklungsstufe eines Dreijährigen kommt es so nicht hinaus.

Genau diese fehlende Entwicklungsfähigkeit ist charakteristisch für Mutti-Systeme. Und das Wegbeißen aller nicht konformen, fehlerhaften oder unbequemen Funktionsträger durch die schwarz-weiß-malenden Organe der Öffentlichkeit ist ebenfalls typisch Mutti.

Bleierne Stagnation

Abgeschottete Systeme mit den charakteristischen Merkmalen der nach außen kommunizierten Harmonie, den Grabenkämpfen hinter den Kulissen und der mangelnden Fehlerkultur gibt es in unserem Land zuhauf. Am prägnantesten sind da die politischen Parteien, egal welcher Farbe. Offene Kritik ist hier nicht vorgesehen, vor allem, wenn es auf wichtige Wahlen zugeht. Eine eigene Meinung wird dann zur Mutprobe. Man denke nur an die Parteitage, die längst als Gefolgschaftsevents inszeniert werden: Anstelle von Ideen ist der Schulterschluss mit den großen Vorsitzenden gefragt. Der Parteisekretär setzt alle Hebel in Bewegung, damit nach außen ein möglichst geschlossenes Bild entsteht. Die wichtigen Entscheidungen werden von den Granden der Partei schon im Vorfeld ausgekungelt. Mit der großen Linie nicht konforme Ideen oder gar Kritik werden nach Möglichkeit schon im Keim erstickt.

Ein Beispiel jüngerer Zeit lieferte der Koalitionsabgeordnete und langjährige Vizefraktionschef Wolfgang Bosbach. Er hatte aus seiner ablehnenden Einstellung zum Eurorettungspaket nie einen Hehl gemacht. Mit seiner Meinung stand er nicht allein da: Immerhin lehnten zu diesem Zeitpunkt 75 Prozent der Deutschen die Ausweitung des Rettungsschirms ebenfalls ab. Doch innerhalb der Fraktion wehte ihm ein eisiger Wind entgegen, denn er verstieß gegen das von Mutti Merkel verhängte Verdikt: »Fällt der Euro, fällt Europa.« Schon im Vorfeld der Abstimmung über den Rettungsschirm wurde er deshalb von seinen Parteifreunden massiv unter Druck gesetzt. Kanzleramtschef und Parteifreund Pofalla wütete sogar hinterher vor laufenden Kameras: »Ich kann deine Fresse nicht mehr sehen!« Und das unter erwachsenen Politikern! Bosbach aber ließ sich nicht einschüchtern und stimmte als einer der wenigen gegen den Rettungsschirm. »Wenn ich das Gefühl habe, ich bin mit meiner Haltung nicht mehr willkommen, dann muss ich mir das noch einmal überlegen«, sagte Bosbach dann nach der EFSF-Abstimmung zur Frage, ob er 2013 noch einmal für den Bundestag kandidieren würde. In der Partei isoliert, wie er nun ist, sollte er sich tatsächlich überlegen, ob er nicht an anderer Wirkungsstätte mehr erreichen kann. Denn für ihn gilt nun wie für alle Politiker, die es gewagt hatten, sich gegen die große Mutti zu stellen, ob Friedrich Merz, Günther Oettinger, Roland Koch, Heiner Geißler,

Lothar Späth oder Friedbert Pflüger: Er wird nie wieder einen Fuß auf den Boden bekommen, solange sie an der Macht ist. Und das kann sehr lange dauern. Frau Merkels Mutti-Vorbild Helmut Kohl regierte unser Land über 16 Jahre bis zum völligen Stillstand, zum totalen Reformstau und zur bleiernen Stagnation.

Nach außen bieder, farblos und Zielscheibe der Satiriker und Karikaturisten, nach innen knallharter Machtmensch, schwamm Kohl auf unscheinbarste Art stets oben auf der Suppe oder besser dem Einheitsbrei der Konformität in Kabinett und Partei. Niemand hat so gut verinnerlicht, wie man auf kohlsche Mutti-Art an der Macht bleibt wie Angela Merkel, die einstige politische Ziehtochter Kohls.

Der Politiker Günther Krause, der Angela Merkel bei der ersten gesamtdeutschen Wahl den Wahlkreis Stralsund vermittelte, sagte über sie: »Sie ist eine nette junge Frau, die dir sofort in den Hintern tritt, wenn du dich umdrehst!«

Ihrem einstigen Mentor Helmut Kohl trat sie dann ja auch kräftig in den Hintern, als sie in der CDU-Parteispendenaffäre ihre Chance witterte, Kohl aufs Altenteil und sich selbst in den Chefsessel zu katapultieren.

Das kohlsche »Aussitzen« wurde von Merkel jedenfalls noch mal perfektioniert und um die »Alternativlosigkeit« ergänzt. Alle nicht getroffenen Entscheidungen verringern den Handlungsspielraum. Irgendwann ist der Druck des Faktischen dann so groß, dass es scheinbar keine Alternative mehr gibt als das, was ohnehin vorgesehen war. Auf diese Weise kann die Mutti schulterzuckend tun, was getan werden muss, ohne für die negativen Folgen davon die Verantwortung übernehmen zu müssen. Mit dem meisterhaften Beherrschen dieser Taktik sorgt Merkel wie schon früher Kohl dafür, dass kein Schmutz an ihr hängen bleibt und ihr keine Last, die die Allgemeinheit tragen muss, angerechnet wird. Das ist der beste Mutti-Trick für dauerhaften Machterhalt: Schuld sind immer die anderen, und seien es nur die Umstände.

Das Problem dabei: Solange die Muttis regieren, wird alles verschleppt und verzögert, Entscheidungen warten jahrelang auf das Eintreten der Alternativlosigkeit, die Gesellschaft wird eingelullt und in den künstlichen Tiefschlaf versetzt, während die Umfragewerte der Mutti, die mit der Stagnation überall scheinbar nichts zu tun hat, strahlen und glänzen. Machiavelli könnte heute von Mutti Merkel noch so manches lernen.

10

Die Erziehungskatastrophe

Uwe freut sich auf den gemeinsamen Samstag. Er will Jochen zu einer Fahrradtour abholen, anschließend gehen sie noch zusammen in den Biergarten. Jochen ist ein netter Kerl; Uwe hat ihn im Sportverein kennengelernt, beim Basketball. Heute treffen sie sich zum ersten Mal außerhalb dieses Rahmens.

Hausnummer 12, 14 – ah, hier ist ja die 16. Uwe drückt auf die Klingel. Jochen macht ihm freudestrahlend auf; er trägt ein verwaschenes T-Shirt mit der Aufschrift: »Jochen, der Super-Zivi«. Uwe stutzt kurz. Sein Kumpel ist wie er selbst Anfang 30, seine Zivizeit dürfte gute zehn Jahre zurückliegen. Offenbar hat er das T-Shirt als schöne Erinnerung aufgehoben.

»Komm rein«, sagt Jochen. »Ich pumpe gerade noch das Rad auf.« Uwe folgt ihm in den Flur. Dort sind mit Reißnägeln »Star Wars«-Poster aufgehängt. Unwillkürlich fragt sich Uwe, ob hinter der geschlossenen Schlafzimmertür eine mit kleinen Raketen und Sternschnuppen bedruckte Tapete und »Die wilden Kerle«-Bettwäsche warten. Im Wohnzimmer steht Jochens Fahrrad auf Sattel und Lenker, daneben liegt Flickzeug. Was wie eine tote Ratte neben dem Sattel auf dem Dielenboden liegt, ist ein Fuchsschwanz. Jochen hat ihn wohl vom im Halbstarkenalter genutzten BMX-Rad in die Shimanoära hinübergerettet. Mit Pokerfacemiene setzt sich Uwe aufs Sofa – und schaut frontal auf einen riesigen Flachbildschirm, an dem eine PlayStation 3 hängt. Im Regal daneben steht eine beeindruckende Auswahl von Spielen.

»Cool, was?«, fragt Jochen, der neben Uwe getreten ist. »Hier habe ich Diablo III, und die neuste Folge von Resident Evil, und Lollipop Chainsaw, und Grand Theft Auto V. Wenn du magst, komm doch mal am Abend zum Zocken vorbei. Aber jetzt können wir los, mein Rad ist so weit.«

Land der Nesthocker

Manche Menschen werden zwar volljährig, aber einfach nicht erwachsen. Eine Wohnung wie die von Jochen ist die Kulisse für eine Lebenshaltung, die Muttis Zöglinge pflegen, auch wenn sie den Kinderschuhen schon längst entwachsen sind. Die Symptome sind deutlich: Kleidung, für die man längst zu alt ist; Poster von Musikern und Filmen, für die man schon mit 16 schwärmte; Hobbys, die eher für Teenies als für gestandene Erwachsene taugen; Plüschtiere auf der Sofalehne aufgereiht. Die Requisiten der Jugend werden aufbewahrt und weiterbenutzt, auch wenn auf dem Spielplan des Lebens längst ein anderes Stück steht.

In die Gesellschaft hat sich ein merkwürdiges Phänomen eingeschlichen: Nicht die ältere Generation verliert sich in Nostalgie, sondern die jungen Erwachsenen sehnen sich nach ihrer Jugend zurück. Sie schauen mit Begeisterung die Fernsehsendungen, die sie als Kinder geliebt haben, verehren die alten Boygroups und ziehen weiterhin jedes Wochenende durch die Discos. »Die rückblickende Verklärung der Jugendzeit sagt weniger über die tatsächliche eigene Jugend, sie sagt mehr über die Ängste des Erwachsenendaseins aus. Teenager selbst sind nur selten der Meinung, sie verbrächten gerade die herrlichste Phase ihres Lebens. Die Nostalgie für die Jugend wird ausgelöst durch die ungemütliche Gegenwart des Erwachsenenlebens«, schreibt Frank Furedi, Soziologieprofessor in Kent, in seinem Artikel »Nesthocker im Nimmerland«.

Aber was genau ist es, was das Erwachsenenleben für die Peter Pans so abstoßend erscheinen lässt?

Der Kernpunkt der verlängerten Jugend ist die Unverbindlichkeit. Alles ist revidierbar. In jedem Lebensbereich. Bloß nicht dauerhaft festlegen! Jede Aussage wird so formuliert, dass sie problemlos wieder zurückgenommen werden kann. »Ich sag jetzt mal …«, ist so eine Phrase, die gerne dem eigentlichen Inhalt vorangestellt wird. Sie hält die Möglichkeit offen, in zwei Wochen, morgen oder in fünf Minuten etwas ganz anderes zu sagen. Mit »Eigentlich könnte man mal …«, »Im Prinzip ist das wohl so …« oder »Ich find den irgendwie ganz nett …« wird von Anfang an mehrdeutig formuliert, sodass man sich im Notfall darauf zurückziehen kann, doch etwas ganz anderes gemeint zu haben.

Im Alltag ist diese Unverbindlichkeit allgegenwärtig. Das bekommt jeder mit, der in der S-Bahn unfreiwillig den Telefongesprächen anderer lauscht. »Ich bin's, du, ich komme eine Bahn später«, »Nein, Silvia ist doch nicht mitgekommen«, »Mike hat keinen Bock aufs Irish Pub, wir gehen lieber in die Bar X, komm doch auch dorthin«, »Meld dich doch einfach im Lauf des Nachmittags, wenn du heute Abend noch was machen willst.« Verabredungen werden kurzfristig getroffen und bald darauf wieder umgestoßen. Die moderne Technik macht es möglich – früher war jemand, der schon zum Treffpunkt unterwegs war, schlicht nicht mehr zu erreichen und, wenn man sich verpasste, nicht mehr aufzufinden. Das allein zwang schon zur Festlegung. Heute sind die Beziehungen im Fluss, spontan, vorläufig.

Sie dürfen sich gerne fragen, ob dies das Genörgel eines Ewiggestrigen ist, der auf die moderne Technik schimpft, weil er es nie gelernt hat, mit einem iPhone umzugehen. Aber damit würden Sie mich falsch einschätzen – das Gegenteil ist der Fall! Für mich ist klar: Nicht die zur Verfügung stehende Technik hat dieses Verhalten geschaffen, sondern das Verhalten hat sich das entsprechende Werkzeug gesucht.

Im Berufsleben wie im Privaten wird das »cc« immer beliebter. Das Kürzel steht für *carbon copy*, also Durchschlagskopie. Im Papier- und Schreibmaschinenzeitalter war Kohlepapier notwendig, um eine Kopie des Geschriebenen zu erstellen. Bei Mails geht das per Knopfdruck. Eine Untersuchung der Techniker Krankenkasse in Zusammenarbeit mit dem F. A. Z.-Institut und Forsa zeigte, dass jeder Beschäftigte fast 180 Nachrichten pro Tag sendet und empfängt. Private Mails sind in dieser Rechnung noch gar nicht enthalten, und ein Großteil der Spams ist bereits ausgefiltert. Trotzdem sind viele der empfangenen E-Mails für den Adressaten sinnlos, denn es ist viel beklagter Usus, schnell noch ein paar Leute auf »cc« zu setzen. Auf diese Weise wird die Information breit gestreut und die Verantwortung auf mehrere Schultern verteilt. »Herr Müller wünscht, dass er das Projekt in drei Wochen abgeschlossen vorliegen hat.« – »Onkel Fritz kommt am 24. November um 12.36 Uhr am Bahnhof an und möchte abgeholt werden.« Nun, Onkel Fritz wird zwei Stunden am Bahnhof warten müssen, bis ein eilig herbeigerufenes Familienmitglied ihn erlöst. Wenn alle verantwortlich sind, ist es keiner wirklich. »Nimm ihn du, ich hab ihn auch nicht«, heißt es in schlecht organisierten Fußballmannschaften.

Wer eine neue Wohnung bezogen hat, lässt oft jahrelang die letzten unausgepackten Kartons unter der Kellertreppe stehen. Nur das Nötigste wird ausgepackt und eingeräumt. Beim Rest macht man sich die Mühe erst gar nicht – es könnte ja sein, dass man bald weiterzieht, dann hat sich der Aufwand nicht gelohnt. Auch das ist ein Kennzeichen der Generation

Praktikum, der immer nur vorläufigen und befristeten Arbeitsstellen. Nicht nur die Twens, auch die Arbeitgeber vermeiden es nämlich mit allen Mitteln, sich festzulegen.

Die Beliebigkeit gilt insbesondere auch für die Welt der Gefühle. Viele Berufsjugendliche haben Schwierigkeiten, sich auf einen Partner festzulegen. Sie hangeln sich von Kurzbeziehung zu Kurzbeziehung. Sobald die ersten Probleme in der Partnerschaft auftauchen, wird die Verbindung rasch gekappt. Andere ziehen jahrelang mit demselben Freund, mit derselben Freundin herum. Aber nie ringen sie sich zu dem Schritt durch zu sagen: Ja, das ist der Mensch, mit dem ich zusammen den Rest meines Lebens verbringen will. Möglicherweise zieht man zwar zusammen, aber immer noch mit der Hintertür: Wenn es nicht klappt, können wir auch wieder auseinanderziehen.

Deshalb wird auch die Kinderfrage auf die lange Bank geschoben. »Ja, irgendwann einmal möchte ich Kinder, aber noch nicht jetzt.« Denn wer weiß schon, ob er mit seinem aktuellen Partner auch wirklich zusammenbleiben wird? Es steht in den Sternen, ob man sich auch in zwei Jahren noch gut versteht.

Aber auch aus einem weiteren Grund sind Kinder für moderne Nomaden eine Fessel, die sich kaum jemand anlegen will. Noch mehr als Berufsleben und Beziehung erzeugen Kinder eine Verbindlichkeit – mindestens für die nächsten 18 Jahre. Da geht es nicht nur darum, dass ein Babysitter organisiert werden muss, wenn man auf eine Party gehen will. Viel unheimlicher ist die schier unübersehbare Dauer dieses Engagements. Ein Job kann gekündigt werden, eine Beziehung beendet – ein Kind hat man ein Leben lang am Bein. Menschen, bei denen im Gästezimmer noch die »He-Man«-Sammlung oder die Kiste mit den Barbiepuppen steht, haben Angst, sich dieser Anforderung zu stellen. Sie zögern mit dem Kinderkriegen, bis es zu spät ist.

Die Generation der Nichterwachsenen übernimmt also weder für ihr Handeln noch für ihre Meinung oder Gefühle die Verantwortung. Im Gegenteil: Sie wird abgegeben wie eine heiße Kartoffel. Die Scheu vor Verantwortung ist die Scheu vor dem Erwachsenendasein. Mutti-Kinder mussten nie Verantwortung für etwas übernehmen – außer jene, es Mutti bequem zu machen. Mutti hat alles organisiert, alles entschieden. Das Kind musste sich nur an die von Mutti aufgestellten Regeln halten, dann klappte alles wunderbar.

Mutti-Republik Deutschland

Dieses Muster der Verantwortungslosigkeit ist bei uns an verschiedensten Stellen sogar institutionalisiert. Jede Form von Transferleistung ohne Gegenleistung gehört dazu, beispielsweise der Länderfinanzausgleich. Das Prinzip dahinter: Wirtschaftet ein Bundesland schlecht, wird das Defizit von den reichen Nachbarn ausgeglichen. Punkt.

Die Geberländer sitzen im Süden der Republik, die anderen nehmen das Geschenk gerne an – und ändern nichts. Dazu sieht das System ja auch keinen Anreiz vor. Das Musterländle Baden-Württemberg und Hessen haben seit 1950 noch nie Geld aus dem Topf erhalten. Baden-Württemberg hat seither inflationsbereinigt über 65 Milliarden Euro an die Nehmerländer überwiesen, Hessen knapp 54 Milliarden. Niedersachsen, Berlin, Schleswig-Holstein, das Saarland, Rheinland-Pfalz und alle neuen Bundesländer haben noch nie auch nur einen Cent in den Topf gelegt. Niedersachsen hat seit 1950 inflationsbereinigt über 40 Milliarden Euro kassiert. Es sind also gewaltige Summen, die umverteilt werden. Hat sich dadurch irgendetwas verändert? Außer in Bayern, das sich von einem agrarischen Nehmerland zu einem von Hochtechnologie geprägten Geberland entwickelte, hat sich über 60 Jahre Länderfinanzausgleich nichts an den Verhältnissen geändert. Und genau das ist typisch für Mutti-Systeme: Es bleibt alles, wie es ist.

Eine andere Spielart des ewig Gleichen ist die Subventionitis. Das ist so etwas Muttihaftes! Einmal Subventionen, immer Subventionen. Die Wirkung einer Subvention ist ja geradezu systemimmanent, den Missstand zu zementieren, Eigenverantwortung zu eliminieren und das ganze System einzufrieren. Ob alternative Energien, Biotreibstoff, Solidaritätsbeitrag oder die industrielle Landwirtschaft. Wer versucht, Subventionen abzubauen, kämpft gegen eine Hydra, der für jeden abgeschlagenen Kopf zwei neue nachwachsen. Jedes Mal wird etwas aufgepäppelt, das auf sich gestellt nicht lebensfähig wäre – und durch die Subventionen auch gar nicht lebensfähig werden muss.

In manchen Bereichen der Wirtschaft existiert gar kein offener, ehrlicher Wettbewerb. Links und rechts verteilt der Staat fürsorgliche Garantien: Wenn etwas schiefgeht, übernehmen wir eure Schulden. Es ist immer das gleiche Muster. Wie zum Beispiel in der Bankenkrise. Als der Bankenrettungsfonds Soffin 2008 eingerichtet wurde, war noch davon die Rede, dass auch im schlimmsten Fall die Verluste 20 Milliarden Euro nicht übersteigen würden. Allein im Jahr 2011 hat der Fonds mit einem Verlust von 13,1 Milliarden Euro abgeschlossen. Insgesamt sind in diesem Loch bereits 22,1 Milliarden versenkt worden. Und ein Ende ist noch nicht in Sicht. Gutes Geld schlechtem nachzuwerfen wird von Politikern wie Bankern als alternativlos hingestellt. Aber die Rechnung wird irgendwann bezahlt werden müssen, und es ist nicht Mutti, die das tun wird. Denn die Strippenzieher sind ja nicht persönlich haftbar, sie treten im Extremfall zurück. Die Rechnung liegt dann immer noch auf dem Tisch.

Ob auf gesellschaftlicher oder wirtschaftlicher Ebene oder im privaten Bereich – Hotel Mutti ist überall. Ich bin dabei übrigens ganz und gar nicht der Meinung, dass die sozialen Sicherungssysteme aller Art abgeschafft werden sollten. Sie sind eine wichtige Errungenschaft unserer Zeit, die ein menschenwürdiges Zusammenleben erst möglich machen. Was mich stört, ist die Selbstverständlichkeit, mit der sie in Anspruch genommen werden, ohne dass sich irgendjemand darüber Gedanken macht, wer die Rechnung bezahlt.

Geschichten wie diese gibt es viele: Eine Stadt, in der eine Turnhalle gebaut werden sollte, gibt ein Gutachten in Auftrag. Das Ergebnis ist klar. Mit einer Doppelhalle könnte der Bedarf gedeckt und eine wirtschaftliche Auslastung gewährleistet werden. Doch es wird eine Dreifachturnhalle gebaut. Denn so können mehr Fördermittel von EU und Staat eingestrichen werden. Finanziell gesehen kommt es unterm Strich für die Stadt auf dasselbe hinaus – nur hat sie jetzt eine oft leer stehende Dreifachhalle. Das von Staat und EU zugeschossene Geld ist anonym und tut nicht weh. Und man sollte immer abgreifen, was man kriegen kann. Das ist die Devise.

Diese unselbstständige, kindliche Haltung zeigt sich mittlerweile auch bei denjenigen, die sich traditionell noch am wenigsten vom Mutti-System haben vereinnahmen lassen: die Selbstständigen. Wer ein Unternehmen gründet, tut das meist, weil er in der Lage und willens ist, Verantwortung zu tragen, und den Drang verspürt, sich selbst zu verwirklichen. Als Unternehmer ist er nicht automatisch abgesichert im Alter, bei Krankheit oder dem Scheitern der Firma. Es liegt an ihm, sich zu versichern und ein genügend dickes Polster auf dem Bankkonto fürs Alter aufzubauen. Nur: Viele tun es heute nicht mehr.

Das gibt der Ministerin Ursula von der Leyen derzeit Argumentationsstoff, um auch die Selbstständigen in das staatliche

Rentenversicherungssystem zu zwingen. So sollen die allzu unabhängigen Geister per Altersvorsorgepflicht an die Leine gelegt und vom Staat abhängig gemacht werden, während gleichzeitig die Basis der Einzahler in die marode Rentenkasse noch einmal verbreitert werden könnte, was die Alternativlosigkeit der totalen Rentenreform noch mal um ein paar Jahre hinausschieben würde. Eine Idee, wie sie muttihafter nicht sein könnte.

Alles hat kein Ende, nur die Wurst hat zwei

Die völlig normale Verantwortungslosigkeit innerhalb eines Mutti-Systems zeigt sich auch in der Grundhaltung, jedes noch so kleine Bedürfnis sofort befriedigt haben zu wollen. Der Magen knurrt? Greif zum Snack »für den kleinen Hunger zwischendurch«. Fröstelst du im Winterwetter? Flieg mit Last Minute auf die Kanaren. Am Sonntagnachmittag überkommt dich die unwiderstehliche Lust auf ein paar schicke Schuhe? Bestell sie dir im Onlineshop, über Nacht sind sie da, und man musste noch nicht einmal dafür aus dem Sessel aufstehen.

Von klein auf werden wir auf Konsum getrimmt. Und zwar nicht nur auf das Stillen der Grundbedürfnisse; damit ließe sich bei konstanter Bevölkerung kein dauerhaftes Wirtschaftswachstum erzielen. Nein, alle Produkte, von technischen Geräten bis hin zur Mode, gehen nach kurzer Zeit kaputt, sind überholt oder nicht mehr interessant. Neues wird gebraucht. Bedürfnisse werden erzeugt, um sie stillen zu können.

Jegliche Geduld, jegliche Mäßigung wird abtrainiert. Gerade für die Nahrungsaufnahme gilt das. Es wird andauernd, pausenlos gegessen und getrunken. Keine Bahnfahrt von einer Stunde, auf der nicht das Leberkäsbrötchen und die Limo ausgepackt werden. Die Straßen sind voller Erwachsener, die einen Kaffeebecher in der Hand halten. Der Weg von der S-Bahn zur Arbeitsstelle ohne Coffee-to-go? Unvorstellbar. Ständig muss etwas im Mund sein, geschmeckt, gekaut, geschluckt werden.

Auch dies ist ein infantiler Zug unserer Gesellschaft. Ein Säugling, der Hunger hat, braucht alle paar Stunden etwas zu essen, und das sofort. Bei ihm ist dieser Bedarf real, weil sein Stoffwechsel noch sehr schnell arbeitet. Aber über dieses frühkindliche Stadium kommen viele Zivilisationsgeschädigte dank Muttis Einfluss mental nie heraus, auch wenn der Körper sich längst weiterentwickelt hat.

Früher gab es drei Mahlzeiten am Tag, dazwischen allenfalls mal einen Apfel. Wenn die Kinder quengelten, hieß es: Warte, in einer Stunde gibt es Essen! Der Hunger musste halt ausgehalten werden, jedenfalls für ein kleines Weilchen. Wirklich gehungert hat in Deutschland seit Ende der Nachkriegszeit allerdings fast niemand mehr. Heute gibt es nur noch eine Mahlzeit pro Tag: von morgens bis abends durchgängig. Das Kind bekommt geschmierte Pausenbrote mit in die Schule, die es nebenher so nach und nach isst. Dazu kauft es sich in der großen Pause ein Schokokussbrötchen. Die Trinkflasche, aus der auch während des Unterrichts ständig genuckelt wird, darf natürlich nie fehlen. Mittags gibt es was Warmes, nachmittags steht die Kekspackung immer in Griffweite. Gesundheitsbewusste Mütter sind da nicht unbedingt besser. Da gibt es dann eben Dinkelcracker und Mohrrüben- und Apfelschnitze. Abends nimmt sich jedes Familienmitglied aus dem Kühlschrank, worauf es gerade Lust hat, und futtert vor dem Fernseher vor sich hin. Wenn der Teller leer ist, sind die Chips an der Reihe. Der Mund ist nie leer, der Magen ständig beschäftigt. Echtes Hungergefühl kann gar nicht mehr aufkommen, bestenfalls Appetit auf dieses oder jenes, der sofort befriedigt wird. In diesem oralen Dauerexzess werden die Geschmacksknospen fortwährend gereizt. Es ist wie ein Tinnitus. Und die Muttis sorgen dafür, dass dieser Tinnitus nie aufhört.

Gerade beim Essen sind Menschen ihren Muttis ausgeliefert. Sie füttert, sie drängt, sie bestimmt, was es gibt, wann und wie oft. Die den ganzen Tag über stattfindende Dauermahlzeit bringt keine echte Sättigung. Aber sie bedeutet auch, dass das Kind kein Gefühl für seine eigenen Bedürfnisse entwickeln kann. Die Nahrungsaufnahme wird zum Automatismus; schnell ist eine ganze Tafel Schokolade weg, ohne dass das Kind es so richtig merkt.

Das ständige Füttern der Kinder ist für Mutti eine einfache Art, ihre Fürsorge zu demonstrieren und sich Dankbarkeit zu sichern. Sind die Bedürfnisse des Kindes erst einmal aufs Essen reduziert, braucht sich Mutti keine weiteren Gedanken mehr zu machen. Dass ihr Kind immer dicker wird, nimmt sie oft nicht einmal wahr. In einer Studie des Psychologischen Instituts der Universität Potsdam, geleitet durch die Psychologin Petra Warschburger, wurden Müttern gezeichnete Silhouetten von unterernährten, normalgewichtigen, übergewichtigen und fettleibigen Kindern gezeigt. Sie sollten sagen, welche davon der Figur von real anwesenden Kindern entsprachen. Die Statur fremder Kinder konnten die Mütter recht gut einschätzen, hier lagen fast zwei Drittel von ihnen richtig. Anders bei den eigenen Kindern. Nur etwa 40 Prozent der Mütter wählten die Silhouette aus, die dem objektiven Gewichtsstatus ihres Kindes entsprach. Vor allem Mütter, deren Kind zu viel auf den Rippen hatte, lagen mit ihrer Einschätzung daneben – fast 80 Prozent von ihnen unterschätzten den Gewichtsstatus ihres Kindes. Kein Grund zur Sorge für Mutti: Schließlich glaubten mehr als 70 Prozent der befragten Mütter, dass übergewichtige Kinder nicht mit seelischen Leiden oder körperlicher Entwicklung zu kämpfen hätten.

Oft sind es übergewichtige Mütter, die übergewichtige Kinder haben. »Die Wahrscheinlichkeit, dass ein Kind fettleibig wird, ist besonders hoch, wenn mindestens ein Elternteil stark übergewichtig ist – und zwar drei- bis viermal so hoch«, konstatiert die Studie »Obesity and the Economics of Prevention: Fit not Fat«, die 2010 von der OECD veröffentlicht wurde. Das ist nur zum Teil mit genetischer Veranlagung und erblichen Stoffwechselproblemen zu erklären. Vielmehr sind es einfach die Essgewohnheiten, die dem Kind anerzogen werden.

Ganz oder gar nicht

Übergewicht in der Breite der Gesellschaft ist eine Folge infantiler, maßloser Essgewohnheiten. Mutti-Systeme fördern aber auch genau das Gegenteil: Magersucht.

Wer wird magersüchtig? In meinem Praxisalltag sind es meistens pubertierende Töchter von sehr eng gestrickten, scheinbar harmonischen und wohlsituierten Familien, in denen Konflikte nicht zur Sprache kommen. Kurz gesagt: von Mutti-Familien. Die Mädchen waren als Kinder immer freundlich und angepasst. Jetzt fängt ihr Körper allmählich an, sich zu verändern. Sie müssten eine neue Identität für sich selbst finden, und zwar im Widerstand und im Konflikt mit den Eltern. Das ist ihnen unheimlich.

Magersucht ist eine Methode, diesem Konflikt aus dem Weg zu gehen. Die Besorgnis, die sie bei den Eltern auslöst, sichert noch für ein Weilchen länger liebevolle Zuwendung. Auch früher schon wurde die Harmonie, die Fürsorge in der Familie über das gemeinsame Essen ausgedrückt; eine Ersatzform, da über echte Gefühle nicht gesprochen wird. Durch die Magersucht wird die Aufmerksamkeit der ganzen Familie stark auf diesen Bereich fokussiert; ständig müssen sie beim

Essen beobachten, wie wenig das Kind zu sich nimmt, und drängen. Umgekehrt kann die Magersüchtige ihre Liebe zu Eltern und Geschwistern darüber ausdrücken, dass sie exzessiv für sie kocht und backt – ohne natürlich vom Selbstgekochten mitzuessen.

In harmoniesüchtigen Familien gilt die Regel, dass eigene Bedürfnisse zugunsten der anderen zurückgestellt werden. Der nahezu völlige Verzicht auf Nahrung ist die extreme und demonstrative Form dieser Zurücknahme. Damit kann sich die Magersüchtige, entgegen dem in ihr tobenden Wunsch nach mehr Individualität, als »gutes Kind« präsentieren. Gleichzeitig ist die absolute Beherrschung des eigenen Körpers und der eigenen Bedürfnisse die einzige Art von Kontrolle, die sie zu haben glaubt. Denn sonst schreibt ja immer Mutti vor, was getan, gesagt, gedacht wird. Mit der Magersucht übt die Pubertierende zum ersten Mal Macht über ihr eigenes Leben aus. Außerdem wird durch das Hungern die körperliche Veränderung der Pubertät hinausgeschoben. Brüste können nicht wachsen, die Figur bleibt kindlich. Auch die Periode bleibt meist aus, wenn der Körper nicht genug Nährstoffe bekommt. So vermeidet die Magersüchtige, erwachsen werden zu müssen.

Anorexie entsteht also, wenn die Konflikte und Veränderungen, die die Pubertät mit sich bringt, nicht ausgelebt werden können. Die Konflikte werden auf eine symbolische Ebene verlagert, der Kampf dreht sich nur noch ums Essen, nicht mehr um Individualität. So behält die Mutti-Tochter in verquerer Logik die Möglichkeit, auf sich aufmerksam zu machen und sich trotzdem weiterhin als liebes Kind zu präsentieren.

Sowohl für die Kranke als auch für ihre Familie ist diese Situation schwer zu ertragen. Und es ist nicht leicht, da herauszukommen, denn dazu müsste sich die ganze Familienstruktur verändern. Die Eltern müssten ihr Kind ermutigen, eine individuelle und selbstbestimmte Erwachsene zu werden. Und genau das ist in der Mutti-Familie nicht vorgesehen.

Ob Magersucht oder Fettleibigkeit: Momentane Bedürfnisse werden umgehend befriedigt oder restlos unterdrückt. Auch der Konsum von Nichtessbarem ist längst vom eigentlichen Bedürfnis entkoppelt. Wer braucht zwei Dutzend Hemden, wer 30 Paar Schuhe? Flatratesaufen auf der einen Seite, Schnäppchenjagd auf der anderen. Es herrscht allgemeine Maßlosigkeit. Doch wo überhaupt kein Maß zu erkennen ist, gibt es auch keine Grenzen mehr. Für die Einzelperson ist das im Extremfall lebensgefährlich. Aber auch die Gesellschaft leidet an den schwereren Folgen dieser Grenzenlosigkeit.

Das große Wischiwaschi

Grenzen bedeuten Klarheit: Sie unterscheiden zwischen sinnvoll und sinnlos, zwischen nützlich und schädlich. Sie bestimmen Zeiträume. Das Abendessen ist mit dem Zähneputzen eindeutig beendet. Grenzen setzen heißt festzulegen: Nein, ich will das nicht. Der Zaun sagt: Hier hört der öffentliche Badestrand auf, und das Privatgelände beginnt. Das Kompetenzprofil sagt: Das hier ist der Aufgabenbereich des Ministeriums für Arbeit, jenes Thema gehört in die Hoheit des Wirtschaftsministeriums. Falls es denn ein solches Kompetenzprofil gibt und es klar formuliert ist.

Grenzenlosigkeit hat zur Folge, dass alles in einem Einheitsbrei ineinander verschwimmt. Es gibt keine Trennung in: Das liegt in meiner eigenen Verantwortung, jenes in der Verantwortung von Mama, und für das Dritte ist die Gesellschaft insgesamt verantwortlich. Wenn nicht klar geregelt ist, wer für etwas einzustehen hat, ist es niemand. Es ist nicht nur der

Einzelne, der Verantwortung meidet. Die Gesellschaft gesteht ihm auch keine zu.

Wie ist diese Grenzenlosigkeit zu ertragen? Man wird in der Schwebe gehalten wie ein Fötus im Fruchtwasser. Im Fruchtwasser von Mutti Staat. Nur: Der echte Fötus wächst von allein, folgt seiner biologischen Programmierung. Erwachsene Menschen müssen sich schon selber anstrengen, wenn sie wachsen und sich verändern wollen. Der dem Menschen innewohnende Drang, sich zu entwickeln, wird nur zu leicht durch stete Verwöhnung ausgehebelt. Wo es keinen Anreiz für Entschlusskraft und Verantwortung gibt, kann es auch keine Entwicklung geben. Weder im Leben des Einzelnen noch in der Gesellschaft kann sich so irgendetwas fundamental ändern.

Das ist nur auszuhalten von Leuten mit einem gelähmten, unterentwickelten Ich. Von Leuten, die von der Mutti-Erziehung her gewöhnt sind, weder sich selbst noch ihre Mitmenschen, noch ihre Umwelt zu reflektieren. Wer sich selbst nicht sieht, erkennt auch das Problem nicht. Der Stillstand der Gesellschaft und meiner Persönlichkeit kann mich nicht stören, weil ich gar nicht realisiere, dass es auch Entwicklung geben könnte. Und das realisiere ich nicht, weil alle anderen sich auch nicht weiterentwickeln. Das mit Inhalt gefüllte, reife und entwickelte Ich gibt es unter Mutti nicht. Nur das konsumierende, fordernde Ich. Dann macht es auch nichts aus, dass es kein Vorher und Nachher gibt, sondern nur noch das Immer. Dass es nicht mehr ein »Ich« und ein »die anderen« gibt, sondern nur noch die Masse.

»Ich war's nicht«, ist ein Kindersatz, der sich auch in der Erwachsenenwelt großer Beliebtheit erfreut. Wenn etwas schiefgeht, gibt es zwei Möglichkeiten. Erstens zu sagen: »Das ist jetzt halt so passiert. *Shit happens.*« Diese an östlicher Weisheit orientierte Einstellung ist unserer westlichen Kultur aber dem Wesen nach fremd. Auf analytisches Denken getrimmt, wollen wir immer die Gründe wissen, warum etwas so ist, wie es ist. Daher bleibt – zweitens – für die Schuldfrage nur noch eine Antwort übrig: Die anderen waren es.

Der Nichttäter als Opfer

Der französische Philosoph Pascal Bruckner beschreibt in seinem Buch »Ich leide, also bin ich«, wie Menschen ihr eigenes Versagen oder Unvermögen, ihr Leben in den Griff zu bekommen, dadurch kompensieren, dass sie andere dafür verantwortlich machen. Wer nicht die Arbeit findet, die er gerne hätte, schimpft wahlweise auf die Wessis, die Ossis, die Ausländer oder die Billiglohnländer, die sie ihm angeblich wegnehmen. Oder auf die Vorurteile der Arbeitgeber und den allgemeinen Filz und Klüngel, die einem Einzelnen keine Chance lassen. Wer einen gut bezahlten Job hat, sieht sich als Leistungsträger der Gesellschaft, von dessen Steuern die »Sozialschmarotzer« leben. Wer eine weniger gut bezahlte Arbeit hat, schimpft auf ausbeuterische, unterdrückende Arbeitgeber. Die wiederum halten ihre Angestellten für faul und unfähig und beklagen die Verluste, die ihnen dadurch entstehen. Bürger schimpfen über korrupte Politiker, Politiker über verständnislose Bürger.

Gesichtslosen Systemen die Schuld zu geben ist bequem. Denn dann muss man sich nicht mit einer Einzelperson auseinandersetzen und Kritik riskieren. Wenn Eltern und Lehrer unisono auf das Schulsystem schimpfen, ist das energiesparender, als wenn sie miteinander nach Lösungen suchen würden. Ärzte und Patienten ziehen über das Gesundheitssystem her, das nicht genügend Leistungen bezahlt; im nächsten Atemzug werden dann wieder die hohen Beiträge zur Krankenversicherung beklagt. Und in der Katerstimmung nach dem Wahlsonntag ist von Parteien aller Couleur immer wieder zu hören, dass das Wahlsystem sie benachteiligt habe.

Hans und Hänschen

Wenn schon in der Kindheit die Weichen falsch gestellt wurden, ist meist nur noch wenig daran zu ändern. Aus Menschen, die die Rolle des Opfers und Mitläufers verinnerlicht haben, wird ohne Therapie niemals ein mündiger Bürger werden. Die Erziehung zu Verantwortung muss also bereits im Kindesalter stattfinden. Eine Mutti wird allerdings kaum von allein auf die Idee kommen, ihr Kind abweichend von allem, was sie selbst als Kind gelernt hat und wie sie die Welt sieht, zu einem selbstbewussten und verantwortungsvollen Menschen und Bürger zu erziehen. Sie braucht Hilfe von außen.

Das aber trifft den Nerv. In alles soll und darf sich der Staat einmischen. Aber bitte nicht in die Kindererziehung. Er soll Kindergarten und Krippenplätze bereitstellen. Aber keinesfalls inhaltlich einwirken. Sollte eine Institution es wagen, Müttern Vorgaben machen zu wollen, wie sie ihre Kinder zu erziehen haben, wäre das Geschrei groß.

Dabei gibt es längst Kontrollsysteme für die Erziehung. Wenn zum Beispiel eine Tagesmutter oder ein Tagesvater Kinder betreuen will, sieht er sich strengen Richtlinien ausgesetzt. Er braucht eine Erlaubnis zur Kindertagespflege, die allein vom Jugendamt vergeben wird. Dieses prüft, ob die Räume, in denen sich die Kinder aufhalten werden, sicher, sauber und freundlich sind und genügend Platz für Spiel und Ruhe bieten. Natürlich wird auch darauf geachtet, dass die Frau beziehungsweise der Mann zur Kindererziehung geeignet ist. Die Tagesmutter soll sich mit Pädagogik auseinandersetzen,

Erfahrung und Freude im Umgang mit Kindern haben, auf körperliche und seelische Gewalt verzichten und zuverlässig, belastbar, verantwortungsbewusst und ausgeglichen sein. Außerdem muss sie organisieren können und mit den Eltern der Kinder gut zusammenarbeiten.

Dieser Strauß an Anforderungen gilt für jemanden, der Kinder nur stundenweise aufnimmt. Gegenüber dem, was viele leibliche Eltern als Duo infernale aus Mutti und Pantoffelheldvater ihren Kindern zu bieten haben, liegt ein Quantensprung.

Schärfere Bedingungen als für Tagesmütter gelten für Frauen, die SOS-Kinderdorf-Mütter werden wollen. Sie müssen eine zweijährige Ausbildung vorweisen können und sich langfristig binden. Und ein noch strengeres Maß wird angelegt, wenn jemand Kinder dauerhaft bei sich aufnehmen will – als Pflegekind oder zur Adoption. Hierfür werden grundsätzlich Paare gesucht, die in einer stabilen Beziehung leben. Denn das Pflege- oder Adoptivkind soll in einer intakten Familie aufwachsen. Eine Einzelperson kann ein Kind nur dann adoptieren, wenn sie mit ihm verwandt ist und beide bereits ein vertrautes Verhältnis zueinander haben.

Kurz: Wenn jemand sich um fremde Kinder kümmern will, wird darauf geschaut, dass er oder sie sich auch dazu eignet und dass die Kinder eine Erziehung zur Verantwortlichkeit bekommen. Fortbildung ist ein Muss. Liegt der Gedanke nicht nahe, auch leibliche Eltern hier viel stärker in die Verantwortung zu nehmen?

11

Das Tarnsystem

Langsam rollt der Zug über die Gleise, kaum mehr als Schritttempo erreicht er. Immer wieder wird der politisch genehmigte und gewollte Transport aufgehalten, während das in Hundertschaften herbeigeschaffte Polizeiaufgebot Demonstranten von den Gleisen zerrt, die dort eine Sitzblockade bilden. Die meisten Kernkraftgegner werden vom massiven Polizeiaufgebot in sicherer Entfernung gehalten. Sie heben Plakate in die Luft, skandieren im Chor Protestrufe und lärmen mit Trillerpfeifen und Topfdeckeln.

An einer anderen Stelle beginnen einige ganz Entschlossene damit, den Schotter aus dem Gleisbett zu räumen. Sie sind mit Schutzbrillen und Helmen ausgestattet. Einer hat ein großes Brecheisen dabei und schwenkt es triumphierend in der Luft, bevor er damit die Verbindungen zwischen Gleisen und Bohlen lockert. Zwei, drei Schrauben schafft er, dann nehmen ihn die Polizisten in die Zange. Mit Schlagstöcken gehen sie gegen den Demonstranten vor. Zwar kämpft der Mann gegen den übermächtigen Druck an, wird aber erbarmungslos beiseitegedrängt und festgenommen.

Die anderen beschimpfen die »Bullen« lauthals und haken sich unter, um nicht so leicht weggetragen werden zu können. Steine fliegen. Aber auf Dauer haben die Demonstranten keine Chance. Von mehreren Seiten gepackt, wird einer nach dem anderen von den Gleisen gezerrt. Strafanzeigen wegen

Sachbeschädigung, Gefährdung von Personen und Widerstand gegen die Staatsgewalt stehen ihnen ins Haus.

Ein Kamerateam, das die Demonstration für die Abendnachrichten dokumentiert, hat es geschafft, mit einem starken Teleobjektiv die Szene einzufangen. Pixelig und schlecht ausgeleuchtet, wird der nur wenige Sekunden lange Filmschnipsel in den Wohnzimmern der Nation für Diskussionsstoff sorgen. Die Demonstranten haben ihr Ziel erreicht: die öffentliche Aufmerksamkeit erneut auf die Problematik der Kernenergie zu lenken und den gesetzlich genehmigten und vereinbarungsgemäß notwendigen Transport der radioaktiven Abfälle so aufwendig und langsam zu machen, dass er erst recht unrentabel wird.

Die große Illusion

Gewalt ist böse. Sie wird gleichgesetzt mit Krieg und Terror, mit Unterdrückung und Unrecht. Macht ist Gewalt, die Gewalt von Systemen. Zum Beispiel, wenn in totalitären Staaten nicht nur die Medien zensiert, sondern auch das Handynetz und der Internetempfang gezielt gestört werden, damit die aktiven Bürger ihre Informationen und Meinungen nicht mehr weitergeben können. Oder wenn Mieter aus einem Mietshaus herausgeklagt werden, das luxussaniert werden soll, damit es dann für die doppelte Miete angeboten werden kann – für einen Preis, den sich die ursprünglichen Mieter nie leisten könnten.

Nur Schlechtes wird mit Gewalt durchgesetzt. Die Polizisten, die Demonstranten von den Gleisen zerren, sind gewalttätige Diener einer Staatsmacht. Die Demonstranten dagegen gelten als Helden, die sich aus Überzeugung gegen eine Übermacht aus unterdrückender Staatsgewalt und hinterhältiger, übermächtiger Atomlobby für Meinungsfreiheit und hehre

Ideale einsetzen. Auch wer ihre Ziele nicht unterstützt, kann zumindest den Einsatz der Demonstranten für Meinungsfreiheit und Bürgerengagement respektieren.

So weit jedenfalls weite Teile der öffentlichen Meinung. Auch wenn die Sympathisanten der Demonstranten immer noch glauben, dass solche Protestaktionen in der Bevölkerung mehrheitlich verschrien sind, und sich so an die sympathische Rolle des Davids klammern, der dem bösen Goliath gegenübersteht, oder die Rolle des Robin Hood, der sich tapfer gegen die Ungerechtigkeit der Übermacht stellt: In Wahrheit ist das Protestieren gegen die Staatsgewalt längst mehrheits- und gesellschaftsfähig.

Doch meiner Meinung nach üben auch die Demonstranten Gewalt aus. Sie nötigen Zugfahrer und Polizisten und nehmen billigend in Kauf, dass Menschen verletzt werden. Die Verzögerung des Castortransports und der Aufwand, bis Techniker der Bahn das Gleisbett wieder stabilisiert und jede Schraube überprüft haben, kosten Millionen.

So wird die Welt nach Gusto in Gut und Böse eingeteilt – je nachdem, wo jemand Gewalt sehen will und wo nicht. Solange wir nicht selbst betroffen sind, können wir alle scheinheilig tun. Aber jeder, der körperlich angegriffen wird, ist froh, wenn es jemanden gibt, der den Angreifer von ihm runterzieht.

Oder wie ist das, wenn der Polizist, der gestern noch mit dem Wasserwerfer auf Demonstranten zielte, heute als Geiseln genommene Bankkunden aus den Klauen der Bankräuber befreit? Schließlich muss die Polizei dafür mit martialischem Aufgebot anrücken und Gebrauch von ihren Schusswaffen machen. Die Geiselnehmer werden dabei vielleicht verletzt, in manchen Fällen sogar erschossen. Ist das böse? Ist das Gewalt? Ist Gewalt überhaupt böse?

Nein, Gewalt ist nicht böse. Es ist mit ihr so wie mit dem Messer, das sowohl zum Aufschneiden eines Brotlaibs als auch zum Bedrohen oder Ermorden eines Menschen verwendet werden kann. Deswegen ist ein Messer nicht schlecht oder böse, sondern höchstens die Absicht, mit der es benutzt wird.

Das Zusammenleben in einer Gesellschaft ist gar nicht möglich ohne Gewaltanwendung! Und sei es nur, um sich gegen die Gewalt der anderen zu wehren – aktiv oder im passiven Widerstand. Was sind denn Gefängnisse? Sie üben Gewalt aus gegenüber den Inhaftierten, schränken ihre Bewegungsfreiheit durch Mauern und Wärter ein. Mit dem gesellschaftlich akzeptierten Zweck, die Aggression von Verbrechern einzudämmen, die Gemeinschaft vor ihnen zu schützen und, wenn möglich, einen Lernprozess einzuleiten, der künftige Gewalttaten verhindert. Manchmal muss einfach Gewalt angewendet werden! Das zu verleugnen ist dumm. Anstatt Gewalt zu verdammen und die Situationen, wo sie doch nötig ist, einfach auszublenden, ist eine differenzierte Betrachtung notwendig.

Ebenso verhält es sich mit dem Begriff der Aggression. Aggression ist ein bestimmtes Verhaltensprogramm, das evolutionsbiologisch überlebensnotwendig ist. Die rein negative Bewertung von Aggression ist heute innerhalb der Psychotherapie nicht mehr haltbar. Aggression wird betrachtet als notwendige Form der Erregung, um Hindernisse zu beseitigen oder sich etwas anzueignen; allgemein als aktives Verhalten, das dazu dient, ein bestimmtes Ziel zu erreichen und sich selbst zu behaupten. Aggression ist somit einfach nur das Gegenteil von Passivität und Zurückhaltung. Der Psychoanalytiker Alexander Mitscherlich definierte Aggression als alles, was durch Aktivität eine innere Spannung aufzulösen sucht. Destruktiv, also schädlich, wird Aggression erst durch bestimmte Umstände, in denen es Opfer der Aggression gibt.

Aggression ist eben nicht nur, einem anderen Menschen die Nase zu zertrümmern. Aggression ist auch: »So geht das nicht« zu sagen und sich damit selbst zu behaupten. Deutlich für seine Belange einzustehen. Einspruch zu erheben, wenn einer einen falschen Nebenkostenbescheid vom Vermieter bekommen hat. Auch bereit zu sein, für die gute und gerechte Sache zu streiten, ist Aggressivität. Diese kann natürlich unterschiedlichste Ausmaße annehmen – vom ruhigen entschiedenen Darlegen des eigenen Standpunkts über den bitterbösen Brief bis hin zum jahrelangen erbitterten Rechtsstreit. Das alles ist aggressiv.

Aggressives Verhalten fängt genau genommen schon frühmorgens beim Aufstehen an. Sich den Ruck zum Aufstehen zu geben bedeutet für viele, sich gegen den inneren Schweinehund unbarmherzig durchzusetzen. Und damit einen Rahmen zu schaffen, um den Tag sinnvoll zu gestalten. Sich selbst oder andere zu einer Tätigkeit zu zwingen, zu der man gerade wenig Lust hat, erfordert Aggression. Und Disziplin ist unbedingt nötig, wenn etwas Positives nicht nur angefangen, sondern auch zu Ende gebracht werden soll. Konstruktive Aggressivität führt zu Willenskraft, Disziplin und Ausdauer. Nicht umsonst heißt es »etwas in Angriff nehmen«.

Aggression ist der Treibstoff für das fundamentale Bedürfnis nach konstruktiver Entfaltung. Wenn dieser Entfaltungsdrang jedoch so weit geht, dass andere in nicht vertretbarem Maße in Mitleidenschaft gezogen werden, wird Aggressivität destruktiv. Ob jemand das Recht hat, als Ausdruck persönlicher Entfaltung nackt durchs Wohnviertel zu joggen und andere mit dem Anblick zu belästigen, kann noch diskutiert werden. Aber wer die stattliche Tanne im Nachbargarten fällt, weil sie nachmittags den eigenen Garten in Schatten taucht, zerstört nicht nur die nachbarschaftliche Beziehung, sondern vergreift sich auch am Eigentum anderer.

Die entscheidende Frage ist also nicht, wie man die Welt von der Aggression befreit, sondern ob sie destruktiv oder konstruktiv ist.

Zur Aggressivität zu stehen ist wichtig! Wir brauchen die positive Aggressivität, um die negative zu stoppen. Die Schmerzgrenze zwischen dem, was erlaubte, konstruktive Aggression ist und was verbotene, destruktive, wird von jedem Menschen anders empfunden. Was erlaubt, was entschuldbar und was unverzeihlich ist, muss immer wieder am Einzelfall festgemacht werden. Deshalb ist es so wichtig, dass der Rahmen in vernünftiger Weise verbindlich vorgegeben wird. Die gesellschaftliche Realität sieht aber anders aus.

Die Tyrannei des Friedens

Maximilian hat Leo in den Schwitzkasten genommen. Um sie herum tobt der Lärm des Schulhofs. Große Pause in der Grundschule Hintertupfing. Ein paar Kinder stehen um die zwei Jungen herum und schauen interessiert zu. Jetzt versucht Leo gegen Maximilians Schienbein zu treten, aber der weicht aus. Dabei rutscht Leo aus seinem Griff, und die Rangelei geht weiter. Beide schieben und drücken, greifen und zerren. Schließlich schafft es Max erneut, Leo zu packen und unter den Arm zu klemmen.

»Sag Entschuldigung, sag es!«

Leo sträubt sich. Max drückt fester zu, bis Leo schließlich doch »Tschuldigung« murmelt.

»Sag, dass du nie wieder meine Sachen kaputt machst!«

In diesem Augenblick kommt die Lehrerin dazu. »Was ist denn hier los? Aufhören! Hört sofort auf! Maximilian, lass den Leo los!«

Widerstrebend lösen sich die Jungen voneinander. Keuchend stehen sie da und schauen die Lehrerin an wie begossene Pudel.

»Aber Frau Bornefeld, der Leo hat mein Lineal zerbrochen!«

»Das war doch nur ein Versehen«, verteidigt sich Leo.

»Nix Versehen! Du hast es über die Tischkante gelegt und mit voller Kraft draufgedrückt, bis es gebrochen ist!«

»Mir egal, wer was gemacht hat«, fährt Frau Bornefeld dazwischen. »Gewalt ist keine Lösung!« So hat sie es im Kurs zur Gewaltprävention gelernt. Dass es wichtig ist, Gewaltsituationen schon im Keim zu ersticken, damit sich gar nicht erst ein aggressives Verhaltensmuster bilden kann. »Hier wird nicht gekämpft. Ihr seid doch vernünftige Jungs, das habt ihr doch nicht nötig. Über so was muss man miteinander reden! Leo, du lässt in Zukunft die Schulsachen von deinen Klassenkameraden in Frieden. Maximilian, du fasst Leo nie wieder an. Verstanden? Und jetzt gebt euch die Hand! So, jetzt ist alles wieder in Ordnung.«

Frau Bornefeld zieht mit sich zufrieden ab. Die beiden Jungen schauen ihr bedröppelt hinterher. Bevor er sich abwendet, haut Leo dem Max noch schnell seinen Ellenbogen in die Seite. Der Streit ist noch lange nicht zu Ende.

Gerade im schulischen Umfeld wird jede Form von Aggression undifferenziert als schädlich angesehen und wo immer möglich ausgemerzt. Dabei wird nicht unterschieden, ob es sich um eine Situation handelt, in der Kinder Konflikte sinnvoll austragen und klären – oder ob jemand ernsthaft zu Schaden kommt. Ob es sich um die Antwort auf ein mutwillig zerbrochenes Lineal handelt oder um die Untat einer ganzen Horde von Gleichaltrigen, die aus Spaß an der Macht über einen Einzelnen herfällt und die Schläge und Tritte auch noch mit dem Handy filmt.

Also dürfen Kinder nicht ausprobieren, wer von ihnen der Stärkere ist. Dabei werten viele Experten solche spielerischen Aggressionen unter Kindern als unentbehrlich für ihre Entwicklung. Auch das Familienhandbuch des Bayerischen Staatsministeriums für Arbeit und Sozialordnung, Familie und Frauen betont, wie wichtig es ist, dass Kinder sich austesten und erfahren, wie weit ihre Kräfte reichen. »Man kann sogar sagen, dass Aggressionen teilweise dazu benutzt werden, Kontakt aufzunehmen bzw. zu festigen«, heißt es dort. Immerhin ist die Grundbedeutung des Wortes Aggression im Lateinischen wertfrei »an etwas herangehen«. Ob es sich um den Beginn eines Kontakts oder einen Überfall handelt, ergibt sich erst aus dem Zusammenhang.

Die Ächtung von Aggression gilt auch im übertragenen Sinn: Zumindest in den ersten Grundschulklassen werden keine Noten gegeben. Sonst müssten die armen Kleinen ja damit fertigwerden, dass ein anderer eine bessere Note hat, weil dieser sich mehr angestrengt hat oder sich einfach leichter mit dem Lernen tut. Beim Sport werden Tore nicht gezählt, damit niemand sich als Verlierer fühlen muss. Das große, allgemeine Wohlfühlen wird angestrebt, die Realität unter einer kuscheligen Decke vergraben. Nur: Wo es keine Sieger und Verlierer gibt, gibt es auch keinen Grund, sich anzustrengen.

Zeichen für diesen Trend ist das neue Mediationsgesetz: Zivilstreitigkeiten sollen nach Möglichkeit nicht mehr vor Gericht ausgetragen, sondern bereits im Vorfeld durch ein Mediationsverfahren friedlich beigelegt werden. Wer dennoch einen Zivilprozess anstrengt, muss entweder belegen, dass ein Mediationsverfahren gescheitert ist, oder begründen, warum er gar nicht erst eins angestrengt hat. Miteinander nach einer einvernehmlichen Lösung zu suchen kann manchmal sinnvoll sein – um die Gerichte zu entlasten, aber auch um kleine Streitigkeiten auf das richtige Maß zurückzustutzen. Aber das dauernde Sichvertragen verschleiert auch vieles. Zum Beispiel, wenn dem Streit um den bellenden Nachbarshund in Wirklichkeit weit tiefer sitzende Konflikte zugrunde liegen. Außerdem: In manchen Fällen hat wirklich einfach eine Partei recht und die andere unrecht. Das Mediationsgesetz kann

Menschen entmutigen, sich weiterhin energisch für ihre Belange einzusetzen.

Die »gewaltfreie Gesellschaft«, für die die 68er Steine geworfen haben, ist anscheinend nah dran, Wirklichkeit zu werden. Wenn es aber schon so weit ist, dass Leistungssport, Kindertoben und harmlose Rangeleien suspekt sind, dann läuft etwas ganz gewaltig schief: Es gibt keine Möglichkeit mehr, sich einzuordnen. Ohne Ordnung gibt es aber auch keine Klarheit und Eindeutigkeit.

Sichtbare Aggression wird, wo immer möglich, ausgeblendet. Natürlich gibt es sie, aber sie ist geächtet. Und das ist gut so. Doch auch harmlose, spielerische Aggressivität, bei der Kinder im Spaß Grenzen austesten, wird sofort unterdrückt. Zum Beispiel: Die Kinder toben und schreien mit Papa. Ich besiege dich, du besiegst mich. Lachend lässt sich der Papa zu Boden zerren; die sechsjährige Tochter ist stolz wie Oskar, dass ihr das gelungen ist, und kitzelt ihn nach Kräften durch. Dann ruft die Mutti: »Könnt ihr nicht mit der Toberei aufhören? Spielt lieber was Schönes miteinander!« Oder: Im Sandkasten streiten sich zwei Kinder um ein Spielzeug. Anstatt die Kinder ihren Kampf austragen zu lassen, greifen die Mütter sofort ein: »Nicht hauen, Luisa! Gib dem Lars doch auch mal das Schäufelchen.«

Unisono wird gefordert: »Vertragt euch endlich!« Konflikte werden übertüncht, anstatt Kinder unterscheiden lernen zu lassen: Wofür streite ich gerade, wofür setze ich mich ein? Lohnt das Ziel den Kampf? Sind die Mittel angemessen, die ich nutze, und wie kann ich mit möglichst wenig Kollateralschaden meinen Standpunkt vertreten?

Doch ohne Reibung gibt es keinen Grip und kein Standing. Reibungsfrei ist Glatteis – da gibt es kein Vorwärtskommen, weil man sich nirgends abstoßen kann. Ohne Konflikte ist es unmöglich zu wissen, wo man steht. Ohne Abgrenzung gibt es keine Grenzen. Und das hat die beschriebenen Folgen.

Doch das viel größere Problem ist: Die unterschwellige Aggression ist ja noch da. Konflikte werden nicht gelöst, indem man sie totschweigt. Sie tauchen nur in den Untergrund ab und werden indirekt ausgetragen. Anstelle der Kämpfe Mann gegen Mann gibt es jetzt eben Jago, der Othello so manipuliert, dass er seine Desdemona umbringt.

Verlierer in dieser Entwicklung sind die Väter, die sonst immer mit ihren Kindern herumgetobt haben. Jetzt, wo jede offene Form von Aggressivität verpönt ist, dürfen sie das nicht mehr. Heimliche Sieger dieser Entwicklung sind die Muttis.

Der Richter und sein Henker

Dass es bei Aggressivität und der moralischen Bewertung von Aggression einen deutlichen Unterschied zwischen den Geschlechtern gibt, ist bekannt. Der Soziologe Dieter Otten berichtet von einem Ranking, das am Soziologischen Institut der Osnabrücker Universität erstellt wurde. Die Testpersonen mussten sich entscheiden, welches Verhalten sie für noch vertretbar hielten. Die zu bewertenden Situationen reichten vom Mogeln beim Kartenspiel bis zu Mord. 90 Prozent der Frauen lehnten alles ab, bis auf das Schummeln. Bei den Männern war es genau umgekehrt. 90 Prozent von ihnen schlossen unter bestimmten Umständen sogar Mord nicht aus – aber Mogeln beim Kartenspiel konnte kaum einer akzeptieren. Mit anderen Worten: Männer sind eher für die offene, körperliche Auseinandersetzung. Frauen tragen ihre Konflikte lieber verbal und versteckt aus.

Indem sie zum Beispiel ihren Gegenpart bei anderen schlechtmachen und so erreichen, dass dieser dann sozial geächtet wird. Frauen sagen auch gern zu ihren unartigen Kindern: »Warte nur, bis Papa nach Hause kommt!« Der Mann wird dann als Vollstrecker des mütterlichen Urteils eingesetzt und muss das Kind bestrafen, ihm Hausarrest oder Fernsehverbot aufbrummen.

Dies zeigen auch die Antworten von 1470 Männern und 970 Frauen, die 2009 im Auftrag der Evangelischen Kirche in Deutschland und der Gemeinschaft der Katholischen Männer zum Thema Gewalt befragt wurden. Die Auswertung der Interviewbögen ergab, dass quer durch alle Bildungsmilieus etwa 30 Prozent der Frauen und 34 Prozent der Männer eine gewaltaktive Täterrolle ausübten – ungefähr Gleichstand also. Männer verübten eher körperliche Gewalt: Schläge, Tritte und Bedrohung mit einer Waffe. Frauen dagegen beleidigten, beschimpften oder bewarfen ihre Gegner mit Gegenständen.

Allerdings: Die von Frauen ausgeübte Gewalt wird totgeschwiegen. Frauen werden automatisch als Opfer gesehen. Noch im Jahr 2000 antwortete die damalige sozialdemokratische Bundesfamilienministerin Christine Bergmann auf die Frage, ob sie ein Männerhaus für notwendig halte: »Nein, ich denke, das ist nicht nötig. Wenn Männer keine Gewalt anwenden, brauchen sie auch keine Zufluchtsorte.«

Bereits 2004 schrieb *Die Zeit* über den Prototyp der Neuen Väter: »Als Körper gerade noch anwesend, ist er als Person blass, schwächlich, beinahe inexistent. Er verfügt weder über Autorität noch Profil, scheut Auseinandersetzungen, ist harmoniesüchtig und nachgiebig bis zur Charakterlosigkeit.« Diese Männer, denen jede Aggressivität, jeder Wille zum Streit abtrainiert wurde, sind wie kastriert. Als Väter versagen sie auf ganzer Linie, selbst wenn sie sich noch so viel Mühe geben, für die Kinder da zu sein. Sie können Windeln wechseln, Kinder auf die Schaukel heben und Spaghetti kochen. Aber eins können sie nicht: Nein sagen. Ohne klare Position, ohne Bereitschaft zum gelegentlichen Streit können Väter ihren Kindern keinen festen Halt bieten und einen dringend benötigten Gegenpol zur Mutter bilden, wie es auch der renommierte dänische und auch hierzulande sehr geschätzte Familientherapeut Jesper Juul so vehement fordert: »Väter haben ihren Kindern gegenüber eigene und andere Fähigkeiten und Kompetenzen als Mütter. Sie sind darum nicht einfach nur deren Assistenten, die Anweisungen blind zu befolgen haben. Voraussetzung allerdings ist, dass sie diesen Teil ihrer Verantwortung verstehen und aktiv übernehmen« (»Mann und Vater sein«). Meist aber fehlt Kindern diese persönliche Klarheit und Konsequenz des männlichen Elternteils in Abgrenzung zu der überwältigenden Präsenz des Mütterlichen.

Marktinseln

Gibt es eigentlich irgendetwas im öffentlichen Leben, das nicht durch Muttis heruntergeregelt, kastriert und passiv gemacht wurde? Ja, die Wirtschaft. Und das hat einen ganz einfachen Grund: Wirtschaft ist nicht selbstreferenziell. Hier bestimmt nicht Mutti, sondern der Markt, was Erfolg ist! Ist ein Produkt oder eine Dienstleistung gut, wird gekauft, sind sie miserabel, bleiben schnell die Kunden aus. Auch verantwortungsloses Handeln wird abgestraft. Zumindest eine Zeit lang. Die Ölkatastrophe vor der nordamerikanischen Küste kostete das Mineralöl- und Energieunternehmen BP nicht nur Milliarden für die Reparatur- und Säuberungsarbeiten, sondern auch einen gewaltigen Einbruch bei Umsatz und Börsenkurs. Die Drogeriemarktkette Schlecker ging nach einem jahrelang anhaltenden Höhenflug wegen Misswirtschaft und nicht zuletzt wegen ihres miserablen Images pleite. Wenn Versprechen nicht gehalten werden, brechen Börsenkurse plötzlich branchenweise weg, so wie im Jahr 2000, als die Dotcom-Blase platzte.

Der Markt ist ein gerechtes Korrektiv, das entscheidet, wer wirklich erfolgreich ist und wer nur so tut. Manchmal gibt es eine Zeitverzögerung, doch am Ende siegt die bessere Dienstleistung, der bessere Service, das bessere Produkt. In der Wirtschaft gibt es eine wohltuende Aggressivität, die für Innovationen sorgt, es gibt eine gerechte Gewalt, die dafür sorgt, dass schlechte Ergebnisse abgestraft werden, und es gibt die Macht des Wettbewerbs, der für einen gesunden Zwang zu Wachheit, Agilität und Veränderung sorgt. Jedenfalls solange der Staat seine Finger bei sich behält.

Der Bauunternehmer Holzmann AG stand 1999 kurz vor der Pleite. Um den Verlust von zahlreichen Arbeitsplätzen zu verhindern, drängte der damalige Kanzler Gerhard Schröder auf ein Rettungspaket: Ein Konsortium von Banken gewährte Übergangskredite in Milliardenhöhe. Für einen Teil dieser Kredite übernahm der Bund eine Bürgschaft. All diese Maßnahmen konnten das Unternehmen nicht retten: 2002 meldete es endgültig Insolvenz an. Das medienwirksame Eingreifen des Staats hatte die beteiligten Banken Unsummen gekostet – und nichts gebracht.

Bankenkrise 2008. Angestoßen durch die Pleite der Lehman Brothers in den USA, griff die Krise rasend schnell um sich; Banken fielen wie Dominosteine – halt, nein. Auch hier griff Mutti Staat rettend ein. Mit Garantien, Zuschüssen und künstlich niedrig gehaltenen Zinsen wurden die großen Banken gerettet. Ihr Untergang hätte die gesamte Wirtschaft angeblich mit in den Abgrund gerissen, weil sie TBTF-Banken seien und damit: »too big to fail«. (Zu groß, um scheitern zu dürfen.)

Gerissene und gierige Banker hatten nun praktisch einen

Freifahrtschein. In der sicheren Gewissheit, dass Mutti Staat eingreifen würde, wenn was schiefgehen würde, erlaubten sie sich weiter Fehlinvestitionen, wilde Spekulationen und Misswirtschaft. Den Preis zahlen heute noch die Kleinanleger und die Staatsbürger über ihre Steuern. Dass die Finanzminister die Relation von Eigenkapital zu ausgeliehenem Risikokapital verringern, wussten die Bankmanager bisher zu verhindern. Erst jetzt müssen Banken mehr Eigenkapital halten sowie Abwicklungspläne für den Konfliktfall erstellen, zuerst zu Lasten ihrer Aktionäre. Der Steuerzahler kann – vielleicht – aufatmen. Ein zu schwaches wie auch ein zu starkes Eingreifen von Mutti Staat unterhöhlt das Regulativ der freien Wirtschaft und gefährdet den letzten Bereich, wo Entscheidungen noch mit Verantwortung getroffen werden müssen, weil sie Konsequenzen nach sich ziehen. Noch ist der Mittelstand wie ein Fels in der Brandung. Unternehmer mit Mutti-Allüren verschwinden in der Regel schnell vom Markt.

Der öffentlich-rechtliche Rundfunk ist ein Mutti-System, selbstreferenziell, selbstgerecht und zuerst sich selbst befriedigend. Ungeheure Gelder werden über die GEZ – jetzt als pauschale Haushaltsabgabe – in das System gepumpt, mit der Gießkanne verteilt, ein gigantischer Apparat am Leben gehalten.

Warum geht das?

Weil wechselseitig dauerhafte Abhängigkeiten erzeugt werden zwischen den Politikern und den Medienmachern. Abhängigkeiten von Programmen, der Einschalt- und der Wählerquote sind ein wichtiges Element auch in der Planung von Politikern und Medienmachern, Kirchen- und Wirtschaftsführern, die sich nach meiner Beziehungserfahrung und -einschätzung einfach nur lebenslang brave Zuschauer, Wähler und Konsumenten wünschen und per manipulierender Werbung auch zu erzeugen versuchen.

Zudem fühlen sich die Landespolitiker natürlich auch von der positiven Darstellung in »ihrem« Sender sehr abhängig und vermeiden daher möglichst Konfrontationen, die notwendig wären, um die Senderverantwortlichen zum konstruktiven Handeln im Sinne der positiven Entwicklung unserer Gesellschaft zu bringen, statt weiterzumachen mit: *Only bad news are good news!*

Dabei wäre gerade der von politischen Vorgaben, wirtschaftlicher Werbung und aktuellen Einschaltquoten unabhängige öffentlich-rechtliche Rundfunk mit den zahlreichen Programmen von ARD und ZDF wunderbar geeignet, öffentliche Erziehungs- und Beziehungsaufklärung zu leisten sowie Anleitung zu Einfühlung und Dialog zu geben.

Eine große Verantwortung der Fernseh- und Medienmanager für die Persönlichkeitsentwicklung unserer Kinder sieht auch der Medienforscher Peter Winterhoff-Spurk, wenn er schreibt: »Insgesamt hat das Fernsehen mittlerweile einen Einfluss gewonnen, den man nur noch mit dem von Religionen vor der Aufklärung vergleichen kann. Es ist wenigstens in den westlichen Gesellschaften inzwischen eine invisible Religion, eine nur wenig demokratisch legitimierte und gesellschaftlich kontrollierte Diesseitsreligion geworden.« (»Kalte Herzen: Wie das Fernsehen unseren Charakter formt«, S. 239) Auch der Medien- und Hirnforscher Manfred Spitzer erhebt warnend seine Stimme: »Bedenkt man zudem, dass Fernsehen erwiesenermaßen dick macht und Fettleibigkeit einen schwerwiegenden gesundheitlichen Risikofaktor darstellt [...], so wird das allgemeine Wegsehen der beteiligten Politiker und Medienmacher noch unverständlicher.« (»Digitale Demenz. Wie wir uns und unsere Kinder um den Verstand bringen«, S. 154)

Aber eine solche Änderung des verwöhnenden und zunehmend verflachenden Programmverhaltens der Verantwortlichen in unserem durch Gebühren finanzierten öffentlich-rechtlichen Fernsehen ist wohl ohne deutliche politische und gesellschaftliche Einwirkung kaum zu erwarten, wie ich mit zwei Beispielen illustrieren möchte:

Den WDR forderte ich mehrfach dazu auf, er möge sich im Rahmen des im Rundfunkgesetzes klar formulierten Auftrags zu Information, Bildung und Beratung der Bürger stärker um Verbesserung von Eltern-Paar-Beziehungen und Kinder-Erziehung in unserer Gesellschaft kümmern. Hilfreich dafür seien zum Beispiel regelmäßige Ausstrahlungen von Sendungen zum Erlernen und Vertiefen der Einfühlungs- und Dialog-Fähigkeit. Diese bilde aus meiner fachlichen Sicht die Grundlage für ein gedeihliches Miteinander in Familie, Beruf und Gesellschaft. Nach mehrfachem Austausch schrieb mir der verantwortliche Programmdirektor aber abschließend:

»Die Förderung der Dialog- und Empathiefähigkeit der Menschen ist nicht unser Thema und wird es auch langfristig nicht werden. Wir suchen auch keine Lösungsansätze für gesellschaftlich problematische Zustände in unserem Land.« (WDR, 14. Mai 2004)

Der Intendant des Mitteldeutschen Rundfunks (MDR) Udo Reiter hatte die Verantwortung für den neu begründeten Kinder-Kanal (KiKA) an sich ziehen können. Vollmundig und in ungewohnt offener Weise verkündete er damals als sein ehrgeiziges Ziel, er wolle durch den KiKA Kinder von früh auf daran gewöhnen, das Fernsehen täglich und dauerhaft als wichtigen Teil in ihr Leben einzubeziehen. (FAZ, 17. Januar 2003, S. 35)

Heute nennt man das Maßnahmen zur Zuschauerbindung – aber bei kleinen Kindern und mit einer televisionären Scheinwelt?

12

Der ewige Kreislauf

Bernhard tritt scharf auf die Bremse und bringt seinen Škoda zum Stehen. 7.43 Uhr. Nach der Länge der Autoschlange zu schließen, braucht er heute mindestens zwei, drei Grünphasen, um über die Ampel zu kommen. Verdammter Mist!

Die Kreuzung zwei Kilometer vor der Autobahnauffahrt ist berüchtigt. Die vierspurige Hauptstraße wird hier von einer untergeordneten Landstraße gequert, eine Ampelanlage regelt den Verkehr. Ärgerlich nur, dass sie so eingestellt ist, dass die Autos auf der Hauptstraße elend lange warten müssen, auch wenn die paar von der Nebenstraße her kommenden Autos schon längst eingebogen sind. Morgens, wenn alle Pendler gleichzeitig zur Arbeit wollen, ist hier die Hölle los.

Oft steht Bernhard an dieser Kreuzung fünf Minuten im Stau. Und noch viel länger, wenn es mal wieder einen Unfall gegeben hat. Die Ampelphasen sind so lang, dass viele Autofahrer versuchen, noch bei Dunkelgelb durchzuflitzen. Manchmal geht das schief. Über 30 Unfälle gab es im vergangenen Jahr an dieser Ampel, nicht immer nur mit Blechschaden. Zwei Schwerverletzte und ein knappes Dutzend Leichtverletzte; vor drei Jahren eine Tote.

7.47 Uhr. Bernhard trommelt mit den Fingern auf dem Lenkrad herum und schaut aus dem Seitenfenster. Neben ihm kämpfen die Blumen der Verkehrsinsel tapfer gegen Abgase und Feinstaub an. Jedes Stiefmütterchen kennt er schon auswendig. Vor ihm stehen noch 14 Autos – beim nächsten Grün könnte er es über die Kreuzung schaffen.

Da, endlich Grün! Bernhard tritt aufs Gas. Zwei Autos vor ihm müssen noch die Kreuzung passieren, als die Ampel wieder auf Gelb springt. Beide geben Gas, Bernhard hängt sich dran, damit auch er nicht noch eine Ampelphase aussitzen muss. Und wird unmittelbar darauf in seinen Gurt geschleudert. Uff! Seltsam unwirklich dringt das Scheppern an seine Ohren. Dampf dringt aus der verformten Motorhaube. Während das erste Auto noch schnell über die Kreuzung gebrettert ist, hat es sich sein Vordermann doch anders überlegt und abrupt abgebremst. Und Bernhards Škoda hängt hinten drauf. Verdammt, verdammt, verdammt! Wie in Trance löst Bernhard seinen Gurt und steigt aus. Eine Ampel bestimmt, wer Grün hat und wer stehen bleiben muss. Sie hat die totale Kontrolle. Es gibt nur zügiges Durchfahren oder Stehen, richtig oder falsch, Fahrer und Rumsteher. Dazwischen ist nichts. Irgendwann ist sie programmiert worden, und dann macht sie ihr Ampelleben lang tagaus, tagein genau das, was ihr eingegeben wurde.

Solch ein Metallding mit ein paar Drähten und Platinen als Innenleben hat keine Macht, ihm wird Macht zugestanden. Die Verkehrsteilnehmer könnten die Ampel jederzeit ignorieren und auf eigene Faust losfahren; sie könnte dagegen gar nichts tun. Doch Autofahrer trauen sich das nicht. Weder dann, wenn viel Verkehr ist und die Ampel gute Dienste leistet, noch nachts um halb zwei, wenn weit und breit kein anderes Auto in Sicht ist. Selbst dann bleibt der Fahrer brav vor ihr stehen.

Eine Ampel ist eine perfekte Mutti.

Mit einer Ampel ist alles geregelt – ohne sie herrscht das Chaos. Dann nimmt niemand einem die Entscheidung ab, ob man fahren kann oder nicht; keine wohlige Geborgenheit in dem Gefühl, dass man nur auf das achten muss, was die Ampel bestimmt, und alles ist okay. Schlimmer noch: Ohne Ampel würden viele Autofahrer wild drauflosfahren und Totalschaden erleiden, andere kämen gar nicht mehr vom Fleck.

Also lieber mit Ampel als ohne Ampel … So würden sich wohl die meisten Menschen entscheiden. Dass es noch eine ganz andere Möglichkeit gibt, ist ihnen gar nicht bewusst.

Das Rad der Wiedergeburt

Keinem Menschen ist von Geburt an bestimmt, ob er ein fröhliches oder ein bedrücktes Kind, ob er ein selbstbewusster oder ein in seinen Gefühlen gehemmter Erwachsener wird. Das Verhalten eines Menschen wird nur in geringem Ausmaß von seinen Genen bestimmt, viel mehr wirkt sich sein soziales Umfeld, vor allem das der ersten Lebensjahre, aus. Säuglinge werden als nachahmende Wesen in diese Welt geboren; sie imitieren ihre Bezugspersonen sofort und immer wieder. Deshalb ist es so außerordentlich wichtig, dass Mutter, Vater, Familienmitglieder, Freunde, Nachbarn und Erzieher einem Kind ein gutes Beispiel geben können. Und wenn nicht? Selbst wenn Eltern oder auch alleinerziehende Mütter sich fest vorgenommen haben, es einmal besser als die eigenen Eltern zu machen: Die unbewussten Prägungen bleiben ein Leben lang aktiv.

Beim Thema häuslicher Gewalt ist dieser nicht enden wollende Kreislauf altbekannt: Eine Forsa-Umfrage aus dem Jahr 2012 ergab, dass immer noch 40 Prozent aller Eltern ihre Kinder schlagen. Aber unter den Eltern, die früher selbst unter Schlägen zu leiden hatten, sind es über zwei Drittel, die ihre Kinder körperlich züchtigen. Das Spektrum reicht von einem leichten Klaps auf den Po über eine saftige Ohrfeige bis hin zu schweren Stockschlägen. Das geschieht übrigens ganz unabhängig vom Bildungsstand der Eltern. Sie tun es, obwohl der Druck von außen groß ist – das Schlagen von Kindern wird gesellschaftlich absolut nicht gebilligt. Sie tun es, obwohl sie bewusst das Schlagen ablehnen: Dass seit dem Jahr 2000 die körperliche Züchtigung in der Erziehung per Gesetz verboten ist, finden 90 Prozent der Eltern gut. Sie tun es, obwohl sie danach regelmäßig ein schlechtes Gewissen packt: Drei Viertel aller Eltern bedauern es sofort, zugeschlagen zu haben, 80 Prozent entschuldigen sich bei ihren Kindern. Was für ein Gefühlschaos wird da sichtbar!

Was für Prügel gilt, gilt auch für fehlende echte Zuwendung und übermäßige Kontrolle. Groß gewordene Mutti-Kinder, die unter ihrer übermächtigen Mutter gelitten haben, mögen guten Willens sein, es einmal besser zu machen. Es wird ihnen immer schwerfallen, diesen Vorsatz auch wirklich umzusetzen. Selbst wenn sie der Ansicht sind, ihrem Kind zuzuhören, ihm Halt zu bieten, es nicht überzubehüten, Widerspruch zuzulassen und gleichzeitig auch auf die eigenen Bedürfnisse zu achten, ist das Mutti-Sein in ihnen angelegt. Sie merken es gar nicht, wenn sie in die eingeschliffenen Verhaltensmuster zurückfallen.

Und in der Gesellschaft geht es zu wie auf Familienebene. Unsere Gesellschaft wird von Millionen von Ampeln behindert, die ein Fortkommen unmöglich machen. Will einer mal aufs Gas treten, stoppt ihn nach wenigen Hundert Metern schon das nächste Verkehrslicht. Will einer aus dem Stau heraus, wird er so lange angehupt, bis er sich wieder in den Stop-and-go-Verkehr einordnet. Jede neu gebaute Straße wird sofort mit einer maximalen Anzahl an Ampeln versehen, damit auch alles seine Ordnung hat.

Gibt es denn gar keinen Ausweg?

Im Straßenbau hat sich in den letzten Jahren eine ganz

andere Möglichkeit der Verkehrsführung durchgesetzt: der Kreisverkehr. Nicht ohne Grund, denn gegenüber Kreuzungen besitzt er ganz erhebliche Vorteile. Jeder achtet selbstverantwortlich darauf, wann sich für ihn die nächste Lücke auftut, um in den Kreisverkehr einzuschwenken. Die Wartezeiten – wenn sie überhaupt auftreten – sind deutlich kürzer als an einer Ampelkreuzung. Es geschehen weniger Unfälle, weil ein Kreisverkehr deutlich übersichtlicher ist als eine Kreuzung, und wenn sie einmal auftreten, dann verlaufen sie glimpflicher, weil die Fahrzeuge langsamer fahren. Niemand muss warten, obwohl er eigentlich losfahren könnte. Im übertragenen Sinne hieße das, dass wir einen Kreisverkehr der Möglichkeiten mit Ausfahrten brauchen.

Die erste Ausfahrt: Selbstreflexion

Jeder Mensch hat die Chance, sich weiterzuentwickeln – jederzeit. Nie standen die Zeichen so gut, die eigenen äußeren Lebensumstände selbst zu bestimmen; und zwar für Männer und Frauen gleichermaßen. Unsere Gesellschaft ist nicht mehr in Klassen unterteilt, die durch undurchdringliche Mauern voneinander getrennt sind. Aufenthaltsort, Beruf, Lebenspartner können frei gewählt werden. Dass es einmal anders war, ist eher Jahrzehnte als Jahrhunderte her, aber trotzdem für heutige Verhältnisse so unvorstellbar, dass wir uns schon gar nicht mehr daran erinnern können. Es winken heute zahllose Möglichkeiten. Das sollte also nicht das Problem sein.

Schwieriger ist es, sich persönlich, also innerlich weiterzuentwickeln. Eine der jüngeren Erkenntnisse der Hirnforschung lautet: Unser Gehirn programmiert sich fortwährend selbst. Neuronale Verknüpfungen, die wir häufig benutzen, werden gestärkt, selten benutzte abgebaut. Was wir immer wieder tun, wird zur Gewohnheit, im Denken wie im Handeln. Am stärksten wirkt diese Prägung während der frühen Kindheit, aber auch in der Pubertät werden noch vielfach Bahnen im Gehirn gezogen oder auch wieder verschüttet. Mit 18 Jahren ist bei den meisten Menschen ein Großteil der Strukturen festgelegt, nach denen sie für den Rest ihres Lebens handeln.

Wer von klein auf daran gewöhnt ist, Neuem gegenüber offen zu sein und an sich zu arbeiten, hat hier einen großen Vorteil. Solche Menschen sind es gewohnt, über sich und ihre Beziehungen nachzudenken und nicht wie Lemminge ihren einmal gelernten und nun unbewusst gespeicherten Verhaltensmustern zu folgen. Diese fatale Dominanz des Unbewussten betont auch der Kinderpsychiater Michael Winterhoff: »Eltern unterscheiden nicht mehr zwischen sich und ihrem Kind, sondern denken und handeln, als wenn es sich beim Nachwuchs um einen Teil ihrer selbst handeln würde. Aus diesem Grunde spreche ich von einer Symbiose, also einer Verschmelzung der Psyche von Eltern und Kind. Dabei ist es wichtig, dass dieser Vorgang unbewusst ist.« (»Lasst Kinder wieder Kinder sein! Oder: Die Rückkehr zur Intuition«, S. 10)

Wer allerdings dazu erzogen wurde, in festgefahrenen Bahnen zu denken und nur zu reagieren, dem wird es als Erwachsener besonders schwerfallen, über sich selbst zu reflektieren. Muttis sind da ganz klar im Nachteil. Für sie ist eine Veränderung in ihrem Verhalten eine Herkulesaufgabe. Aber sie ist nicht unmöglich.

Schon in frühen Jahren verinnerlichte Verhaltensweisen abzulegen kann gelingen, wenn der erwachsene Mensch seine Kindheit vor seinem inneren Auge vorbeiziehen lässt und sich dabei fragt: Welche Erlebnisse, welche Erziehungsmethoden, welche Beziehungen haben mich geprägt? Was davon will ich beibehalten und was verändern? Mit anderen Worten: Er muss sich dessen, was ihn beeinflusst und geformt hat, bewusst werden. Wer sich darüber im Klaren ist, dem fällt es leichter, nicht immer wieder automatisch denselben Denk- und Handlungsmustern zu folgen. Trotzdem ist es nötig, sich immer wieder bewusst gleichsam von außen zu beobachten und sich zu fragen: Tue, sage, denke ich etwas, weil ich es gut finde – oder vielleicht nur deswegen, weil meine Eltern es mir so beigebracht haben? Das gilt für einen Mann, der in seiner Gemeinde auch noch am Wochenende zeitraubende und anstrengende Aufgaben übernimmt, genauso wie für eine Frau, die mit größter Mühe ihre Kleidergröße hält, oder einen Jugendlichen, der seine Tante zur Begrüßung küsst. Sie alle sollten sich fragen: »Für wen mache ich das? Und tut es mir gut?«

Das hört sich einfach an, erfordert aber hohe Aufmerksamkeit und Konzentration. Denn zu seinen eigenen Gefühlen und Wünschen zu stehen kann nur gelingen, wenn man sich ihrer bewusst ist. Das heißt natürlich nicht, sie rücksichtslos gegenüber allen anderen Interessen durchzusetzen. Aber es bedeutet, sich über die eigenen Wünsche und Bedürfnisse im Klaren zu sein und sie wertzuschätzen. Das ist die Basis dafür, dass im Umgang mit anderen die richtigen Prioritäten gesetzt werden.

Die zweite Ausfahrt: Offenheit

Um Kinder zu eigenständigen Erwachsenen zu erziehen, sind beide Eltern notwendig, die in einer für alle Beteiligten gut funktionierenden Partnerschaft leben. Einer Zweierbeziehung mit Liebe und Rückhalt, aber auch Freiraum. Das könnte zwar als eine klar konservative Position missdeutet werden, die der heutigen Lebensrealität mit immer mehr Patchworkfamilien, immer mehr alleinerziehenden Müttern und immer rascheren Paarbeziehungswechseln entgegensteht. Aber meine Einsicht in die ebenfalls bestehende Lebensrealität vieler Kinder, die den Schaden davontragen, wenn sie in verstümmelten Familien aufwachsen müssen, macht für mich dieses Statement zwingend: Ideal sind zwei Personen in der Elternrolle, die akzeptieren und gutheißen, dass der jeweils andere anders ist. So schreibt auch Jesper Juul: »Nach mehr als 40 Jahren Arbeit mit Familien und Paaren erlaube ich mir zu behaupten, dass es für Kinder sehr wichtig ist, zwei verschiedene Elternteile zu haben, die mit ihnen zusammenleben.« (»Mann und Vater sein«, S. 16) Die Voraussetzung hierfür: Die Partner müssen sich in sich selbst und in andere einfühlen und sich darüber auch gemeinsam austauschen können. Das Vorhandensein der Empathie- und Dialogfähigkeit von Eltern, Erziehern und Lehrern gilt heute unter Experten ganz allgemein als Grundvoraussetzung für gute Erziehung, Betreuung und Bildung. Die Bedingung hierfür: Die Partner müssen sich in sich selbst und in andere einfühlen und sich darüber auch gemeinsam austauschen können. Das ist nichts anderes als Offenheit. Und diese Offenheit ist alles andere als eine konservative Forderung. Zu den alten Verhältnissen des Patriarchats will ich nämlich auf gar keinen Fall zurück!

Amy und Marc Vachon leben diese Offenheit, die ich meine, vor und beschreiben sie in »Wirklich gemeinsam Eltern sein«, ihrem »Handbuch für die neue Eltern-Generation«, sehr eindrucksvoll: »Partnerschaftliches Elternsein bedeutet: Zwei Elternteile arbeiten gezielt daran, sich die vier Bereiche Kindererziehung, Hausarbeit, Erwerbstätigkeit und Zeit für sich selbst fair und gleichberechtigt zu teilen.« Beide Eltern müssen sich in sich selbst und in den anderen einfühlen, auf die Kontrolle über den anderen verzichten und von alten Rollenmustern loslassen können, um dies zu erreichen.

Wie die Fähigkeit zur Selbstreflexion ist auch die Fähigkeit zur Offenheit erlernbar. Wenn wir sie in der Partnerschaft jeden Tag leben, kann die Beziehung gelingen, erfüllend und glücklich sein, ohne einzuengen. Um nicht nur nebeneinanderher zu leben, sondern offen kommunizieren zu können, braucht es Zeit und Zuwendung. Gegenseitige Unterstützung ist die Basis, und zwar tätige und mitfühlende Hilfe anstelle von Lippenbekenntnissen.

Natürlich kann es auch mal zur Kollision kommen. Das ist ganz normal, wenn beide Partner sich ihrer Bedürfnisse bewusst sind und gemeinsam aushandeln müssen, welchem Bedürfnis im Einzelfall der Vorrang gegeben wird. Urlaub in der Toskana oder am Nordkap? Montessorischule oder mehrsprachiges Internat für die Kinder? Allein in der offenen Auseinandersetzung mit dem Partner können in beiderseitigem Einverständnis Prioritäten gesetzt und, wenn nötig, immer wieder neu austariert werden. Das geht nur, wenn die beiden Partner miteinander sprechen und dann aushandeln: Du machst dies, ich mache jenes. So braucht nicht mehr jeden Tag ein stummer Kampf darüber ausgefochten zu werden, wer den Müll runterbringt und wer das Auto zur Reparatur fährt. Die Zuständigkeiten und die Verantwortung in der Partnerschaft offen und klar zu verteilen bringt große Erleichterung, weil jede Menge Konfliktpotenzial, Stress und Druck wegfällt.

Selbstverständlich können diese Rollen neu verhandelt werden, wenn sich die Umstände ändern, zum Beispiel wenn die Kinder größer werden oder wenn der eine Partner überraschend Aussichten auf seinen Traumjob hat – aber in einer anderen Stadt. Dann wird eben neu diskutiert. Gemeinsam findet sich eine neue Lösung, die für alle Beteiligten gut ist.

Es ist ganz normal, wenn da manchmal die Fetzen fliegen. Streit gehört zu einer Beziehung dazu; wie laut es wird, hängt von Charakter und Temperament der Beteiligten ab. Wichtig ist nur: Es muss offen und respektvoll gestritten werden. Ohne die Gefahr, dass einer sich als beleidigte Leberwurst aus der Affäre zieht. Mit der gebotenen Rücksicht auf die Gefühle des anderen kann dann auch wieder echte Zärtlichkeit entstehen, knisternde Spannung und freundschaftliches Kuscheln. Zoff und Zärtlichkeit – auch das ist wichtig, damit eine Partnerschaft gelingt.

Eine von Anfang an, also schon vor der Geburt der Kinder, tragfähige Beziehung zwischen gleichberechtigten und selbstbestimmten Partnern ist auch eine stabile Grundlage für die Kindererziehung. Aber Achtung: Gleichberechtigt sein heißt auf keinen Fall gleich sein müssen. Mit zwei »Mapis« ist einem Kind wenig gedient. Eltern können und sollen verschiedene, aber ebenbürtige Rollen einnehmen. Welche das sind? Entscheiden Sie selbst! Ein festgelegtes Rollenverständnis von Vater und Mutter, von Mann und Frau, wirkt wie jede Ideologie als einschnürendes Korsett. Ich plädiere für eine Kultur der Vielfalt: In der einen Familie ist der Mann ganz traditionell der Ernährer und die Frau die Mutter und Hausfrau, in der nächsten machen beide einen Halbtagsjob und wechseln sich mit der Kinderbetreuung ab, in der dritten arbeitet die Frau in Vollzeit, und der Mann kümmert sich um Kinder und Haushalt. In der einen Familie ist der Vater derjenige, der mit den Kindern klettern geht, und die Mutter diejenige, die die Rotznasen abputzt – in der nächsten ist es genau andersherum. Was für den einen richtig ist, braucht für den anderen noch lange nicht zu gelten.

Ich selbst komme mehr und mehr zur Überzeugung, dass der Lebensentwurf vieler Frauen mit 50- bis 80-prozentigem Teilzeitjob und Kinderbetreuung auch für Männer ein sehr gutes Modell wäre. So hätten Frauen, deren Männer sich neben ihren Stellungen in Teilzeit mehr für die Familie engagieren, den Freiraum, Führungspositionen zu übernehmen. Das täte nicht nur unserer Wirtschaft gut – das täte auch den

Frauen, den Partnern und den Kindern gut, und die endlosen Diskussionen über Quote, Benachteiligung und Vereinbarkeit von Familie und Beruf hätten vielleicht bald ein Ende. Auch Männer können Hausmänner sein, und es bricht ihnen kein Zacken aus der Krone, wenn sie eine Zeit lang ganz in der Erziehungsrolle aufgehen. Dabei müssten sie allerdings auch mehr Anerkennung vonseiten der Frauen und Mütter erfahren. Ich selbst hatte in meiner Zeit als Assistenzarzt kaum die Möglichkeit, mich mit meinem Sohn zu beschäftigen – ich musste mit Nachtdiensten und Unterricht in der Krankenpflegeschule zusätzliches Geld verdienen, ein Haus abbezahlen, für meine studierende Frau und unser kleines Kind sorgen. Heute bereue ich das, und könnte ich die Uhr zurückdrehen, hätte ich mit meiner Frau darüber gesprochen, unseren Broterwerb besser aufzuteilen. Aber damals waren andere Zeiten und die Rollenbilder viel starrer als heute.

Die dritte Ausfahrt: Spiegelung von außen

»Guck mal, Yannik! Ein Elefant!« Yannik folgt mit dem Blick dem ausgestreckten Zeigefinger seiner Mutter zum Holzelefanten, der auf der Kuscheldecke liegt. Martin, der auf dem Stuhl neben Saskia sitzt, hält sich mit der einen Hand die Nase zu und markiert mit der anderen einen Rüssel. »Und der Elefant macht Töröööö!« Yannik dreht sich zu seinem Vater um und lacht krähend. Aber Saskia hat in dem verstreuten Spielzeug schon etwas Neues entdeckt, das sie ihrem Sohn zeigen kann: »Und neben dem Elefanten, was ist denn das? Das ist eine Kuh, die macht Muh!«

Aufmerksam sind elf Erwachsene um einen Bildschirm herum gruppiert und betrachten die kurze Szene, in der Saskia und Martin mit ihrem Sohn Yannik spielen. Fünf Paare und ihre Kinder sind es, dazu die Psychologin, die hier beim Eltern-Kind-Kurs zusammensitzen.

»Was fällt euch auf?«

»Du beschäftigst dich intensiv mit deinem Kind«, fängt Patricia an. »Du zeigst ihm geduldig die Tiere, das finde ich gut.«

»Aber du hast kaum Blickkontakt mit Yannik«, wirft Betty ein. »Das ist mir beim letzten Kursabend schon aufgefallen.«

»Was, echt?«, fragt Saskia verwundert nach. »Im Ernst? Schauen denn andere Eltern ihren Kindern mehr in die Augen?«

»Ja«, erklärt Kathrin, die Psychologin. »In Mitteleuropa schauen Mütter ihren Kindern im Durchschnitt etwa ein Viertel der Interaktionszeit in die Augen, also der Zeit, in der sie sich mit ihnen beschäftigen. Bei dir sind es höchstens 10 Prozent.«

»Oh, das ist mir gar nicht aufgefallen. Ist das denn schlecht? Ich meine, der Kleine soll doch nicht nur auf mich fixiert sein.«

»Natürlich ist es gut, wenn er sich auch die Welt und andere Menschen anschaut. Die Mischung macht's. Um die Welt erkunden zu können, braucht er eine feste Basis bei dir. Eine gute Beziehung kannst du nur aufbauen, wenn du dein Kind auch anschaust und nachguckst, was es gerade fühlt. Probier doch mal aus, wie es sich für dich anfühlt, wenn du es bewusst ein wenig öfter anschaust«, erklärt Kathrin. »Gut, ist sonst noch jemandem was aufgefallen?«

Kai meldet sich etwas zögernd. »Ich will ja nicht gemein sein, aber ich hatte den Eindruck, du hast Yannik geradezu von deinem Mann abgelenkt.«

Im Stuhlkreis nicken zwei oder drei der Teilnehmer. »Ja, du hast ihn mit der Kuh abgelenkt, sobald Martin in die Elefantensache eingestiegen ist«, bestätigt Heike.

Saskia steigt die Röte ins Gesicht. »Na ja«, verteidigt sie sich, »ich wollte doch, dass er die Tiere kennenlernt.«

»Geht es denn hier um Frühschulung? Es geht doch um das Verhältnis, das wir zu unseren Kindern und zueinander haben. Und für mich sah's einfach so aus, als würdest du Martin ausgrenzen«, beharrt Kai. »Und Martin hat das einfach mit sich machen lassen.«

Martin räuspert sich, dann sagt er leise zu Saskia: »Ehrlich gesagt, habe ich das Gefühl schon seit Yanniks Geburt, dass du ihn am liebsten für dich haben willst. Manchmal bin ich ziemlich frustriert deswegen. Aber dann sage ich mir immer, dass das normal ist.«

Saskia starrt ihn entgeistert an, dann beißt sie sich auf die Lippen. Martin steht auf und setzt sich vor Saskia und Yannik auf den Boden. Er greift nach Yanniks Fuß und kitzelt ihn. Als der Kleine gluckst, lacht Martin vorsichtig zurück. Saskia zieht instinktiv ihr Kind näher an sich, dann stockt sie, grinst verlegen und lässt Vater und Sohn gewähren.

Eltern stehen unter einem enormen Druck. Sie wollen alles richtig machen. Sie sollen das Kind fordern und fördern, seine geistige, körperliche, motorische, sprachliche und musikalische Entwicklung optimal unterstützen. Und all das, obwohl ihnen im Geburtsvorbereitungskurs gerade einmal die nötigsten Handgriffe im Windelnwechseln und Fläschchensterilisieren erklärt wurden. Mehr nicht.

Die vielen Regalmeter Erziehungsratgeber bieten da keine Hilfe: Tu dies oder das auf keinen Fall, dafür jenes unbedingt. Jeder Autor hat seinen eigenen Ansatz, der manchmal im krassen Widerspruch zu dem des nächsten Erziehungsratgebers steht. Ob man das nachts jammernde Kleinkind sofort trösten muss oder quengeln lässt, ist Gegenstand erbittertster Grabenkämpfe. Welcher Theorie soll man folgen? Noch dazu wird der Eindruck erweckt, jede falsche Entscheidung der

Eltern richte irreparablen Schaden bei den Kindern an. Da trauen sich Eltern kaum noch, sich auf sich selbst zu verlassen. Noch dazu sind Erziehungsratgeber eine kommunikative Einbahnstraße: Sie können zwar Ratschläge geben, aber kein Feedback. Und Eltern können nicht einmal rückfragen.

Die Einschätzungen real anwesender Dritter sind dagegen von größtem Wert. Fremden Augen fallen Verhaltensmuster auf, die einem selbst völlig unbewusst bleiben. Das können befreundete Ehepaare sein, Geschwister, Großeltern. Aber nicht immer verfügen die Eltern über ein in Erziehungs- und Beziehungsfragen kompetentes soziales Umfeld, das sie in ihrer Rolle unterstützen kann oder will. Nur zu oft tappen sie in alte Erziehungsfallen, anstatt wertvolles Feedback zu bekommen.

Der Ausweg sind meiner Idee nach Eltern-Kind-Gruppen unter der qualifizierten Leitung eines erfahrenen und geschulten Psychologen oder Pädagogen. Am besten nehmen an einem solchen Kurs sechs Paare oder bis zu zwölf Bezugspersonen mit ihren Kindern teil. Diese Zahl hat sich für die Förderung einer vertraulichen und dennoch lebendigen Atmosphäre bewährt. In solchen Gruppen können unsichere Eltern dann auch gleich beobachten, wie andere es machen, und offen miteinander darüber sprechen. Das hilft ungemein.

In Eltern-Kind-Gruppen geht es um weitaus mehr als um Erziehungsmethoden. Die Bezugspersonen werden in ihrem Verhalten gespiegelt und können sich so über sich selbst Klarheit verschaffen: »Liebe ich (mich) genug, oder was muss ich ändern, um ein liebevolles Vorbild für meine Kinder zu werden?« Denn nur wenn sich die Eltern untereinander und ihren Kindern gegenüber mit echter, offener Liebe und Wärme begegnen – mit einer bedingungslosen Liebe, die den anderen so akzeptiert, wie er ist –, können sie ihren Kindern Selbstbewusstsein und einen starken emotionalen Rückhalt mit auf den Weg geben. Und die Fähigkeit, selbst zu lieben und andere mit all ihren Stärken und Fehlern zu akzeptieren.

Weltweit gibt es fundierte Untersuchungen über die Folgen zu früher und zu wenig differenzierender Betreuung für kleine Kinder von unter drei Jahren. So schreibt der Kinderarzt Rainer Böhm in einem Aufruf in der Frankfurter Allgemeinen Zeitung:

»Unter der Regie des renommierten National Institute of Child Health and Human Development (NICHD) entwickelte eine Gruppe weltweit führender Spezialisten für frühkindliche Entwicklung Anfang der neunziger Jahre ein ausgefeiltes Untersuchungsdesign. Daraufhin wurden mehr als 1300 Kinder im Alter von einem Monat in die Studie aufgenommen. Über einen Zeitraum von fünfzehn Jahren wurden sodann die kognitive Entwicklung und das Verhalten der Kinder detailliert gemessen. Erhoben wurden überdies der Bildungsstand, der sozioökonomische Status und der Familienstand der Eltern, dazu verschiedene Dimensionen der Eltern-Kind-Interaktion sowie eine Vielzahl an Daten zur außerfamiliären Betreuung wie Art der Einrichtung, Besuchsdauer und Betreuungsqualität.

Die Autoren der NICHD-Studie leiteten aus diesen Ergebnissen zahlreiche Empfehlungen ab.

1. Die Qualität der Betreuung müsse gesteigert werden.
2. Die Dauer der Betreuung sei zu reduzieren.
3. Die Eltern müssten in ihrem Erziehungsauftrag gestärkt werden.« (FAZ, 04. Januar 2012, S. 7)

Das heißt nicht, dass wir keine Kitas brauchen, sondern bessere und dazu noch die Wahlfreiheit für einen anderen Ort der Erziehung und Betreuung. Diese differenzierte Forderung an die Bildungspolitiker aller Parteien stellt auch der Familientherapeut Jesper Juul und schreibt: »Zum einen geht es um die Qualität der Kindertagesbetreuung. Und zum anderen um die Freiheit der Eltern, sich für das Modell zu entscheiden, von dem sie glauben, dass es für ihre Familie das Beste ist.« (»Wem gehören unsere Kinder? Dem Staat, den Eltern oder sich selbst? Ansichten zur Frühbetreuung«, S. 10)

Der Bildungsforscher vom Münchner Staatsinstitut für Frühpädagogik, Wassilios Fthenakis, schreibt: »Eine Modernisierung der Tageseinrichtungen für Kinder und eine Weiterentwicklung von Bildungsqualität steht, darüber gibt es keinen Zweifel, in einer gesamtgesellschaftlichen Verantwortung und bedeutet für uns eine vornehmste Pflicht.« (»Frühpädagogik International. Bildungsqualität im Blickpunkt«, S. 399)

Und Eltern und Kitas müssen sich gegenseitig ergänzen und verstärken.

Grundsätzlich zeigte sich aber, dass das Erziehungsverhalten der Eltern einen deutlich stärkeren Einfluss auf die Entwicklung ausübt als das der Betreuungseinrichtungen.

Die vierte Ausfahrt: Einfühlung und Dialog

Manche Kinder können das erste Wort sagen, bevor sie laufen lernen, bei anderen ist es umgekehrt. Auf Spielplätzen und in Krabbelgruppen wird die Entwicklung gleichaltriger Kinder intensiv verglichen, und schnell artet das in wüste Konkurrenzkämpfe darüber aus, wessen Kind schneller, geschickter, schlauer, besser ist.

Mein Rat an Eltern ist: Lassen Sie sich nicht verrückt machen! Bisher hat noch jedes gesunde Kind laufen gelernt. Es nützt nichts, ein Kind zu einem Entwicklungsschritt zu drängen, zu dem es noch nicht bereit ist. Wenn es so weit ist, wird es das Neue lernen. Eltern sollten daher davon ausgehen können, dass sich bei vielen Kindern ähnliche Symptome zeigen, wenn sie kurz vor dem nächsten Entwicklungssprung stehen: Sie ziehen sich erst einmal auf das zurück, was sie schon kennen. Sie klammern sich phasenweise verstärkt an Mama, werden quengelig und ängstlich; oder sie verhalten sich für eine Weile passiv und in sich gekehrt. Das tun sie, weil ihr Gehirn intensiv damit beschäftigt ist, neue Verknüpfungen zu erstellen. Dann sind Kinder verunsichert; sie spüren, dass da etwas Neues auf sie zukommt.

Doch darauf zu vertrauen fällt den meisten schwer. Dabei lässt sich die Fähigkeit zur Einfühlung trainieren; wer sein Kind gut kennt und auf seine Signale achtet, sieht schnell, wann es Förderung und wann es Ruhe braucht. Wer sich unsicher ist, wie die Signale seines Kindes zu deuten sind, hat ein ganz einfaches Mittel zur Verfügung: fragen. Und zwar nicht nur die Experten, sondern gerade die Kinder selbst. Auch mit Säuglingen ist ein Dialog möglich. Schon lange bevor sie sprechen können, verstehen sie viel Sprache und können mit Körpersignalen reagieren: Kopf wegdrehen oder zuwenden. Die Eltern müssen allerdings lernen, das zu verstehen. Und ernst zu nehmen.

Ein Kind, dem dieser Raum zum Wachsen zugestanden wird, baut Vertrauen zu seinen Eltern auf und zu seinen sonstigen Bezugspersonen. Und es entwickelt Selbstvertrauen mit jedem selbst gesteckten Ziel, das es erreicht hat, mit jeder neuen Fähigkeit, die es erlernt. Wenn es neue Sachen dann ausprobieren darf, wenn es dafür bereit ist, sind die Chancen groß, dass sie auch gelingen. Wenn nicht beim ersten Mal, dann beim dritten oder zehnten Versuch. So wächst auch die Lösungskompetenz des Kindes.

Aber nicht nur die Eltern sind gefragt, auch die professionellen Erzieher müssen am gleichen Strang ziehen. Doch wie oft sind sie weit davon entfernt, als liebevoll-positive Vorbilder dienen zu können! Wo erfahren Erzieher die Reflexion der eigenen Kindheitsmuster, wo erwerben sie Empathie- und Dialogfähigkeit? Die Lösung bestünde auch für sie in wissenschaftlich fundierten und weltanschaulich neutralen Selbsterfahrungsgruppen. Und zwar bevor sie anfangen, mit Kindern zu arbeiten! So kann in einer ganzheitlichen Ausbildung endlich auch die Gretchenfrage beantwortet werden – ob jeder von ihnen zur Erziehung und Bildung von Kindern überhaupt geeignet ist. Danach ist berufsbegleitende, lösungsorientierte Gruppensupervision der alltäglichen Kind-Eltern-Erzieher-Konflikte eine optimale Voraussetzung für die gedeihliche Entwicklung von Kindern und Erziehern in Kindergärten und Schulen.

Selbsterfahrung und spiegelnde Rückmeldung sind für Eltern und Erzieher wichtige persönlichkeitsbildende Elemente, um die unbewussten Beziehungserfahrungen aus der eigenen Kindheit noch einmal zu erleben, zu reflektieren und zu verändern. So wird verhindert, dass sie die von Mutti übernommenen Verhaltensweisen auf die eigenen Kinder oder jene, die sie betreuen oder unterrichten, übertragen und dass diese dann im kindlichen Gehirn dauerhaft gespeichert – »vererbt« – werden. Eltern und Erzieher müssen das Kind gar nicht bewusst programmieren und prägen. Das tut es selbst, wenn man es nur lässt. Wie in dem alten Witz, bei dem jemand einen Wurf Welpen bei sich aufgenommen hat und von seinem Freund gefragt wird: »Ziehst du die alle groß?« – »Nein, ich lasse sie wachsen.«

Weiterbildung für Eltern

Wie können Eltern lernen, ihren Kindern den notwendigen Raum zu geben, damit sie optimal wachsen können? Sie müssen Informationsangebote bekommen. Dazu gibt es bereits erste Ansätze: Hebammenbesuche in den ersten Lebensmonaten des Neugeborenen und die freiwilligen regelmäßigen Gesundheitschecks – U1 bis U9 – fürs Kind. Darüber hinaus die aktuell beste Möglichkeit: Sie besuchen einen Eltern-Kind-Kurs; vom Deutschen Kinderschutzbund bis zu lokalen Nachbarschaftsvereinigungen gibt es viele Institutionen, die solche Veranstaltungen anbieten. In diese Kurse kommen all jene Mütter und Väter, die Handlungsbedarf erkannt haben. Sie sind zum Beispiel mit einem Schreikind überfordert und klug genug, die schwierige Phase nicht auf eigene Faust ganz nach Basta-Art durchziehen zu wollen. Gut, dass sie in den verschiedenen staatlichen und privaten Einrichtungen Hilfe finden.

Das Problem: Wie erreicht man unsichere und schwache Muttis, die ja davon überzeugt sind, jede Erziehungssituation allein bestens meistern zu können, wie motiviert man sie, solche Angebote anzunehmen? Genauso die Väter, die unter dem Pantoffel stehen und kaum ein tragendes Rollenbild von sich haben: Auch sie brauchen Hilfe von außen, denn sie erkennen nicht, dass sie folgsame und unterwürfige Kinder anstelle von freien Geistern großziehen. Wenn sie noch gar nicht begriffen haben, dass da noch mehr sein kann als der Wunsch, ein möglichst ruhiges und angepasstes Kind zu haben, wie sollen sie sich dann auf die Suche danach machen? Ein weiteres Problem: Viele der Förderprogramme wenden sich an Alleinerziehende, sozial Schwache oder Migranten. Schon dadurch werden sie allgemein als stigmatisierend wahrgenommen. Der Grund für diese Programme: »Wir helfen dir bei der Kindererziehung, weil du zu der Risikogruppe gehörst, die es erfahrungsgemäß nicht allein schafft« wirkt nicht gerade aufmunternd. Kein Wunder, dass kaum jemand kommt. Und zu guter Letzt: Die gelegentliche Unterstützung eines Experten wird eher als bevormundend wahrgenommen. Auch ich würde einen Sozialarbeiter, der alle paar Monate vorbeikommt und nach dem Rechten sieht, wohl eher als Störung meiner Privatsphäre empfinden und nicht als wertvolle Hilfe. Sinnvoll kann nur ein permanent verfügbarer Beistand sein, der ein nachhaltiges Klima des Vertrauens ermöglicht und der die Eltern in ihrer Rolle schult und stärkt.

Deshalb meine zentrale Forderung: Weiterbildung für alle Eltern! Und zwar verbindlich. Quer durch die Bevölkerung, landesweit und dauerhaft.

Wie aber die Ressentiments gegen solch ein zentral verordnetes Instrument überwinden? Die meisten Eltern werden sich mit Händen und Füßen wehren, wenn sie in Kindererziehungskurse gelotst werden sollen. Das zeigen schon die Erfahrungen aus der Vergangenheit. Die zu erwartenden Abwehr- und Schutzreaktionen sind ganz normal und nachvollziehbar: »Mischt euch nicht in meine Erziehungshoheit ein! Stellt ihr etwa infrage, dass ich das allein kann?« Es gibt aber eine einfache Möglichkeit, diese Hürde zu nehmen.

Es wurde und wird oft vom Eltern-Führerschein geredet. Den Auto-Führerschein müssen ausnahmslos alle machen, die Auto fahren wollen. Das hat also nichts Ehrenrühriges an sich. »Was, du musst einen Führerschein machen? Also, ich hab das von allein gelernt« – das sagt niemand. Jeder fügt sich der Notwendigkeit. Und genauso könnte auch ein Eltern-Führerschein funktionieren. Erst wenn er für alle verbindlich ist, wird er nicht mehr mit Versagen und Bevormundung, sondern mit Unterstützung und zielführender Kontrolle assoziiert werden können.

Doch wie kann man erreichen, dass die Angebote an Eltern-Kind-Kursen nicht nur zum Pflichtprogramm werden? Schließlich kostet es Zeit, an Seminaren teilzunehmen, und die Bereitschaft, das eigene Verhalten zu überprüfen oder gar zu verändern, muss gegeben sein. Um das alles auf sich zu nehmen, braucht man einen starken Anreiz. Auch hierfür gäbe es in meinen Augen eine einfache Lösung: Die Weiterbildung wird bezahlt! Und damit meine ich nicht nur, dass die Seminarkosten übernommen werden. Sondern dass die Teilnehmenden für ihren Zeitaufwand sogar entschädigt werden. So wie im alten Griechenland die Theaterbesucher bezahlt wurden – weil Theater als Teil der politischen Bildung angesehen wurde.

Mein Vorschlag ist, dass ein kostenfreies 14-tägiges Gruppenangebot allen Paaren gemacht wird, die Kinder planen oder schon erwarten. Forschungsergebnisse zeigen, dass jede Ehe mit der Geburt des ersten Kindes in eine existenzielle Krise gerät, wenn die Eltern die Konsequenzen vorher verdrängt oder nicht geklärt haben. Besonders die Mutter ist im Hinblick auf ihre veränderte Rolle betroffen. Die Selbstspiegelung ist erlernbar; nach zwei Jahren Gruppenarbeit können Paare sie allein fortsetzen, zum Beispiel mit den vom Frankfurter Psychoanalytiker Michael Lukas Moeller entwickelten, wöchentlich fest vereinbarten »Zwiegesprächen« zu Hause.

Wer Kinder hat, regelmäßig in die Elterngruppe kommt und dauerhaft an sich arbeitet, bekommt ein Erziehungsgehalt. Anstelle eines Elterngeldes oder gar bedingungslosen Grundeinkommens, das nach dem Gießkannenprinzip und ohne nachprüfbare Gegenleistung gezahlt wird, handelt es sich beim Erziehungsgehalt um eine Zuwendung, die an nachprüfbare und ergebnisorientierte Bedingungen geknüpft ist.

Eigentlich ist der Gedanke ganz simpel: Um die Qualität der Kindererziehung sicherzustellen, lässt man sie entweder von qualifizierten Erziehern betreuen, von Eltern, die sich fortgebildet haben, oder von einer anderen von ihnen ausgewählten, qualifizierten und von ihnen bezahlten und mindestens sechs Jahre verfügbaren Bezugsperson ihres Kindes.

Dann können beide Eltern weiter arbeiten gehen, und das Kind wird trotzdem kompetent erzogen und gebildet.

Begleitend dazu stelle ich mir Konzepte vor, die an die diskutierten und teilweise schon gelebten Mehrgenerationenhäuser anknüpfen. Hier finden sich viele geistig und körperlich fitte Senioren gemeinsam mit jungen und alten Paaren und Familien zusammen. Anstatt sich zu langweilen, könnten sich die Senioren zu qualifizierten Betreuungspersonen ausbilden lassen. Warum sollen sie noch mal die Schulbank drücken? Schließlich haben sie doch meist schon Kinder großgezogen. Ja – aber wenn wir Mutti-Verhalten ausmerzen wollen, dann darf es auch nicht wieder durch die Hintertür in die Familien Einzug halten. Als Tagesomas und -opas könnten sie im Haus oder in der Nachbarschaft zu vertrauten Bezugspersonen für bisher fremde Kinder werden. Gerade dort, wo die leiblichen Großeltern nicht vor Ort sind, wäre so etwas auch für die Kinder ein Segen, die dann selbst entscheiden könnten, wann sie zu wem gehen wollen. Die Senioren wären wieder in Familien eingebunden und würden auch im Alter noch einen Sinn im Leben finden.

Um die Maßnahmen zu finanzieren, müsste das vorhandene Geld einfach anders eingesetzt werden. Hier hilft ein Blick über die Grenzen, etwa nach Schweden oder Frankreich. Diese Länder werden als Elternparadiese dargestellt, weil sie Vater und Mutter ermöglichen, möglichst schnell und früh wieder zu arbeiten. In Schweden helfen ihnen der bessere soziale Zusammenhalt in der Gesellschaft, qualitativ hochwertige Kitas und staatliche Gesetze, die die Rechte der Kinder sehr hoch schätzen und eine Erziehung zur Individualität und Demokratiefähigkeit fordern und ermöglichen. Zudem sind die Firmen eher verpflichtet, die Interessen von Müttern und Vätern auch am Arbeitsplatz zu berücksichtigen. Doch die in vielen Bereichen vorbildliche schwedische

Familienpolitik ist deshalb nicht so einfach auf Deutschland übertragbar.

Und Frankreich ist in meinen Augen auch nur ein »scheinbares« Vorbild. Französische Mütter der Mittel- und Oberschicht steigen zwar oft schon nach sechs Monaten wieder voll in den Beruf ein. Für die Betreuung der Kinder unter drei Jahren werden auf privater Basis, aber mit Unterstützung des Staates, Au-pairs oder Nannys ins Haus engagiert. Das besonders im Pariser Großraum ausnehmend gut funktionierende Netzwerk an Tagesstätten, den kostenlosen *écoles maternelles*, ist erst für die Kinder ab drei Jahren bestimmt. Aber in französischen Kleinstädten und auf dem Land ist das Angebot völlig unzureichend. So erklärt sich, dass auch in Frankreich mehr als die Hälfte aller Kinder unter drei Jahren von ihren Eltern gehütet werden, sagt Hélène Périvier, Wirtschaftswissenschaftlerin und Spezialistin für Familienpolitik. Nur 10 Prozent der Kinder kommen in einer Kinderkrippe unter, ein Drittel wird von Tagesmüttern gehütet. Obwohl der Staat den Eltern hohe Zuschüsse für die Kinderbetreuung bezahlt, mangelt es chronisch an den nötigen Strukturen.

»Eltern, die ihre Kinder selbst betreuen, können in Frankreich Elternurlaub beantragen. Wer dafür aus der Arbeit ausscheidet, erhält vom Staat eine Entschädigung von ungefähr 500 Euro pro Monat. Und das bis zum dritten Geburtstag des Kindes.« (Deutschlandradio, 24. Mai 2012) Während also in anderen Ländern 300 bis 600 Euro Betreuungsgeld und die damit verbundene Wahlfreiheit der Eltern bewährte Regel ist, werden bei uns schon die 100 bzw. 150 Euro als »Herdprämie« diffamiert und jegliche Wahlfreiheit der Eltern systematisch und ideologisch einseitig bekämpft.

Aber es wird meines Erachtens übersehen, dass hauptsächlich die wirtschaftlichen Interessen der Eltern, der Firmen und des Staates bedient werden, nicht aber die Bedürfnisse der Kinder. Eine Entwicklung, wie sie zunehmend auch in Deutschland zu beobachten ist: Immer werden nur die Zahlen der noch fehlenden Betreuungsplätze und Erzieherinnen genannt, von der notwendigen Qualität gerade einer Betreuung der unter Dreijährigen spricht kaum jemand – denn die kostet ja noch mehr Zeit und Geld, vor allem wenn es um kleine Gruppen, qualifizierte Erzieherinnen und kompetente Supervision geht. Diesen qualitativen Anspruch unterstützt auch der hierzulande sonst so hochgelobte Jesper Juul, wenn er in seiner Streitschrift gegen die angeblich alternativlos positive Ganztagsbetreuung ganz kleiner Kinder schreibt: »Wenn unsere Gesellschaft ihre Kinder in Betreuungsinstitutionen untergebracht sehen will – und das scheint der Fall zu sein –, muss sie auch die Verantwortung übernehmen, die mit dieser Aufgabe einhergeht. Das bedeutet, dass sie ihren Beschäftigten diese Verantwortung überträgt und sicherstellen muss, dass die die erforderlichen Qualifikationen besitzen, ihrer Verantwortung auch gerecht zu werden.« (»Wem gehören unsere Kinder? Dem Staat, den Eltern oder sich selbst? Ansichten zur Frühbetreuung.« Beltz, 2012, S. 22)

Wie gesagt, das Geld wäre schon da, es müsste nur klarer und kompetenter eingesetzt werden.

Das Familienministerium nannte Anfang 2012 in einer ersten Übersicht 152 verschiedene Fördermaßnahmen für Familien – und acht für Ehen. Insgesamt werden nach diesen ersten Schätzungen 195,3 Milliarden Euro ausgegeben, jedes Jahr. Und diese Zahl wird eher nach oben korrigiert werden müssen. Das sind etwa 14000 Euro pro Kind – jedes Jahr, bis es 18 Jahre alt ist. Neu hinzu kommen zum Beispiel die 150 Euro monatlich, die die Bundesregierung ab 2013 denjenigen zukommen lassen will, die sich zu Hause um ihre Kleinkinder kümmern oder andere Erziehungsexperten dauerhaft damit beauftragen wollen. Und es sind ja nicht nur direkte

Geld- und Sachleistungen, mit denen der Staat Familien großzügig unterstützt. Umfangreiche Steuerentlastungen erleichtern ihnen das Leben: Das Statistische Bundesamt gibt an, dass Paare, die zwischen 35 und 45 Jahre alt sind und Kinder haben, bei gleichem Einkommen durchschnittlich ein Viertel weniger Steuern bezahlen als kinderlose Paare. Darüber hinaus werden Schulen, Spielplätze und medizinische Versorgung subventioniert.

Unterm Strich zielen die meisten Fördermaßnahmen allerdings auf Kinder von elf bis 17 Jahren. In diesem Alter sind die Ausgaben für Bildung am höchsten, aber im Grunde ist es dann schon zu spät. Denn Hirnforscher und Psychologen sind sich ja längst einig: Die wichtigen Persönlichkeitsmerkmale werden in den ersten sechs Lebensjahren geprägt. Was danach kommt, ist Feinschliff. Auch der Chicagoer Nobelpreisträger und Bildungsökonom James Heckman ist dieser Meinung. Die *Frankfurter Allgemeine Zeitung* vom 17. April 2012 zitiert ihn so: »Die frühen Jahre sind eine große Chance. Hier werden die Fähigkeiten geschaffen, die das Leben und Lernen später erleichtern. [...] Es ist besser, möglichst früh eine gute Basis zu schaffen, als später korrigieren zu müssen.« Es ist also sinnvoll, die Förderung im Wesentlichen bei Säuglingen und Kleinkindern, Eltern und Erziehern anzusetzen. Ich schlage ein mehrstufiges Modell der Kinderbetreuung vor: Schon vor der Geburt eines Kindes gibt es für werdende Eltern das Angebot, Paarkurse zu besuchen. So können sie – fokussiert auf ihre eigenen aus der Kindheit mitgebrachten und damit weitgehend unbewussten Beziehungsmuster – an ihrer Beziehung arbeiten. Eine gute Beziehung ist schließlich die Grundlage dafür, die Elternrolle sinnvoll auszufüllen.

Von der Geburt bis zum dritten Lebensjahr kommen alle Kinder gemeinsam mit ihrer vertrauten Bezugsperson fünfmal pro Woche für je drei Stunden in eine maximal zwölf

Kinder umfassende Eltern-Kind-Gruppe, die von zwei erfahrenen Betreuern geleitet und supervidiert wird.

Ungefähr ab dem zweiten Geburtstag können die Eigenständigkeit und die allmähliche Ablösung vom System Mutter geübt werden. Die Mutter oder ihr Stellvertreter sind zwar weiter anwesend, aber nur noch im Hintergrund der Gruppe. Das jetzt allein agierende Kind kann, wenn es den Wunsch signalisiert, jederzeit zu ihr zurückkehren, sofortige Sicherheit erfahren und so sein Urvertrauen weiter aufbauen. Auf diese Weise werden die eigenen Kräfte des Kindes geweckt und gefördert.

Wenn die Kinder etwa drei Jahre alt sind, sind sie in der Lage, vormittags die Gruppe allein zu besuchen. Die anderen Kinder, die Erzieher und die Räumlichkeiten sind ihnen nun vertraut. Hier können sie weiter gemeinsam wachsen. Gerade für die vielen Einzelkinder und die Kinder aus bildungsfernen Familien ist das ein Segen. Mit dem Erziehungsgehalt ist auch die weitere qualifizierte Betreuung im häuslichen Umfeld der Kinder gesichert, bis sie so stabil sind, ganztags in den Kindergarten und dann in die Grundschule zu gehen.

Wenn Kinder und ihre Eltern auf diese Weise gefördert werden, haben wir gute Chancen, dauerhaft positive Effekte zu erzielen: glückliche, stabile, selbstbewusste, eigenverantwortliche, lernbereite und offene Kinder. Die älteren Kinder oder gar die Studenten müssen nicht mehr so stark gefördert werden. Auch die ausufernden Reparaturmaßnahmen in Problemfamilien bis hin zur Herausnahme der Kinder aus ihren Familien mit vielen teuren Fremd- und Heimunterbringungen fallen weitgehend weg.

Ich schlage also vor, die Investition schlichtweg zu verlagern, zusätzliche Kosten dürften kaum anfallen. Und diese Investition an der richtigen Stelle hätte eine gewaltige gesellschaftliche Rendite. Die Weiterbildung von Müttern, Vätern und sonstigen Bezugspersonen in Selbsterfahrung sowie Erziehung ist zweifellos die lohnendste Investition in unser Land, denn sie strahlt aus in das Berufsleben und in die ganze Gesellschaft.

Freie Fahrt

Selbstbestimmte und selbstverantwortliche Menschen sind freie und starke Persönlichkeiten. Selbstbewusste Menschen bringen bessere Leistung und suchen zielgerichteter aus, was sie tun wollen: Was macht mir Spaß, wo bin ich gut, und wo kann ich mich am besten für die Gesellschaft nützlich machen und gutes Geld für meine Arbeit verdienen? Sie können »Nein« sagen, wenn ihnen etwas zu viel wird, und zerbrechen nicht an den vermeintlichen Anforderungen ihrer Umwelt. Weil sie ihre Wünsche und Probleme nicht verdrängen, bekommen sie auch keine psychosomatischen Erkrankungen. Die Menschen wären viel zufriedener und entspannter. Welch ein Wettbewerbsvorteil für eine Kultur, in der die Menschen mit Freude zur Arbeit gehen!

Eine frühzeitige Förderung von Eltern und Kindern ist die beste Burn-out-Prävention, die es gibt. Der Deutsche Gewerkschaftsbund hat 2012 berechnet, dass sich die Fälle von Arbeitsunfähigkeit wegen Burn-out in den letzten sieben Jahren verneunfacht hat. Immer mehr Menschen hören vorzeitig auf zu arbeiten: 2010 gingen fast 40 Prozent der Neurentner aus psychischen Gründen dem Arbeitsmarkt verloren; Sucht und Psychosen nicht eingerechnet. Das Alter derjenigen, die sich dem Arbeitsalltag nicht mehr gewachsen fühlten, betrug durchschnittlich 48 Jahre.

Sollte das Geld für die von mir vorgeschlagenen Angebote nicht ausreichen – hier stände ein gigantisches Potenzial zur

Verfügung. Ganz zu schweigen von der immateriellen Rendite für die Gesellschaft: Soziale Kontakte würden gefördert. Mütter mit ihren Einzelkindern kämen endlich aus der Isolation heraus, in der sie sich heute oft befinden. Kinder würden andere Lebenswelten kennenlernen und Mütter an Freiheit gewinnen. Sie hätten noch andere Lebensinhalte außer der Familie, könnten besser die Balance zwischen Arbeit, Familie, Freundeskreis und Hobby bestimmen. Da sie Unterstützung fänden, müssten sie nicht mehr ihren eigenen überzogenen »Mutti weiß alles besser«-Ansprüchen genügen. Was für eine Erleichterung!

Eine Gesellschaft aus mehrheitlich starken, eigenverantwortlichen Persönlichkeiten hätte automatisch eine andere Führungskultur: mehr Klarheit, mehr Konsequenz und eindeutiger definierte Verantwortlichkeiten. Jeder wüsste, wo die anderen stehen und scheute sich auch nicht, seine Position zu vertreten. Fehler würden nicht totgeschwiegen oder weggemobbt, sondern dürften zugegeben werden. Diese Auflösung der Illusion fehlerfreier Perfektion wäre ein weiterer Aspekt von Freiheit – und Kennzeichen einer hoch entwickelten Kultur zwischenmenschlicher Beziehungen, die auf einer fundierten »Beziehungsbildung« gründet. Nur eine solche, beziehungskompetente Gesellschaft würde ich als »freiheitlich-demokratische Gesellschaft« oder als »Bürgergesellschaft« bezeichnen. Sie wiederum ist die notwendige Basis für dauerhaften und allgemeinen Wohlstand, was die Wirtschaftsforscher Daron Acemoğlu und James A. Robinson so begründen: »In einer sich als Bürgergesellschaft verstehenden Demokratie, die nicht de facto durch stabile Eliten beherrscht wird, gestattet der politische Rahmen einer großen Zahl von Menschen die Entfaltung wirtschaftlicher Initiative, indem die Demokratie den Rechtsrahmen für Marktwirtschaft und Wettbewerb schafft, die ihrerseits Innovation und wirtschaftlichen Wandel ermöglichen. Der Weg von der Armut zum Wohlstand setzt die Überwindung oligarchischer politischer und wirtschaftlicher Strukturen voraus.« (*Frankfurter Allgemeine Zeitung* vom 10. April 2012) Kurz gesagt: Wohlstand braucht Freiheit – und verträgt sich darum schlecht mit Mutti-Systemen. Wenn wir unseren Lebensstandard bewahren oder ausbauen wollen, müssen wir die Mutti-Diktatur abschütteln und überwinden.

Mutti-Systeme in der Gesellschaft zu überwinden heißt daher auch: überflüssige und schädliche Strukturen nicht nur deswegen beizubehalten, weil es nun mal so ist und weil niemand seinen Job verlieren soll. Sondern immer wieder zu überdenken: Was ist wirklich und auf Dauer sinnvoll? Und es heißt auch, die Macht zu haben und den Willen aufzubringen, die notwendigen Veränderungen auch durchzuführen. Welche Veränderungen notwendig sind, darüber streite ich gerne. Es ist eine ganze Latte »oligarchischer, politischer und wirtschaftlicher Strukturen«, die Mutti-Systeme bilden und die deshalb offensichtlich verändert werden müssen: Beispielsweise brauchen wir zur besseren Regier- und Finanzierbarkeit die Halbierung der Zahl der Bundesländer, der Politiker und der öffentlich-rechtlichen Sender, eine Gesundheitsreform als Beziehungs-Medizin (würde Geld sparen und Gesundheit gewinnen), den Verzicht auf den künstlichen Erhalt maroder Strukturen durch Subventionen und Finanzspritzen wie auch auf kostspielige, aber nutzlose Illusionen in der deutschen Klimapolitik. Gleiches gilt für die Zusammenführung von Kosten, Verantwortung und Risiken, vor allem bei Banken und Energiekonzernen und … die Reihe ließe sich lange fortsetzen. Wer das Prinzip hinter den Mutti-Systemen durchschaut hat, erkennt mit einem Blick überall Reformbedarf.

Ganz wichtig, auch weil so offensichtlich und so weitreichend: Das Mutti-System der Kirchen muss ausgehebelt werden! Wir könnten das fair und sauber schaffen, indem sich Kirchen ganz einfach – wie andere gesellschaftliche Vereinigungen und Gruppen auch – über die direkten Beiträge ihrer Mitglieder finanzieren. Ich weiß: Die Kirchensteuer ist historisch entstanden, als nach den Napoleonischen Kriegen Kirchenterritorien verstaatlicht wurden und zum Ausgleich ebendiese Organisationshilfe angeboten wurde. Aber das ist über 200 Jahre her. Es ist an der Zeit, das eingespielte Machtsystem zwischen Kirche und Staat sowohl im Bereich der öffentlichen Finanzierung wie auch der öffentlich geförderten religiösen Kindererziehung komplett zu überdenken und neu zu gestalten. Wenn die Kirchenmitglieder ihren Beitrag direkt an ihre Gemeinde leisteten, würden sie viel lauter direkte Kontrolle über die Verwendung der Gelder sowie gleichberechtigte Beteiligung von Frauen und demokratische Strukturen fordern.

Und schließlich: Eine säkulare, aufgeklärte und aufklärende Gesellschaft muss in ihrem ureigensten Selbstinteresse die optimale individuelle Persönlichkeitsentwicklung ihrer Kinder fördern. Selbstverständlich müssen wir daher unseren Kindern die Möglichkeit bieten – zumindest im öffentlichen Raum von Kindergärten und Schulen – wissenschaftlich fundiert und weltanschaulich neutral erzogen und gebildet zu werden. Nur dann werden diese Kinder zu freien Bürgern heranwachsen.

Das sind radikale Reformen, die ich hier vorschlage, nein, die ich hier fordere. Politikern und Lobbyisten wird das nicht gefallen. Aber auch sie könnten bei einer fundamentalen Reform gewinnen. Sie könnten endlich aufhören zu versuchen, den Anforderungen ihres jeweiligen Mutti-Systems gerecht zu werden, und stattdessen ihre eigenen Lebenswünsche verwirklichen.

Hinter der glänzenden Fassade geht es uns schlecht. Wenn wir so weitermachen wie bisher, werden wir verlieren – im internationalen Wettbewerb, in der Zukunftsfähigkeit und Erneuerbarkeit unserer Gesellschaft, in der Lebensfreude. Also hilft nur eines: die Probleme erkennen, anpacken und aussprechen.

Wir brauchen starke Mamas und Papas!

Entmachtet die Muttis und die Mutti-Systeme!

Das sind wir unseren Kindern schuldig.

Und das sind wir uns selbst schuldig.

Dank

Danke sage ich an dieser Stelle meinem Literaturagenten Oliver Gorus und seinem hervorragenden Team, die mich bei diesem Buchprojekt fachlich kompetent und emotional intelligent unterstützt haben. Dem Piper Verlag danke ich für die Unterstützung und die Begleitung des Buches. Ich danke außerdem meinen vielen Patienten und Klienten, die mich so vieles über das Leben gelehrt haben. Den meisten Beispielen von unbekannten Personen, die Sie in diesem Buch finden, liegen reale Beispiele zugrunde, nämlich Fallgeschichten aus meiner Praxis. Natürlich habe ich die Namen und die Lebensumstände so geändert, dass niemand wiedererkannt werden kann.

Und schließlich danke ich Ihnen, die Sie diese Zeilen gerade lesen: Ein Autor ohne Leser ist nur ein Buchstabentipper.

Literaturliste

Bücher

Acemoglu, Daron und Robinson, James: *Warum Nationen scheitern: Die Ursprünge von Macht, Wohlstand und Armut*. S. Fischer, 2013.
Bachelet, Prisca: »Die französische école maternelle: Verfrühte Formalisierung von Bildungsprozessen?«, in: Wassilios E. Fthenakis / Pamela Oberhuemer (Hrsg.): *Frühpädagogik international. Bildungsqualität im Blickpunkt*. Wiesbaden, 2010.
Pamela Oberhuemer (Hrsg.): *Frühpädagogik international. Bildungsqualität im Blickpunkt*. Verlag für Sozialwissenschaften, 2010.
Bauer, Joachim: *Warum ich fühle, was du fühlst. Intuitive Kommunikation und das Geheimnis der Spiegelneurone*. Heyne, 2006.
Bischoff, Sonja: *Wer führt in (die) Zukunft? Männer und Frauen in Führungspositionen der Wirtschaft in Deutschland – die 5. Studie*. Bertelsmann, 2010.
Bly, Robert: *Die kindliche Gesellschaft. Über die Weigerung, erwachsen zu werden*. Kindler, 1997.
Brazelton, Berry und Greenspan, Stanley: *Die sieben Grundbedürfnisse von Kindern*. Beltz, 2008.
Butzmann, Erika: *Elternkompetenzen stärken – Bausteine für Elternkurse*. Reinhardt, 2011.
Chamberlain, Sigrid: *Adolf Hitler, die deutsche Mutter und ihr erstes Kind*. Psychosozial-Verlag, 2010.
Cierpka, Manfred: »Möglichkeiten der Prävention in der frühen Kindheit«, in: Hermann Lang et al.: *Struktur, Persönlichkeit, Persönlichkeitsstörung*. Königshausen & Neumann, 2007.
Hilfsangebote des Instituts für psychosomatische Kooperationsforschung und Familientherapie auf www.focus-familie.de.
Datler, Margit: *Die Macht der Emotion im Unterricht: Eine psychoanalytisch-pädagogische Studie*. Psychosozial-Verlag, 2012.

Dawirs, Ralph und Moll, Gunther: *Die 10 größten Erziehungsirrtümer und wie wir es besser machen können.* Beltz, 2011.

Ebberfeld, Ingelore: *Blondinen bevorzugt. Wie Frauen Männer verführen. Eine Kulturgeschichte des weiblichen Balzverhaltens.* Westend, 2007.

Etzioni, Amitai: *Die Verantwortungsgesellschaft. Individualismus und Moral in der heutigen Demokratie.* Campus, 1997.

Fine, Cordelia: *Die Geschlechterlüge. Die Macht der Vorurteile über Frau und Mann.* Klett-Cotta, 2012.

Frei, Karin: *Gute böse Stiefmutter: Sieben Porträts und ein Leitfaden.* Limmat, 2005.

Gaschke, Susanne: *Die Emanzipationsfalle. Erfolgreich, einsam, kinderlos.* Bertelsmann, 2005.

Gazzaniga, Michael: *Die ICH-Illusion. Wie Bewusstsein und freier Wille entstehen.* Carl Hanser, 2012.

Gebhardt, Miriam: *Alice im Niemandsland. Wie die deutsche Frauenbewegung die Frauen verlor.* Deutsche Verlags-Anstalt, 2012.

Goleman, Daniel: *EQ. Emotionale Intelligenz.* Deutscher Taschenbuch Verlag, 2007.

Gottman, John M.: *Die 7 Geheimnisse der glücklichen Ehe.* Ullstein, 2002. Terri Orbuch (s. d.) bestätigt und ergänzt Gottmans Ergebnisse.

Grundl, Boris: *Diktatur der Gutmenschen. Was Sie sich nicht gefallen lassen dürfen, wenn Sie etwas bewegen wollen.* Econ, 2010.

Grünewald, Stephan: *Deutschland auf der Couch. Eine Gesellschaft zwischen Stillstand und Leidenschaft.* Heyne, 2007.

Gruner, Paul-Hermann: *Frauen und Kinder zuerst. Denkblockade Feminismus. Eine Streitschrift.* Rowohlt, 2000.

Habermann, Gerd: *Freiheit oder Knechtschaft. Ein Handlexikon für liberale Streiter.* Olzog, 2011.

Haller, Reinhard: *Die Seele des Verbrechers. Wie Menschen zu Mördern werden.* Rororo, 2012.

Hassebrauck, Manfred: *Alles über die Liebe. Warum wir lieben, wen wir lieben, wie wir die Liebe erhalten.* mvg Verlag, 2010.

Hetzer, Wolfgang: *Finanzmafia. Wieso Banker und Banditen ohne Strafe davonkommen.* Westend, 2011.

Hoegg, Günther: *Gute Lehrer müssen führen. Mit Schiedsrichterkarten für Ihren Unterricht.* Beltz, 2012.

Höhler, Gertrud: *Die Patin. Wie Angela Merkel Deutschland umbaut.* Orell Füssli, 2012.

Hüther, Gerald und Krens, Inge: *Das Geheimnis der ersten neun Monate. Unsere frühesten Prägungen.* Beltz, 2010.

Hüther, Gerald: *Wie aus Kindern glückliche Erwachsene werden*. Graefe und Unzer, 2008.

Juul, Jesper und Szöllösi, Ingeborg: *Mann und Vater sein*. Kreuz, 2012.

Juul, Jesper et. al.: *Miteinander: Wie Empathie Kinder stark macht*. Beltz, 2012.

Juul, Jesper und Krüger, Knut: *Was Familien trägt: Werte in Erziehung und Partnerschaft. Ein Orientierungsbuch*, Beltz, 2012.

Juul, Jesper und Schöps, Kerstin: *Wem gehören unsere Kinder? Dem Staat, den Eltern oder sich selbst? Ansichten zur Frühbetreuung*, Beltz, 2012.

Junker, Thomas und Paul, Sabine: *Der Darwin-Code: Die Evolution erklärt unser Leben*. C. H. Beck, 2010.

Kaplan-Solms, Karen und Solms, Mark: *Neuro-Psychoanalyse. Eine Einführung mit Fallstudien*. Klett-Cotta, 2003.

Kepplinger, Hans und Maurer, Marcus: *Abschied vom rationalen Wähler. Warum Wahlen im Fernsehen entschieden werden*. Karl Alber, 2005.

Kopp-Wichmann, Roland: *Frauen wollen erwachsene Männer. Warum Männer sich ablösen müssen, um lieben zu können*. Herder, 2011.

Kubitza, Heinz-Werner: *Der Jesuswahn. Wie die Christen sich ihren Gott erschufen. Die Entzauberung einer Weltreligion durch die wissenschaftliche Forschung*. Tectum, 2011.

Largo, Remo. H.: *Baby-Jahre. Entwicklung und Erziehung in den ersten vier Jahren*. Piper, 2011.

Leinemann, Jürgen: *Höhenrausch. Die wirklichkeitsleere Welt der Politiker*. Karl Blessing, 2009.

Maaz, Hans-Joachim: *Der Lilith-Komplex. Die dunklen Seiten der Mütterlichkeit*. Deutscher Taschenbuch Verlag, 2005.

Moeller, Michael-Lukas: *Die Wahrheit beginnt zu zweit. Das Paar im Gespräch*. rororo, 2010.

Moser, Tilmann: *Der grausame Gott und seine Dienerin. Eine psychoanalytische Körperpsychotherapie*. Psychosozial-Verlag, 2010.

Orbuch, Terry: *Die 5 Geheimnisse glücklicher Paare: Verblüffende Erkenntnisse aus über 20 Jahren Forschung*. Goldmann, 2011.

Petri, Horst: *Das Drama der Vaterentbehrung*. Reinhardt, 2011.

Pinker, Stephen: *Gewalt. Eine neue Geschichte der Menschheit*. S. Fischer, 2011.

Pramling, Ingrid: »Demokratie: Leitprinzip des vorschulischen Bildungsplans in Schweden«, in: Wassilios E. Fthenakis / Pamela Oberhuemer (Hrsg.): *Frühpädagogik international. Bildungsqualität im Blickpunkt*. Wiesbaden, 2010.

Römer, Felicitas: *Ausgeflogen – Wie Sie es sich im »leeren Nest« wieder gemütlich machen*. Patmos, 2012.

Roth, Gerhard: *Persönlichkeit, Entscheidung und Verhalten. Warum es so schwierig ist, sich und andere zu ändern.* Klett-Cotta, 2011.

Sarrazin, Thilo: *Deutschland schafft sich ab. Wie wir unser Land aufs Spiel setzen.* Deutsche Verlags-Anstalt, 2010.

Sarrazin, Thilo: *Europa braucht den Euro nicht. Wie uns politisches Wunschdenken in die Krise geführt hat.* Deutsche Verlags-Anstalt, 2012.

Schmidt-Salomon, Michael: *Keine Macht den Doofen. Streitschrift gegen die Dummheit der Herrschenden.* Piper, 2012.

Schnarch, David: *Intimität und Verlangen. Sexuelle Leidenschaft wieder wecken.* Klett-Cotta, 2011.

Spitzer, Manfred: *Digitale Demenz. Wie wir uns und unsere Kinder um den Verstand bringen.* Droemer, 2012.

Süfke, Björn: *Männerseelen. Ein psychologischer Reiseführer.* Goldmann, 2010.

Thiel, Christian: *Suche einen für immer und ewig. Wie Sie den Partner finden, der wirklich zu Ihnen passt.* Campus, 2008.

Vachon, Amy und Marc: *Wirklich gemeinsam Eltern sein. Das Handbuch für die neue Eltern-Generation.* Herder, 2012.

Vinken, Barbara: *Die deutsche Mutter. Der lange Schatten eines Mythos.* Fischer, 2011.

Winterhoff, Michael und Tergast, Carsten: *Lasst Kinder wieder Kinder sein! Oder: Die Rückkehr zur Intuition.* Gütersloher Verlagshaus, 2011.

Winterhoff, Michael und Thielen, Isabel: *Persönlichkeiten statt Tyrannen.* Goldmann, 2011.

Winterhoff-Spurk, Peter: *Kalte Herzen: Wie das Fernsehen unseren Charakter formt.* Klett-Cotta, 2011.

Zeitungsartikel, Internetadressen, TV- und Radiosendungen

Albrecht, Jörg: »Frühe Bindung, spätes Leid?«, Frankfurter Allgemeine Sonntagszeitung (FAS), 15.11.2009, S. 62.

Albrecht, Jörg: »Was im Kopf des Chefs vorgeht. Die dunkle Seite der Macht«, FAS, 29.05.2011, S. 73.

Altenbockum, Jasper von: »Bewährt bescheuert. Im Herz des Föderalismus: der Länderfinanzausgleich«, Frankfurter Allgemeine Zeitung (FAZ), 16.02.2012, S. 10.

Altenbockum, Jasper von: »Betreuungsgeld: Wollen oder Können«, FAZ, 10.11.2012, S. 1.

Althoff, Gerd: »Selig sind die, die Verfolgung ausüben«, FAZ, 08.12.2010, S. N4.
Amann, Melanie: »Wie die Kirche in Deutschland sich von den Heiden finanzieren lässt«, FAS, 14.11.2010, S. 54.
Amann, Melanie: »Frauen sind nicht die besseren Menschen«, FAS, 28.10.2011, S. 44.
Ankenbrand, Hendrik: »Narzissten halten die Wirtschaft am Leben«, FAS, 02.09.2012, S. 38.
Appel, Holger: »Psychische Erkrankungen: Aus der Bahn geworfen«, FAZ, 21.07.2010, S. C2.
Astheimer, Sven: »Führungskräfte: In Deutschland führen die Falschen«, FAZ, 13.12.2012, S. 17.
Beck, Hanno: »Ökonomen erklären: So produziert man Nachwuchs«, FAS, 19.08.2007, S. 28.
Becker, Lisa: »Vorschule macht erfolgreicher: Frühe Bildung für arme Kinder«, FAZ, 30.08.2010, S. 10.
Becker Tobias: »Studium für Erzieher: Sind unsere Kinder in guten Händen?«, FAZ, 06.08.2007, S. 38.
Bernau, Patrick: »Im Porträt: Der Fairness-Forscher. Für die Menschen zählt nicht nur Egoismus, sondern vor allem Gerechtigkeit«, FAS, 27.09.2009, S. 40.
Bernau, Patrick: »Eltern müssen in die Schule«, FAS, 18.03.2012, S. 35.
Bettermann, Stella: »Liebe: Wer wählt wen?«, *Focus*, 19/2008, S. 108.
Beyer, Andrea: »Wo Politiker in der ersten Reihe sitzen«, FAZ, 24.05.2008, S. 13.
Bock, Michael: »Fremde Federn: Michael Bock wider die Nudelholzwitze«, FAZ, 17.02.2001, S. 12.
Blasius, Rainer, »Überlebensgroß Herr Kohl«, FAZ, 24.09.2012, S. 8.
Böhm, Rainer: »Die dunkle Seite der Kindheit«, FAZ, 04.04.2012, S. 7.
Bremer, Ulrike: »Dünn bis in den Tod: Meine Freundin, die Magersucht«, ARTE, 30.06.2012.
Brinck, Christine: »Es gibt keine absolute Sicherheit durch Kontrollen«, FAS, 23.12.2007, S. 6.
Brinck, Christine: »Die Gegner des Betreuungsgeldes wollen die Lufthoheit über den Kinderbetten erobern. Weil ihnen Mütter lästig sind«, FAS, 15.07.2012, S. 11.
Brink, Christine: »Frei und unglücklich. Neue Studien zeigen: die Emanzipation hat Frauen nicht zufriedener gemacht. Dafür fühlen sich die Männer immer besser«, FAS, 09.08.2009, S. 9.
Brisch, Karl-Heinz: »Verantwortung für Kinder unter drei Jahren. Empfehlungen der Gesellschaft für Seelische Gesundheit in der Frühen

Kindheit (GAIMH) zur Betreuung und Erziehung von Säuglingen und Kleinkindern in Krippen«, www.gaimh.org/files/downloads/b8b3d3e77d238fe33d920ad208f30499/Verantwortung.pdf.
Djahangard, Susan: »Rund 600 Tageseltern in Düsseldorf«, RP-Online, 18.07.2012.
Düweke, Peter: »Klebrige Liebe, lösender Hass«, *Psychologie Heute*, 09/2012, S. 24.
Duhigg, Charles: »Die Macht der Gewohnheit – und wie man sie bricht«, *Psychologie Heute*, 09/2012, S. 47.
Durgunlar, Sven: »Kein TV im Kinderzimmer«, RP-Online, 17.02.2008.
Eickhorst, Andreas: »Gründung des Nationalen Zentrums Frühe Hilfen. Sieben geförderte Modellprojekte zur Risikoprävention für Familien sind gestartet«, *Psychotherapeut*, 02/2008, S. 15.
Elz, Jutta: »Sexuell deviante junge Menschen – zum Forschungsstand«, Informationszentrum Kindesmisshandlung/Kindesvernachlässigung (IKK), IKK-Nachrichten 1–2/2004, http://cgi.dji.de/bibs/ikknachrichten6.pdf.
Flaig, Egon: »Republik oder Kalifat?«, FAZ, 28.12.2007, S. 34.
Franz, Matthias: »PALME. Wirksamkeit eines bindungsorientierten Elterntrainings für alleinerziehende Mütter und ihre Kinder«, Psychotherapeut, 06/2009, S. 22.
Geyer, Christian: »Neue Pädagogen für Deutschland. Kita-Garantie plus«, FAZ, 05.06.2012.
Geyer, Christian: »Baby im Firmenlogo«, FAZ, 20.11.2012, S. 25.
Glomp, Ingrid: »Wer ich bin? Das kommt ganz auf die Situation an!«, *Psychologie Heute*, 10/2012, S. 38.
Glomp, Ingrid: »Intelligenz: Was sie fördert, was sie begrenzt«, *Psychologie Heute*, 07/2012, S. 34.
Glomp, Ingrid: »Du isst, was er isst«, *Psychologie Heute*, 10/2012, S. 54.
Göbel, Heike: »Merkels Verdrusswort«, FAZ, 18.01.2011, S. 11.
Göbel, Heike: »Strapazierte Solidarität«, FAZ, 14.06.2011, S. 13.
Grossarth, Jan: »Wie Politik den Kinderwunsch fördert«, FAZ, 11.07.2012, S. 4.
Hamm, Walter: »Der wuchernde Staat«, FAZ, 17.04.2012, S. 9.
Hank, Rainer: »Alleinerziehende. Die Hätschelkinder der Nation«, FAS, 24.01.2010, S. 10.
Harder, Lydia: »Feminismus. Alice und der wunde Punkt«, FAS, 21.11.2010, S. 6.
Henning, Stefanie und Nienhaus, Lisa: »Zeigt her eure Krippen!«, FAS, 10.11.2012, S. 40.
Hermann, Rainer: »Das Recht auf Bildung«, FAZ, 04.12.2012, S. 8.

Hoffmann, Christiane: »Die Frau an der Macht: Vom Mädchen zur Mutti«, FAS, 26.07.2009, S. 2.
Hoffman, Edward: »Durch dick und dünn: Freunde für alle Jahreszeiten«, *Psychologie Heute*, 05/2010, S. 56.
Hopf, Simon: »Schön! Anstrengend! Liebe!«, Valentinstag Interview mit dem ›BeziehungsDoc‹ Dr. Torsten Milsch, Neuss-Grevenbroicher-Zeitung (NGZ), 14.02.2009, S. C6.
Hummel, Katrin: »Sorgerecht: Amtlicher Größenwahn«, FAS, 21.12.2008, S. 3.
Hummel, Katrin: »Wenn die Großeltern die Enkel erziehen. Oma, Opa, Kind«, FAS, 06.11.2011, S. 57.
Hummel, Katrin: »Wie alles werden soll«, FAZ, 06.10.2012, S. 38.
Hummel, Katrin: »Gutachter an Familiengerichten: Da ist schlechter Rat teuer«, FAS, 11.11.2012, S. 57.
Kaps, Bettina: »Wenig Plätze für Frankreichs Kleine«, *Deutschlandradio*, 24.05.2012.
Kastilan, Sonja: »Schläge auf die Gene«, FAS, 11.05.2008, S. 65.
Kaube, Jürgen: »Ein Gespräch mit dem Erziehungshistoriker Heinz-Elmar Tenorth: Aufstieg durch Bildung – was das heißen kann und was nicht«, FAZ, 16.09.2008, S. 37.
Kaube, Jürgen: »Bestanden? Aber wir haben doch gar nichts gelernt!«, FAZ, 02.01.2009, S. 29.
Kaube, Jürgen: »Soziale Systeme. Der goldene Käfig«, FAS, 14.10.2012, S. 57.
Kaube, Jürgen: »Frauenquote: Die Politik plant eine große Frauenkaskade«, FAZ, 20.11.2012, S. N5.
Kaufmann, Franz-Xaver: »Das Elend des römischen Zentralismus«, FAZ, 03.07.2012, S. 27.
Keller, Heidi: »Die Rolle positiver Emotionen in der frühen Sozialisation«, *Psychotherapeut*, 02/2009, S. 12.
Kerber, Bärbel: »An der Macht: ›Mir kann keiner‹«, *Psychologie Heute*, 12/2012, S. 68.
Kiehl, Kent: »Psychopathen. Eine Welt ohne Empathie«, http://dasgehirn.info/denken/im-kopf-der-anderen/psychopathen-eine-welt-ohne-empathie/.
Kirchhof, Paul: »Wachstumsdebatte: Deutschland wächst mit seinen Kindern«, FAZ, 11.04.2012, S. 27.
Kloepfer, Inge: »Jugendliche in Deutschland: Ich will was leisten, und das ist gut so«, FAZ, 11.03.2012, S. 31.
Kloepfer, Inge: »Philosoph Dieter Thomä: Der Kapitalismus zersetzt die Familie – ganz subtil«, FAS, 16.12.2012, S. 39.

Kloepfer, Inge: »Bildungswesen: Frontalunterricht macht klug«, FAS, 16.12.2012, S. 42.
König, Uta und Berg, Gesa: »Das Kind kriegst du nicht«, NDR, 15.10.2012.
Körte, Peter und Seidl, Claudius: »Fernseh-Skandal: Verblödung mit System«, FAS, 06.09.2009, S. 29.
Kohler, Berthold: »Was Angela Merkel fehlt«, FAZ, 05.12.2012, S. 1.
Konrad, Kai: »Die Illusionen der Klimapolitik«, FAZ, 17.12.2012, S. 12.
Krause, Rainer: »Gibt es ein weibliches Äquivalent zur männlichen Perversion?«, *Forum der Psychoanalyse*, 08.05.2012, S. 451.
Kronemeyer, Anke: »Liebe kann man lernen«, Kann man das – die Liebe lernen? Nicht nur dann, wenn in ein paar Tagen der Valentinstag ›droht‹? Dr. Torsten Milsch antwortet mit einem klaren Ja, RP, 05.02.2002.
Lackinger, Fritz: »Psychoanalytische Überlegungen zur Pädophilie«, *Psychotherapeut*, 04/2009, S. 262.
Lehn, Birgitta vom: »Starre Geschlechtergrenzen«, FAZ, 14.07.2012, S. 15.
Lenzen, Manuela: »Helmut Remschmidt/Reinhard Walter: Kinderdelinquenz. Eltern haften für ihre Kinder«, FAZ, 08.02.2010, S. 24.
Lenzen-Schulte, Martina: »Die seelischen Gebrechen der jungen Verbrecher«, FAZ, 29.09.2010, S. N1.
Lenzen-Schulte, Martina: »Kinderbetreuung: Wo bleiben die guten Krippen?«, FAZ, 19.10.2011, S. N1.
Locke, Stefan: »Männliche Erzieher: Allein unter Frauen«, FAS, 27.02.2011, S. 47.
Löwer-Hirsch, Marga: »Kampf um Anerkennung. Gewalt in den Partnerschaften«, *Psychotherapeut*, 02/2012, S. 106.
Lutterotti, Nicola von: »Kampf dem Jo-Jo-Effekt«, FAZ, 08.12.2010, S. N2.
Mayntz, Gregor: »Konservativer ›Berliner Kreis‹ will andere CDU – ›Wir wollen nicht auf die Kanzlerin schießen‹«, RP-Online, 02.11.2012.
Mönch, Regina: »Die Stunde der Großeltern schlägt«, FAS, 23.12.2007, S. 66.
Montada, Leo: »Der Kern eines Konfliktes ist immer ein Gerechtigkeitskonflikt«, *Psychologie Heute*, 10/2012, S. 60.
Mühl, Melanie: »Patchwork-Beziehungen: Das geheuchelte Familienglück«, FAZ, 19.08.2010, S. 32.
Mühl, Melanie: »Kollektive Intelligenz: Die Besten sind nicht die Richtigen«, FAZ, 22.08.2012, S. 27.
Müller, Reinhard: »Nebentätigkeiten: Freiberufler des Volkes«, FAZ, 09.11.2012, S. 1.

Müller-Jung, Joachim: »Kinderkriegen als Machtfrage: Die Verlierer im Kampf um Nachhaltigkeit«, FAZ, 27.06.2012, S. 9.
Müller-Jung, Joachim: »Dennis Meadows im Gespräch: Grüne Industrie ist reine Phantasie«, FAZ, 04.12.2012, S. 29.
Müller-Jung, Joachim: »Resultat der Hirnforschung: Multitasking ist ungesund«, FAZ, 16.04.2010, S. 33.
Münch, Ingo von: »Rundfunkbeitrag: Die verlorene Freiheit des Gebührenzahlers«, FAZ, 14.12.2010, S. 35.
Münchhausen, Anna von: »Psychoanalytikerin Caroline Thompson: Abhängige Eltern haben abhängige Kinder«, FAS, 31.08.2008, S. 51.
Münchhausen, Anna von: »Forscher bieten Rezept für glückliche Ehe«, FAZ, 13.02.2010, S. 7.
Nienhaus, Lisa: »Einem putzt man die Nase, da schreit schon der zweite«, *FAS*, 11.11.2012, S. 40.
Niggemeier, Stefan: »Reality-TV: Die Wahrheit setzt sich durch«, FAS, 09.08.2009, S. 25.
Nuber, Ursula: »Viel zu viel Gefühl«, *Psychologie Heute*, 12/2009, S. 20.
Nuber, Ursula: »Narzissmus«, *Psychologie Heute*, 09/2010, S. 24.
Nuber, Ursula: »Warum Frauen depressiv werden – und Männer nicht wirklich daran schuld sind«, *Psychologie Heute*, 09/2012, S. 35.
Nuber, Ursula: »Weil es oft anders kommt: Die Kunst, mit Unsicherheit zu leben«, *Psychologie Heute*, 12/2012, S. 20.
o. V.: »Allensbachstudie: Deutsche glauben an Liebe auf den ersten Blick«, *RP-Online*, 15.05.2012.
o. V.: »Besser ein ruhiges Plätzchen zum Lernen: Musikhören verschlechtert Leistung«, RP-Online, 28.07.2010.
o. V.: »Eltern und Arzt – ein Team fürs Kinderwohl«, RP-Online, 04.10.2012.
o. V.: »Evolutionsgesetze: Darwins Prinzipien gelten auch für die Moderne«, RP-Online, 30.04.2012.
o. V.: »Fettleibigkeit macht Gehirn krank. Dicke haben höheres Demenz-Risiko«, RP-Online, 21.08.2012.
o. V.: »Frauen muss Mann erziehen«, *jetzt.sueddeutsche.de*, 27.05.2010.
o. V.: »Geschlechter-Forschung: Mädchen meiden den Wettbewerb«, *Spiegel-Online*, 25.06.2010.
o. V.: »Gibt's die Wunderwaffen gegen Missbrauch, Pisa und Amok?«, Psycho-Doc Torsten Milsch warnt die Politik und fordert: Punkte-Katalog für gute Eltern, Stadt-Spiegel Kaarst, 16.06.2004, S. 1–2.
o. V.: »Internetseiten werben für Essstörungen«, RP-Online, 18.06.2010.
o. V.: »Kanadische Studie findet Negativwirkungen: Fernsehen ist schädlich für Kinder«, RP-Online, 04.05.2010.

o. V.: »Langzeitstudie zu Cannabis-Konsum: Kiffen macht tatsächlich dumm«, RP-Online, 28.08.2012.
o. V.: »Psychologie: Aussehen und Alleinsein stressen Kinder«, RP-Online, 18.01.2010.
o. V.: »Studie findet Gründe für Untreue: Warum gehen Menschen fremd?«, RP-Online, 11.09.2008.
o. V.: »Studie Schülerwissen: Jugendliche sind ›historische Analphabeten‹«, RP-Online, 28.06.2012.
o. V.: »Studie zu Beziehungen: Männer empfindsamer als Frauen«, RP-Online, 09.06.2010.
o. V.: »Wichtig beim Sprechenlernen: Baby-Gehirn steht auf Mamas Stimme«, RP-Online, 19.12.2010.
Pechstein, Johannes: »Zu Lasten der Schwächsten«, FAZ, 15.05.2003, S. 4
Pennekamp, Johannes: »Better Life Index: Männer sind reicher, Frauen zufriedener«, FAZ, 22.05.2012, S. 13.
Pergande, Frank: »Islam für alle«, FAZ, 10.07.2012, S. 9.
Petermann, Franz: »Wutkinder: Die Aggression in den Griff bekommen«, *Psychologie Heute*, 03/2012, S. 44.
Petersen, Thomas: »Allensbach-Umfrage: Der Charme des Irrationalen«, FAZ, 21.09.2011, S. 5.
Petersdorff, Winand von: »Die Frauenfalle: Frauen zwischen Kind und Karriere«, FAS, 11.09.2010, S. 41.
Petersdorff, Winand: »Psychische Gewalt: ›Mobben ist gemeiner als Schlagen‹«, FAS, 21.06.2009, S. 40.
Plickert, Philip: »Neid bremst Fortschritt. Nur wenn soziale Unterschiede zugelassen werden, kann die Wirtschaft wachsen«, FAS, 17.02.2008.
Plickert, Philip: »Frauen sind die besseren Diktatoren«, FAS, 11.09.2011, S. 38.
Quadbeck, Eva: »Faule Hausfrau oder Rabenmutter?«, *Rheinische Post*, 25.04.2006, S. 1.
Rasche, Uta: »Betreuungsgeld: Systemrelevant: die Familie«, FAZ, 07.11.2012, S. 1.
Rasche, Uta: »Sinkende Geburtenrate: Immer weniger Deutsche wollen Kinder«, FAZ, 18.12.2012, S. 1.
Rathgeb, Eberhard: »Medienkritik. Die Verschwörung der Idioten«, FAZ, 05.05.2008, S. 41.
Römer, Anke: »Gewalt 2.0«, *Psychologie Heute*, 09/2010, S. 43.
Rüschemeyer, Georg: »Hardrocker im Kindergarten«, FAS, 19.06.2011, S. 55.
Schaaf, Julia: »Kitas: Wo ist das Kind gut aufgehoben?«, FAS, 02.09.2012, S. 47.

Scherer, Ann-Kathrin: »Krippenbetreuung sollte nicht schöngeredet werden«, FAZ, 10.07.2008, S. 8.
Schirrmacher, Frank: »Sarrazins ungelesenes Buch: Frau Merkel sagt, es ist alles gesagt«, FAS, 19.09.2010, S. 27.
Schlüter, Ellen: »Junge Deutsche rauchen und trinken zu viel«, RP-Online, 23.12.2009.
Schmid, Lucia: »Ab auf die Couch mit der Familie«, FAS, 09.12.2012, S. 60.
Schmelcher, Antje: »Debatte über Kinderbetreuung: Sie nennen es Glück«, FAS, 29.04.2012, S. 43.
Schmoll, Heike: »Schule für kleine Staatsbürger: Früherziehung jenseits des Rheins: Die École Maternelle in Frankreich setzt weniger auf Individualität als auf nationale Identität«, FAZ, 19.03.2007, S. 4.
Schmoll, Heike: »Studie über Krippenausbau: Verlust der Lebenssicherheit, FAZ, 22.12.2007, S. 4.
Schmoll, Heike: »Studie zum Lehrerberuf: Guter Ruf, höherer Druck«, FAZ, 25.04.2012, S. 8.
Schmoll, Heike: »Politik: Gerechte Schule?«, FAZ, 17.03.2012, S. 1.
Schmoll, Heike: »Politik: Mehr Talentförderung«, FAZ, 12.12.2012, S. 1.
Schönberger, Agnes: »Kindermisshandlungen: ›Bitte keine Gewalt‹«, FAZ, 16.03.2012, S. 9.
Schulz, Bettina: »Lehren aus der Lehman-Pleite: Ein Plan zur Abwicklung von Großbanken in der Krise«, FAZ, 10.12.2012, S. 11.
Schulz, Rüdiger: »Familienstudie: Die Angst vor einem ›Rund-um-die-Uhr-Job‹«, FAZ, 09.01.2008, S. 8.
Schulz, Stefan: »Computersucht: Keine Krankheit, aber ein Problem«, FAZ, 05.09.2012, S. 9.
Schwan, Gesine: »Merkels Politik: Zerstörerische Macht des Misstrauens«, FAZ, 20.12.2011, S. 31.
Scobel, Gert: »Ewige Gefühle – Wie Emotionen unser Zusammenleben beeinflussen«, *3Sat*, 21.06.2012.
Seiser, Michaela: »Gerechtigkeit ist eine Illusion. Frühe Investitionen in Bildung sind besser als spätere Transfers«, FAZ, 30.05.2011, S. 12.
Simon, Hermann: »Erfolgsgeheimnisse: Deutschlands Stärke hat 13 Gründe«, FAZ, 15.10.2012, S. 14.
So, Chaehan: »Wer andere erniedrigt, hat's nötig«, *Psychologie Heute*, 05/2012, S. 12.
Stöcker, Christian: »Gewaltdebatte: Gesprächstherapeuten fordern Spielverbote«, *Spiegel-Online*, 29.11.2007.
Stölb, Marcus: »Ein-Personen-Haushalte: Immer mehr sind allein zu Haus«, FAS, 18.11.2012, S. V1.

Sturm, Anni: »Im Supermarkt der Liebe«, *Psychologie Heute*, 03/2012, S. 34.
Thadeusz, Frank: »Psychopathologie: Unwucht der Seele«, *Spiegel*, 07.01.2011, S. 15.
Truscheit, Karin: »Gewalttätige Frauen: Schlagen, beißen, treten«, FAZ, 31.10.2008, S. 10.
Tschöpe-Scheffler, Sigrid: »Fünf Säulen einer guten Erziehung«, *Psychologie Heute*, 06/2003, S. 36.
Ustorf, Anne: »Die Macht des Unbewussten«, *Psychologie Heute*, 07/2012, S. 32.
Wahl, Inka: »Magersucht: Hungern mit fatalen Folgen«, FAZ, 18.03.2009, S. N1.
Weiguny, Bettina: »Karrierefrauen: Schön, erfolgreich und ohne Mann«, FAS, 06.09.2009, S. 41.
Weiguny, Bettina: »›Taunus-Mamis‹: Golfen, Reiten, Gutes tun«, FAS, 11.09.2010, S. 45.
Weiguny, Bettina: »Führungskraft: Warum werden so wenige Frauen Chefin?«, FAS, 04.11.2012.
Wrangel, Cornelia von: »Kindesmisshandlung: Nicht noch einen Fall Kevin«, FAS, 23.08.09, S. 5.
Zimmermann, Steffen und Balzter, Sebastian: »Frühkindliche Erziehung: Ein Taschengeld für die Bildungsexperten«, FAZ, 22.12.2007, S. C6.
Zittlau, Jörg: »Du kaust, wie sie kaut«, *Psychologie Heute*, 10/2012, S. 55.
Zittlau, Jörg: »Studie: Stillkinder sind erfolgreicher«, RP-Online, 24.10.2007.

Briefe

ARD: Zurückweisung der Programmbeschwerde über die Sendung vom 22.10.2005: »Der große Partnerschaftstest« sowie über das Fehlen von Sendungen zur Beziehungsbildung für Singles und Paare im öffentlich-rechtlichen Fernsehen, 08.06.2006.
Deutscher Presserat: Zurückweisung der Beschwerde über den einseitig die berufstätigen Mütter verherrlichenden und die Schäden der zu lange und zu schlecht fremd betreuten Kleinkinder verschweigenden Artikel in der *Rheinischen Post* vom 25.04.2006: »Faule Hausfrau oder Rabenmutter«, 06.06.2006.
SWR: Zurückweisung der Forderung nach Fortsetzung des Beratungsfor-

mates für Paare »Lämmle live!« oder Beginn eines neuen Beziehungsformates wegen »Spardruck«, 23.07.2004.

WDR: Zurückweisung der Forderung nach Sendungen zur Förderung der Dialog- und Empathiefähigkeit im öffentlich-rechtlichen Fernsehen, 14.05.2004.

ZDF: Zurückweisung der Forderung nach Fortsetzung des Coaching-Formates »Schlaflos um Mitternacht« oder eines anderen ernsthaften Beratungsformates für Paare im ZDF, 27.05.2004.